追梦人

东莞市厚街镇文化广播电视服务中心
东莞市作家协会厚街分会 主编
ZHUIMENGREN

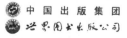

中国出版集团
世界图书出版公司

图书在版编目（CIP）数据

追梦人 / 东莞市厚街镇文化广播电视服务中心，东莞市作家协会厚街分会主编 . -- 广州：世界图书出版广东有限公司，2013.12

ISBN 978-7-5100-7281-9

Ⅰ．①追⋯ Ⅱ．①东⋯ ②东⋯ Ⅲ．①企业家－生平事迹－东莞市－现代 Ⅳ．① K825.38

中国版本图书馆 CIP 数据核字（2013）第 308988 号

追梦人

策划编辑	赵　泓
责任编辑	阮清钰
版式设计	文　竹
出版发行	世界图书出版广东有限公司
地　　址	广州市新港西路大江冲 25 号
电　　话	020-84459702
印　　刷	三河市华东印刷有限公司
规　　格	787mm×1092mm　1/16
印　　张	18.5
字　　数	230 千
版　　次	2019 年 4 月第 1 版第 4 次印刷
ＩＳＢＮ	978-7-5100-7281-9/F・0122
定　　价	58.00 元

《追梦人》编委会

目 录
Contents

序

    厚街镇是莞邑四大名乡之一，自古物产富饶，商贸繁荣，人丁兴旺，人才辈出。在改革开放的发展浪潮中，厚街人厚德务实，敢为人先，激发了前所未有的创业热情，吸纳了来自五湖四海的创业人才，成为珠三角魅力四射的创业城市，是广大优秀人才寻梦、追梦、圆梦的热土地。

    厚街镇文化广播电视服务中心于 2010 年起，在厚街电视新闻中开辟《厚街人物故事》栏目，对来自各行各业的创业者、追梦人进行宣传报道，有力弘扬了海纳百川、追求卓越的正能量。一个个热情滚烫的故事，一个个激情奔涌的人生，放飞梦想，精彩纷呈。

    2013 年，厚街镇文化广播电视服务中心、东莞市作家协会厚街分会从 130 多个故事中撷取 50 个精彩人物，撰写成《追梦人》一书。通过深入细致的采访和精心加工提炼，以真实感人的文字，展现出改革开放新时代的人文精神，为厚街文学宝库增添了新的篇章。

    目前，全国人民正凝聚力量，实现中华民族伟大复兴的"中国梦"。中国梦是国家梦，民族梦，更是人民梦。具体到《追梦人》的主人公们，是厚街生活中的创业者、织梦人，他们是各行业的优秀代表，他们中有凭借实干扬帆商海的企业家，有兢兢业业无私奉献的人民教师，有废寝忘食的医务工作者，有身残志不残的传奇人物，有传承传统工艺的传承人，有潜心追求的艺术家，有把欢乐带给人民的民间艺人，有让人生的厄运结出智慧花朵的奋斗者。正是他们在不同的岗位散热闪光，用自己的行动擦亮厚街的星空，用智慧和汗水谱就人生的梦想。书中的人物故事像一粒粒珍珠折射出耀眼的光芒。

追梦人

　　人生如船，梦想是帆。生活是精彩的，必须有梦想、有追求、有奋斗。读《追梦人》，如同感受一个个精彩的生活，给人以感悟、以启迪；读《追梦人》，如同徜徉在厚街澎湃的改革发展浪潮中，体验波涛汹涌、高歌猛进的快感！

2013 年 12 月 20 日

一位港商的藤艺人生

——记中艺实业有限公司名藤轩家具制造厂总经理蔡锦荣

出身于藤艺之家的蔡锦荣，从父辈手中接过了这个家传的行业，并坚持不做贴牌，一心一意搞原创，掌握核心技术，走品牌化发展之路，最终勇创佳绩，令自己的产品走进了坦桑尼亚首府国事访问接待室。

　　在中国著名的家具之都——东莞厚街，有一个藤木家具品牌——荷比先生，十几年以来一直坚持走品牌化发展之路，坚持产品原创设计。"荷比先生"主要定位于中、高级藤木家具。"Hello Hobby"是"荷比先生"英语名称，意喻为"向有着共同爱好的朋友打个招呼"。虽然"荷比先生"历年来获奖无数，在业界也享有盛誉，但是，广大公众对其还是知之甚少。然而，央视新闻联播的一篇报道却史无前例地把这个品牌推到了聚光灯前，再加上从地方到省市以及国家级新闻机构和行业媒体的热情报道，越来越多的人知道了：厚街有那么一个藤木家具品牌走进了坦桑尼亚首府，登上了央视新闻联播，该国的总统夫人用它的产品来接待我们国家主席夫人……

此举导致该品牌在售的同系列产品直接提价 10% 以上，而在新闻短片的佐证下，消费者毫不犹豫地掏钱买单。对此，荷比先生创始人蔡锦荣先生颇为自豪，"以前 32 美元都不买，现在几百美元甚至几千美元也有人买。"

大家不禁要问，一个国产家具品牌，何以有如此荣耀？

一世藤木情缘：从探索创新中走来

蔡锦荣出生于藤艺之家，自小在藤具家具厂长大。每天下课后，他都要帮工厂做事，因而对藤家具的制作和行业的发展，都有一定的了解。耳濡目染，他逐渐喜欢上了这个家传的行业，而且特别钟情家具的设计和制作。

从 1994 年至今，蔡锦荣在厚街已经度过了近 20 年的岁月，青春年华都付给了厚街。其间有失意、有成功，风风雨雨甘苦自知。

"当时刚刚上来开厂时，并不敢奢望要达到什么水平，只是希望延续香港的工作，不要失业。按照客户给的定单，我能赚到基本的生计，我就好满足的了。"

但是，代工的产品不但卖价低，而且企业还受歧视，这让蔡锦荣很不爽，却又无计可施。

不巧的是 1998 年金融风暴袭来，致使一些依赖出口定单生存的家具制造企业举步维艰，加上实木家具、布艺家具的发展日新月异，藤家具的生存空间受到严重挤压，蔡锦荣也一度步入事业的低谷。

"98 年本想结束这间厂，结束做藤家私的生意，甚至卖掉所有的物业，永久退休。当时我还很年轻，只有 39 岁，但是我已经找不到路，我觉得藤家具已经没落，再做下去会越做越困难。"

但是，就这样结束自己专注多年的事业，蔡锦荣心有不甘。此时，东莞的一位朋友建议他到外面去走走，观摩学习，或许会有意想不到的收获呢！于是在接下来的一段时间里，他先后远赴北京、上海等地考察，从而萌发了做藤木家具自主品牌的想法。

"置之死地而后生，一定要有一些创意的变化，我就不断思考，终于被我想到，藤是比较柔软的，缺乏价值感，如果可以加点实木的工艺，那做出来的可能是全球都没有的家私。"

藤是一种生长在热带森林中的棕榈科攀缘植物，最长可超过200米，也正是它管导型的结构，韧性强，并能透过上等工艺将它演化成不同的线条美的优点，使得它成为制作家具的上等原材料。荷比先生藤木家具的藤材主要采用的是印度尼西亚的"玛瑙藤"，此藤堪称"藤中之王"，具有藤条粗壮、匀称饱满、色泽均匀、质轻而坚韧等优点。家具的木构虽不求名贵，但均为优质木材，精工细作打造而成。

"一般而言，玛瑙藤制作的藤木家具比较受名人、艺术家青睐。"

经过两年多时间的研发，2000年，蔡锦荣成功推出藤木结合家具，打造出高端工艺家具品牌"荷比先生"，并于当年3月份在厚街举办的名家展中一炮而红，让那些曾经挑剔无比的国外采购商刮目相看。

蔡锦荣坦言自己很看重名家展。从2000年开始，他们公司每年两届都参展，而且每届展厅的位置都在同一个展馆的同一个地方，算是持续参展企业中最稳定的一个吧。在十几年的展会中，他们获得了很多奖项，厚街无疑是品牌的福地。蔡锦荣坦言自己公司的荷比先生的藤木家具称得上是世界上最美丽，最有创意和最耐用的家具之一。它兼取了藤之柔和木之刚的优点，使家具更具造型变化，更具优雅品味。黄金藤柔韧性好、透气性强、质感自然、手感清爽，符合人体力学和工程学原理，非常舒适美观。"木"的稳重和"藤"的艺术感完美地结合在一起，再配以布艺的衬托，艺术而和谐地搭配组合，就是我们独一无二的"藤木家具"——荷比先生。

它或豪华、大气，或精致、富丽，或简约、典雅，特别能配衬各式别墅、豪宅以及各式创意装潢，为其增添无限魅力，有效提升居住环境的格调和品位。

他们销住国外的家具大多是在厚街名家展上拿到的订单，而国内的销售也有很大一部分来自名家展。它为蔡锦荣自己企业的发展带来了莫大的帮助，

目前，"荷比先生"藤木家具的专卖店已经覆盖中国的大多数城市，

成为高档藤木家具的代名词；而在海外，依托众多世界级国际企业联盟，"荷比先生"的优质产品正走入世界各国的千家万户。

天赐的礼物：原创品牌亮相国事访问接待室

2013年3月下旬，习近平主席携夫人彭丽媛出外访问，其行程备受关注，特别是彭丽媛，她的一举一动都成为媒体关注的焦点。这一切都源于"丽媛style"，她的气质、她的作风、她的精神风貌，还有她的穿衣打扮。彭丽媛不走寻常路，一路出访皆穿用国货——着国产服装、拎国产手袋、穿国产皮鞋……尽情展示中国的软实力，赢来赞誉无数。彭丽媛的举动让广州的原创服装、国产手袋品牌相继爆红，出访坦桑尼亚期间发生的一个小插曲，也把厚街的原创藤木家具品牌荷比先生推到世人眼前。

3月25日，央视新闻联播播放了一条新闻：习近平主席夫人彭丽媛在基奎特总统夫人的陪同下，参观访问了坦桑尼亚妇女与发展基金会。据知情人爆料：她们亲切交谈时所坐用的沙发、椅子正是东莞厚街所产，它就是原创藤木家具——荷比先生。消息一经发布，信息时报、厚街电视台、羊城晚报、大洋新闻、和讯网、搜狐网等大众媒体纷纷报道，中国木业网、中国名家具网、新浪装修家居网等等专业媒体也纷纷转载、置评，一时间街知巷闻，大家都知道厚街有个家具品牌远销海外，并且走进了元首贵宾接待殿堂。

该品牌创始人蔡锦荣坦言首先发现这个秘密的是他们公司北京地区的一名经销商。当晚这名经销商发了一条短讯给他，说在新闻上看到一款沙发非常像我们公司的产品，图片就是主席夫人与总统夫人交谈的电视画面截图。蔡锦荣看过之后，确定它就是自己多年来辛勤经营的品牌，当时心情十分激动的他就编了一条微信发到了群里，想让更多的人分享自己的快乐和喜悦。

一发到群里就有人质问蔡锦荣凭什么认为远在万里之外的非洲国家元首贵宾接待室的这款沙发就是他的产品，也有人起初以为他在肆意炒作自己的品牌产品。细聊之后，许多人才纷纷竖起了大拇指。

虽然市场上的家具千姿百态，但是高端藤木家具还是比较少的，因为工艺较难，用材较偏。更重要的是，蔡锦荣所经营的产品在世界上独一无二，因为都是原创的，有着自己独特的工艺和设计理念。而且，在截图中，他还看到了他们品牌特有的商标铭牌，粘贴的位置也在固有的部位。

"十几年来，我们只出售产品，从不接受贴牌，就算有风格接近的，也只能是仿品，我们很多工艺和设计都申请了专利保护，在高端藤木家具界绝无仅有。"

那一款产品是荷比先生中亚历山大系列的第二代，应该是在 2004 年卖出的。

蔡锦荣的微博发出之后，中国的很多媒体迅速反应，都相继发布了相关新闻，有些电视台还进行了重点报道，他完全没有预料到新闻界会有这么大的反应。当时蔡锦荣只是想把这一喜讯告诉更多的人，没想到在新闻界的朋友看来，却是十分值得报道的事情。其实，这些年来，蔡锦荣的品牌得了很多的奖项，有些他们自己看得比较重，媒体却兴趣寥寥。而有些东西，他们习以为常，媒体却如获至宝。

其实，蔡锦荣的家具之所以能够引起媒体的广泛关注，正是借了"中国原创"的东风，主席夫人出访穿的服装是中国原创品牌，拎的手袋也是……她的举动大大提升了"中国原创"的知名度，大大提升了"中国原创"品牌的自信心，为中国原创品牌走向国际起到了不可限量的推动作用。就在社会各界热议纷纷的时候，蔡锦荣的原创藤木家具出现了，所以被媒体褒扬一番也就在情理之中了。

在这种情形之下，虽然外界新闻十分热闹，但因为涉及国家领导人和中国的形象，蔡锦荣公司并未对此事进行过多炒作。他们只是在电脑内储存了新闻的相关视频和照片，在必要的时候播放给客人看。客观的讲，这个事件提升了蔡锦荣公司品牌的知名度和美誉度，对于专卖店的销售也起到了一定的促进作用。在新闻事件曝光后，售价高达 400 美元的系列家具的销量增加了一成。

"我们各专卖店电脑内都有视频，客人看到后认为用事实在说话，就立刻下单购买了。""我们的产品比较贵，走的高端路线，这款产品作为公司主打产品此前销量也不错，这次增加一成也不容易。"谈及这些，蔡锦荣满脸微笑，微笑背后透露出的却是自己多年来对原创品牌坚持不懈的经营。

不走 COPY 路：坚持自主设计

蔡锦荣创制藤木家具，坚持原创设计，掌握核心技术，引领中国家具打破 copy 时代的潮流，让原创设计闪耀行业，也让家具品牌走出国门，在国际市场站稳脚跟。他认为，一个品牌要想在世界品牌之林拥有一席之地，要想在市场上拥有话语权，就必须坚持原创，必须掌握核心技术。

对于原创二字的深层次含义，蔡锦荣有着不一样的深刻体验。中国的改革开放始于 1978 年，当时中国的科技和文化还比较落后，百业待兴，工业设计方面更是缺乏。很长一段时期内，中国的家具业弥漫着一股 copy 风，不少产品都在模仿其他国家。虽然这是工业发展走捷径的必经之路，但在国际上，中国的家具因此给人留下只会 copy，少有自己的创意和品牌，以及中国产品都很便宜的不好印象。刚开始蔡锦荣做的是纯藤家具，接的都是出口定单，生意的成败都取决于外国客户的态度。

"大约 1994 年，一名美国批发商来中国采购家具，我给他报价 32 美元。可是他仍嫌贵，不仅嫌贵，还特别不讲道理。他说，在菲律宾等国家花这个价钱采购可以接受，可是在中国，就不能接受。中国的家私不应该这么贵，中国的就应该比人家便宜，只能给到 20 多美元的进货价。"

所以，要想改变这一状况，我们就必须原创，必须拥有自己的品牌，原创藤木家具品牌荷比先生应运而生。谈及"原创"二字，蔡锦荣侃侃而谈之间，每一句话都充满力量，掷地有声。

然而坚持做原创，说起来容易，做起来却非常艰难。坚持做原创考验的是毅力，是耐心，更是信念。原创设计费时费力，代价高昂，远没 copy 来得轻松自在，但是，蔡锦荣觉得自己必须走这条路，否则，就永远拥有不了定价权，永远掌握不了话语权，永远拥有不了自己的品牌。比如他们公司的新产品"森林之星"，经过了无数次的修改和调整，才完成整个系列的配套。虽然卖相不错性价比也蛮高，但是，在经典款式的对比下，还是卖得不够火。新品研发就是这样，它的高风险和高成本就体现在这里。

十几年以来，蔡锦荣带领着自己的团队只生产、销售高端藤木家具，这使得他们的品牌成为国内数一数二的最具原创力，最优秀的藤木家具品牌。在国际藤木家具界，也拥有一定的声望和地位。因为坚持原创，他们的产品更新换代比较慢；因为只生产藤木家具，它们的产品结构也比较单一。但是从另外一个角度来看，恰好体现了他们品牌的专业性。

经过市场的多年检验后，蔡锦荣公司的很多产品都已成为经典，备受推崇。因为坚持原创，他们现在卖家具的境遇早已不是以前给人代工时期可以相比的。

"今时今日，经过努力，做原创，我们的产品外面是找不到的，顾客就不再觉得中国的家私只有便宜货了，是值得的，是真心愿意买的，不再讨价还价，这就是我的成就。" 谈到这里，蔡锦荣脸上流露出骄傲的笑容。

从不做贴牌：确保品牌的质量和唯一性

坚持原创坚持生产自己的品牌，这个过程之中也会面临众多问题。比如国内市场和国际市场，如何区分把握？以产量占领市场还是坚持精品专卖？面对高价贴牌，你会如何选择？这是不少企业发展到一定阶段后都会面对的难题，而蔡锦荣给出的答案，或许会让不少人感到惊讶。

蔡锦荣坦言为了保证产品的质量和自己品牌的独特性和唯一性，自己从来不给别人贴牌生产，尽管他们开出的单价也不错。

蔡锦荣说自己可以对全世界骄傲地说，中央电视台新闻联播中主席夫人坐用的椅子就是自己公司的产品，因为椅子上有自己公司的商标铭牌。如果是贴牌的话，自己公司只能面对这样的尴尬：别人拿着我们的产品在宣传他们的东西有多优秀，而真正的设计生产者却不能做任何声张，因为商品上标着的是别人的牌子。

"多么庆幸这一幕没有发生，相信永远也不会发生。"

蔡锦荣说，自从产品火起来后，陆续有不少客户——包括国际上的买家，提出给他们贴牌生产，但他从来没有接受。因为那样一来，会砸了自己的招牌，扰乱高端藤木家具市场的秩序，更主要的是违背了自己原创品牌的初衷。

因为坚持原创，蔡锦荣公司的产品更新换代比较慢因为坚持高品质，他们的产品工艺复杂，制作过程漫长，人力耗费巨大，所以产量较低；因为从不贴牌，它们所有产品都贴有特有的商标铭牌；因为有专利的保护，他们的藤木家具有鲜明的品牌特色，所以蔡锦荣能从电视上一眼认出自己的产品。

谈及巨大的海外市场，蔡锦荣还是抱着沉稳和谨慎的态度。蔡锦荣认为身为一个初生的中国品牌，应该先运用中国目前这样不是十分成熟的市场来锻炼自己、磨练自己，打好基础，集中资源先做好中国市场。同时逐步了解成熟的海外市场，待时机成熟后再有计划的进军海外。

目前，他们已在全国各大、中城市以及经济发达的地区设立了品牌专卖店。要想获得他们公司的产品，只有两个途径，一是品牌专卖店，二是公司总部的销售渠道。对于海外市场，蔡锦荣一直抱着审慎的心态，还有学习的心态。

现在，蔡锦荣打算先集中资源在中国发展品牌专卖的事务，这段时期可能要 10 年或 20 年。而对于出口业务，他们公司的最高宗旨就是：开品牌专卖可以，做家居卖场展售也可以，但必须保持荷比先生品牌形象的完整。（蒋春茂 / 图文）

创业路上永不言败

——记兴瑞集团董事长曹明波

他是中国乳胶龙头企业的掌门人，一个曾做过外企保安的成功人士。他的人生跌宕起伏，即便失败也从不言弃，成功了也不骄不躁，始终记得奉献自己，回报社会。

在厚街陈屋，相距不过 1 公里的范围内，有两家在全国乳胶行业内声名赫赫的龙头企业，一家叫东莞市铨兴鞋材有限公司，另一家则名为东莞市芬璐家居用品有限公司。虽然名字不同，开发的产品各异，却同属香港兴瑞集团旗下企业。它的董事长曹明波是安徽人，1994 年南下广东，从外资企业的保安干起，5 年后就开了一家属于自己的贸易公司，历经两次失败，最终站起来了，38 岁就把企业打造成亚洲乳胶行业中的龙头企业。

2013 年 4 月的一个周末，在厚街芬璐家居有限公司的办公室里，我终于和这位心目中的传奇人物坐在一起。也许是业务出身的缘故吧，曹明波十分健谈，语速平缓，幽默风趣，圆圆的脸盘上始终挂着谦和的微笑，透出一种历尽沧桑后的淡定与坚毅。

认识乳胶，他看到了一片浩瀚蓝海

1996年，22岁的曹明波同那个时代的大多数青年一样，被高考的大潮无情地冲到岸边，回到安徽滁州全椒县的老家农村。折腾一段时间后，曹明波意识到成功的希望十分渺茫。恰在此时，他收到了远在广东南海打工的初中同学的来信。同学向他介绍了南方的美好生活，加上彼时已有不少乡亲在广东沿海地区打工，每逢赶集的日子，乡里的邮电所排着长队等着领取汇款的场景也让他心生向往。通过简单的联系，他决定到南海投奔老同学。

那时，到广州异常艰难，车少人多，而且需要转乘几趟车，更让人无奈的是沿途治安状况极差。然而，这些困难并不能阻止他们，数以亿计的农民工汇成南下大军，彼时，曹明波就是他们中间的一员。只是当时没人能料到，这个看似普通的年轻人，后来会成为中国乳胶行业叱咤风云的人物，成为一个坐拥亿万身家的民营企业家。

曹明波第一次坐长途火车，虽然艰苦，却处处感到新奇。破旧的车厢被乘客挤得水泄不通，连过道里也站满了人，挪一步都异常困难。大约行进了六七个小时，天已完全黑下来，火车仍像一条不堪负重的老龙，时而鸣一声嘶哑的汽笛停在车站不动，时而喘着粗气在原野狂奔。不知是惯例还是临时的主意，火车开到衡阳，列车员锁上了车门，开始第二次验票。当列车员叫醒昏昏欲睡的曹明波时，慌乱中他才发现，自己两手空空，车票和钱包不知何时不翼而飞。乘警怀疑他们是故意逃票，带着鄙夷的神色，不容分说地对他们搜身，结果一无所获，最后瞪着眼睛狠狠地教训了一通，刚进衡阳站就把他们赶下了车。在人生地不熟的衡阳，曹明波只好和一个老乡一起，在火车站的广场边上，一个卖面条的小摊当起了帮手，既为糊口，也为凑足去广州的路费。周旋了数日，他们重新踏上了开往广州的列车。曹明波清楚地记得，大约也是晚上两三点钟的时候，迷蒙中，他被同行的老乡推着走出了站台，在广州火车站的露天广场，和数以万计的人一起蹲了一个晚上。

第二天，曹明波来到了南海，好不容易找到了同学在书信中给他留的那个厂址。向穿着制服的保安打听，保安斜眼看着他，让他站在那里等，中午下班的时候再找。顶着炙热的阳光，挨到中午下班，曹明波睁着大眼，却始终未发现同学的身影。等吃完饭的工人们又潮水般地涌向工厂的时候，他灵机一动，向口音和自己差不多的老乡打听，终于得知他同学前两天已经辞工了，现在谁也不知道他去了哪里。好心的老乡还告诉他，东莞的长安那边比较好找工作。

1996年，东莞长安，一派欣欣向荣的景象。裹挟在匆忙的人流中，曹明波已经记不清自己到过多少家工厂，回答过多少面试官的提问。尽管这几天来每天都靠馒头和自来水过日子，但口袋里的钞票仍然一张一张地少了。捏着仅有的几张10元钞票，他着急起来，要是再找不到工作，明天到哪里去找吃的啊？

真是天无绝人之路，正当山穷水尽的时候，一家生产乳胶制品的台湾工厂的招聘主管决定聘用他，给了他一份保安的工作。

才从农村出来进到工厂的曹明波，对乳胶厂的一切都感到新奇，迅速适应了这里的环境，更珍惜这份来之不易的工作。他暗暗发誓，一定要在这里干出一番事业。他除开每天尽职尽责干好自己的本职工作外，还开始悄悄购买书籍学习乳胶的相关知识，利用自己微薄的工资请厂里的师傅吃饭唱歌，同他们探讨乳胶行业发展前景，并偷偷记下乳胶的配方资料。

有志者，事竟成。曹明波不同寻常的言行举止早就被爱才的台湾老板发现。3个月后，他被经理叫到办公室，命令他将工服和工牌交回人事部，不明就里的曹明波以为工厂要炒他鱿鱼，极力争辩，经理却不紧不慢，笑呵呵地说：

"你已经是老板钦定的业务助理了！"

从此，他的路越走越宽。5年时间，从业务助理升为业务主管，业务经理，生产经理，直至公司副总经理。

这期间，曹明波对乳胶行业已经有了深刻的认识，对其产品性能、配方参数、行业动态了然于胸。

掘到第一桶金

时间进入2001年，身为台湾公司副总经理的曹明波感到个人事业面临瓶颈。他明白，不管自己再怎么努力，这家公司不可能有也绝不会提供一个让他充分施展才智的舞台。他不想过那种外人看来无忧无虑，旱涝保收的生活，他要开创属于自己的事业。通过一段时间的考察，结合自己对乳胶行业的了解，曹明波决定开设一家专做乳胶贸易的公司。当时厚街制鞋工业方兴未艾，专与鞋厂做贸易的公司自然不会放过这块宝地，从那时起，曹明波便与厚街结下不解之缘。

万事开头难，提起创业时的艰难，曹明波至今仍无法抹去心中的苦痛。筹建贸易公司的时候，当他前前后后，忙活了一个多月，把一切准备妥当，即将开业时，意外出现了——原来答应注资的朋友抽身不干了。自己手中仅剩下 5 万元的种子资本，实在难以玩转一个贸易公司。然而，开弓没有回头箭，既然自己选择了这条道路，那就一定要走下去。为了度过这个难关，他不知拜访了多少朋友，求了多少个老乡，最后不得不回到安徽老家，找信用社贷款，不够又挨家挨户地筹借。他说，"有一家亲戚拿出两百元借给我，我也收下了"，就这样，他总算筹措了 20 万元。

有了 20 万元在手，曹明波心中有了底气，他找出当年做业务员的一些客户资料，开始没日没夜地走访客户，推销产品。一个月过去了，他却始终没接到一单业务。"这真是一个莫大的嘲讽啊，那时候，夜夜从睡梦中惊醒，醒来后满身大汗。有一天，我突然想到：可能是市场定位出了问题，我不应该去盯那些大客户，也许二三线客户才是我的上帝。"

事实证明，这个选择是对的，也让他明白一个道理，"做任何生意，你首先要想到是为谁服务，客户是否真的需要，后来我才明白这叫定位"。解决了定位问题，第二个月曹明波终于接到了订单，做了 30 多万的业务。几个月后，业务迅速增长，在以后很长一段时间，每个月的营业额都超过了一百万元。

商海搏斗，他在跌倒处爬起

到 2003 年底，曹明波手里的存折和现金加起来已经超过了 500 万元，这是他人生中第一次拥有的 500 万元，一个普通人一辈子都无法企及的数目。他打算利用这笔资金去开创更大的事业，建立属于自己的产供销一条龙的企业。

这时，有人告诉曹明波，望牛墩某村正在招商引资，有很多优惠条件。几番协商，曹明波决定把工厂建在那里。很快，一个叫东莞宝益乳胶制品有限公司的工厂诞生了。前期工作颇为顺利，从设备谈判到安装完成试产，只花了两个月的时间。之后，产品源源不断地生产出来，又顺顺利利进入客户车间，一切都比他想象的来得容易，大大超出了同行业的速度。

2004年5月7日，一个让曹明波刻骨铭心的日子。

那天，身在安徽滁州老家参加弟弟婚宴的曹明波，正吃午饭时突然接到电话，厂里的工作人员带着哭腔告诉他，当地的数十个村民以空气受污染，要求其迅速撤离为由，手持棍棒冲进宝益橡胶制品厂闹事、打砸，持续了半小时左右。所幸的是，镇村两级干部及时赶到，制止了事态的发展，村民陆续散去，事情很快平息下来。心急如焚的曹明波急忙赶赴合肥机场。当晚7点半，还在半路上的曹明波又接到电话，70多个村民再次纠集，将工厂的大铁门推倒，持木棍、三角铁等工具打烂门口的探照灯和监视器，冲进工厂，砸坏了一条正在运行的生产线，其它机器均遭到不同程度损毁。当时为了保护机器，多名员工挺身而出，都不同程度受伤。目前工厂已全面停工，估计直接损失超过百万元。

回到工厂，面对凌乱不堪的车间，沮丧的员工，曹明波心如刀绞，欲哭无泪。然而，他更明白，这个时候他必须比任何人、任何时候都要坚强，否则，工厂将彻底倒闭。当务之急是不仅要提振士气，带领员工们重建工厂，还必须尽快设法保证完成即将到期的客户订单。否则，一旦失去了客户，以后要重新建立业务关系，将难上加难。曹明波及时召开员工大会，一面安抚员工情绪，鼓励他们振作精神，参与重建，一面安排自己的得力助手到道滘、厚街等地，考察选择新的厂房，自己则连夜赶赴杭州，采购乳胶制品应付客户所需。

宝益乳胶制品厂被砸见诸报道后，一些乳胶制品的客户开始担心宝益厂不能持续供货，暗中派人考察或准备终止合同，没想到宝益厂的乳胶制品奇迹般地运到客户的仓库。

一个半月后，几乎所有的老客户都得到了曹明波的邀请，参观他们坐落在厚街陈屋的新工厂，这就是今天我们看到的东莞市铨兴鞋材有限公司。那天，曹明波第一次让理发师剃成光头，他指着自己的脑袋告诉大家，这代表从头开始。

今天，在我参观铨兴鞋材厂的时候，厂房里摆满体形庞大而笨重的机器设备，数十米长的流水线是用白铁皮一块一块焊接而成。这让我十分不解，这样大的安装工程怎么能在45天完成？曹明波告诉我，"那一段时间，我和工人兄弟们一起，吃住都在厂里，安装现场放了几张凉席，实在困了，就在那里睡两三个小时，硬是坚持到最后。"

布局未来，兴瑞的明天更美好

2006年，曹明波注册成立了"香港兴瑞集团"，总部位于香港的商业中心——维多利亚港。此后数年，集团步入高速发展期，先后在东莞和安徽滁洲创建了占地面积近5万平方米的现代化生产工业园区。专业生产高端寝具用品、家居家纺用品、交通旅行休闲用品、文体医疗用品、高端软体家具材料、国际知名品牌指定配套的制鞋材料。因产品采用纯天然乳胶为原料，品种丰富，工艺先进，性能卓越，科学健康，符合人体工学原理，具有防螨、防菌、除尘、透气、天然环保等特性。深受顾客欢迎，产品远销海内外。目前兴瑞集团旗下拥有东莞市芬璐家居用品有限公司、东莞市铨兴鞋材有限公司、东莞市宝瑞鞋材有限公司、滁州市宝瑞橡胶制品有限公司、越南铨兴乳胶制品有限公司等多家全资控股子公司，年销售额数亿元。

曹明波说，"兴瑞能够发展到今天，主要靠的是严格的品质管理"。2007年，兴瑞集团通过了ISO9001:2000国际质量体系认证。

面对分工复杂、员工众多的新形势，曹明波审时度势，及时建立健全公司内部组织结构，成立了总经办、财务中心、管理中心、营销中心、生产中心、品管部、技术开发部、资材部、ISO9001:2000执行与稽查中心。

"暴利时代已经过去，企业要想持续发展，没有自己的品牌是万万不行的"曹明波说，"2009年全球遭遇的那场金融危机，给我们上了最生动的一课。当时我们的客户都是贴牌做外销业务的，欧美经济不行了，他们的订单减少甚至没有，我们也就跟着面临倒闭的危险。"

这一次，曹明波再次剃成光头，兴瑞再次从头开始。

　　曹明波在公司提出："兴瑞必须尽快转型,要有自己的研发队伍,有适应市场要求的独特产品,要建立自己的销售网络,塑造自己的品牌。"意识到品牌的重要性,曹明波聘请了专业的品牌推广人员,利用各种机会,比如,参加各种展会,与专业杂志形成战略联盟,与专业协会合作,收购市场成熟的品牌等手段,不断铸造、擦亮自己的品牌。

　　曹明波告诉我,从2009年开始,兴瑞集团每一年的品牌推广费用都在一千万以上。

　　目前,曹明波带领的兴瑞集团获得中国名企单位等各种殊荣数十项。

　　在曹明波的办公室里,我还看到了2008年中山大学继续教育学院授予的《人才培训优秀企业》的奖牌。原来,曹明波自己早在2007年就取得了中山大学的研究生学历,他还鼓励员工参与各种形式的培训,厂里拿出资金聘请中山大学教授定期对员工培训。曹明波说,"培养人才既能满足企业的发展需要,也是对社会做贡献。我希望,兴瑞集团走出去的人,都是有用的人。"

　　财富只有掌握在有德行的人手里,它才对社会有用,如果财富不幸掌握在无德行的人手里,它就可能沦为帮凶。

　　曹明波有两个爱好,以前喜欢写日记,现在改成了发微博,把自己的创业经验感悟以及对人生的思考与朋友一起分享。"不要轻视基层,基层才是事业的基础。只有基础牢固了,事业才有根基,才会恒久。"这是他通过自身的总结,给员工讲得最多的一句话,极富哲理。纵观他的发展轨迹,这其实是他最好的总结。功成名就的曹明波对财富也有自己的看法,"物质财富只是个享受的过程,够用足矣。只有精神财富才是可以传承的,如果自己能影响或帮助别人并能助其成功或幸福,那才是最有意义的事。"

　　2011年,曹明波加入了狮子会,开始了自己的慈善之路。

　　2012年7月,由曹明波带领的上善服务队获得国际狮子会的认可,独立运作,他的目标是为贫穷地区的留守儿童送去温暖和关爱。"这条道路刚刚铺开,真心希望它不断发展壮大,为社会,为需要帮助的人送去温暖和关爱。"

　　"从狮子会的发展模式中我找到了企业扩张的新模式,"曹明波说,

　　"就像我当初一样，优秀的员工发展到一定程度，他一定会寻找更大的舞台。作为老板，如果想要继续留住他们，你就必须为他创造一个这样的舞台。""我会鼓励我的员工去创业，我参股或控股都行。集团下面有两家企业就是这种模式发展起来的。5 年过后你再来看看兴瑞。"

　　我相信，兴瑞的未来一定更加美好。（于汗青／图文）

迎风扬帆放飞"设计梦"

——记厚街本土家具设计师陈德光

不是杰出者才做梦，而是善做梦者才杰出。陈德光少年结缘家具设计，并始终坚持自己的梦想，不断完善自己的理念，一路披荆斩棘，到达梦想的彼岸。

都说生命如船，梦想是帆。每个人都会有属于自己的梦想，个体生命因为这些梦想而丰富多彩，变得令人无比期待。如果说生命因为有了梦想而丰富，那么梦想则因为有了实干而精彩。在厚街，有这样一位有为青年，他时刻用躬身实干的精神和刻苦钻研的作风践行着自己的"家具设计梦"。他就是厚街镇"十佳就业青年"——厚街家具设计师陈德光。

设计梦在厚街起飞

都说珠三角地区是一个放飞梦想的摇篮，是一块实现梦想的热土。多少年轻人曾在这片热土上挥洒着自己的青春，释放着自己的梦想。处于珠三角西南经济走廊的厚街镇各项产业的发展如雨后春笋般涌出，一个小镇迅速成为无数热血青年创业的圣地。作为一名土生土长的厚街人，出生于改革开放好时代的青年人，陈德光亲眼目睹了厚街经济的腾飞，也亲身感受到了经济发展给人民带来的幸福。也正是这种亲身见证，激发了陈德光对未来的憧憬和梦想，对自己的信心，正如他在接受采访时所说的那样："我深深爱着厚街这片热土，她给予了我敢于做梦的信心，也给予了我可能实现梦想的平台。"

如果说厚街经济的飞速发展奠定了陈德光坚实的理想和信念，那么他所在新塘村附近的家具产业的蓬勃发展则是他"家具设计梦"的直接源头。那还是在他刚上高中时，厚街镇委镇政府加大了对家具产业的投入。特别是镇政府在新塘村附近新建了一条宽敞的"家具大道"，新建了一个多功能的"广东现代展览中心"，吸引了国内外一流的家具企业陆续进驻，这促进了厚街家具产业的飞速发展。作为土生土长的厚街人，他也见证了家具产业在厚街的兴旺和发展。直到现在他还清楚地记得第一次去参加家具展时的情景，刚刚建成的广东现代展览中心展厅里琳琅满目的家具产品让他感到惊异。那时他在高中 X 科选修的是美术，也比较青睐艺术设计，当看到美丽的产品总会有种情不自禁的感觉。那次观展让陈德光大开眼界，也彻底颠覆了他以前对家具的理解。遗憾的是，当时他看到的很多家具产品的标签上都贴着一些他看不懂的英文商标。这也让他陷入了思考，难道中国人就不能设计出这么优秀的产品么？因此，在当时他就希望以后能从事家具设计专业的工作，让我们自己的家具产品也能在展厅里鹤立鸡群。也就是那次参展，让他坚定了以后从事家具设计工作的信念，也促使他朝这个梦想不断前进。从高中美术课上画一些小方桌，再到大学专修家具设计专业，再到毕业后从事家具设计工作。从一件件不成熟的作品，到后来接踵而至的订单，他始终都抱着"让自己设计的产品在展会上展出"这个梦想，并且时刻为着这个梦想努力着。

在"被否定"中不断进步

有了梦想就会有追求，有了追求就会努力奋斗，有了奋斗就会有收获。在"家具设计梦"的催促下，陈德光经过高中 3 年的刻苦拼搏，顺利进入了广东省"家具设计"名校——顺德职业技术学院深造。在顺德职业学院读书期间，陈德光就经常利用寒暑假的时间主动联系厚街一些家具企业实习，将自己在大学里学到的家具设计理念运用到生产实操上去，进而在实操过程中不断创新自己的设计理念。经过几年专业学习和实习历练，陈德光很快就在东莞谋到了第一份职业——他顺利成为了华辉家具有限公司的一名设计师，并且在这里开始了自己事业的起航。

但很多时候现实与理想并不完全匹配。虽然已经选择了自己喜欢的家具设计专业，但要想成为一名优秀的家居设计师并没有那么简单。在刚参加工作时，陈德光可谓干劲十足，整天泡在工作室里苦思冥想，专心设计，并且设计出了一系列自己认为很满意的家具产品。但当他拿出自己花费了九牛二虎之力才完成的"杰作"展示给企业时，却遭到了无情的否定，甚至被批为"一文不值"！这对一名有着家具设计梦想，刚参加工作的热血青年来说，无疑是致命的打击。刚开始，他对自己设计的产品被无情的否定感到十分不解甚至愤怒。但打击归打击，自己还得正视现实。随着工作经验的丰富和自己的不断实践，陈德光也逐步认识到这种"被否定"并不可怕，甚至是促使自己不断前进的动力。因为企业是以追求利润为目的的，它生产的家具设计产品必须要满足广大消费者的需求，很多时候，个体设计师的想法并不代表大众的意愿。因此，一位真正成功的家具设计师绝不是将自己关在工作室里苦思冥想，而是要勇敢地走出去。在这个时候，陈德光迅速调整了自己的情绪，打消了一味埋怨企业"无情"的念头，更多地是沉下心来仔细分析下企业否定他的理由，在华辉家具企业工作一年后，陈德光就主动申请去企业各个部门见习，努力去了解企业的意图、风格、文化，了解企业的生产运作情况、利润和成本计算。他还在休息时间主动去东莞各大家具市场调研，努力去了解广大消费群体的审美心理、实用需求和消费心态，并抓住一切机会主动申请去其他家具企业参观、考察，努力去了解国内外家具企业优秀的作品。功夫不负有心人，在经过几年的努力工作后，陈德光设计的作品成熟了很多，一些优秀的作品得到了越来越多消费者的青睐，不少作品陆续在广州、深圳、东莞等地的展览中心展出，为企业赢得了不少订单，也得到了同行和社会的赞美。

　　"被否定"本身并不可怕，怕的就是被"被否定"击倒。在他看来，"世界上最恐怖的事，并不是'被否定'，而是比你优秀的人，还比你更努力。"在经历了无数次的"被否定"后，陈德光深刻地认识到了这一点：做设计的是永远不能停下来的，如果一旦停下来，甚至陶醉于自己设计的产品中，那也意味着自己的设计理念、设计风格和设计水平到了终点。这不是他所希望的。因此，他倒希望自己的作品能够"被否定"。因为，只有在"被否定"中才能感受到自己的不足，才能让自己不断反省自我、提升自我，才能促进自己不断的努力、前进。

从生活中汲取艺术灵感

　　设计作为一门特别需要发挥个性的专业，设计者的个人风格和艺术创造可能会很重要，这些独特的风格和创造也是优秀的设计者最终取胜的重要筹码。作为一名家具设计师，陈德光对产品设计的艺术灵感和艺术创造则大多是从日常生活中摄取的。"艺术来源于生活"这句话的确很有道理。但如何从生活中摄取艺术？这就需要特别留意生活中的细节。陈德光是一个十分喜欢拍照的人。只要出门，他就一定会带上相机，只要看到自己觉得不错的产品就拍下来。同时，他也是一个非常喜欢记录和"乱写乱画"的人，不管走在哪里，他身上总是带着一个小笔记本，只要觉得可记录的他就记下来。就连睡觉的时候他也将笔记本放在枕头旁，只要有好的想法，哪怕是半夜躺在床上，他都会爬起来将这些零碎的想法记录在本子上。正是这些日常生活中的一些小发现和小积累，在经过加工和整理后，慢慢形成了比较完整的想法。因此，在陈德光看来，任何个人风格和艺术灵感的形成都离不开生活，只有懂得感悟生活，懂得热爱生活，懂得珍惜生活中的点点滴滴、留意生活中的细节，才会让生活更精彩，也才会让人更有创造力。

　　家具设计需要设计师的个人元素，但家具设计又不同于一般艺术设计，因为家具设计产品是给使用者提供方便，其欣赏对象要比一般艺术品的群体大，并且家具设计的最终目的是为了满足消费者的审美、实用需求，而不是单纯的追求审美价值。任何家具产品在展示设计者个性的同时，更要注重产品的普适性。因此，家具设计并不是某个设计者个人主观意志的叠加，更不是闭门造车的凭空想象，而是在个人对产品设计理解的基础上，综合地考虑大众的消费需求、企业的成本计算和市场的潜力，然后形成一个相对成熟的产品。如果简单地一味追求个人风格，这是不负责任的行为。如果说陈德光在最开始的设计工作中特别注重展示个性的话，那么，在后来的工作历练中他则更注重于考量家具产品的普适性，并在这种考量中懂得了沟通、协调、接受的重要意义。因此，在后来的家具设计工作中，他每设计一项产品，首先都去认真听取他人的意见，包括销售部门的市场数据分析，同事们的独到见解，消费者的审美和实用需求，企业决策者的成本考虑等。当然，这些都需要他去综合考虑并谨慎决策，而在这种考虑和决策的过程中，他再揉进自己对产品设计的想法，然后经过不断的验证，最终形成一个比较成熟的产品。

梦想、坚持、环境：圆梦的历程

作为一名家具设计师，在多年的工作磨砺中，陈德光可以说是"百炼成钢"了。如果说他选择家具设计行业是一种圆梦的过程，在这个行业崭头露角则是他不断实现梦想的表现。在实现梦想的过程中，他也得到了很多体会和收获。在陈德光看来，要想在事业上真正取得成就，必须要有三个元素，即：梦想、坚持、环境。

要有梦想。无论是一个民族还是个人，都需要有梦想。不是杰出者才做梦，而是善做梦者才杰出。因为梦想是促使个人不断进步的动力，是召唤一个民族振兴的信念。但如何去实现自己的梦想呢？在陈德光看来，梦想绝不是幻想，任何梦想都需要用躬身实干的精神去实现。否则，梦想就永远只会躺在自己的脑海中沉睡，直至死亡。正如他接受采访时所说的那样，"当时我敢于选择家具设计这个当时相对比较偏冷的专业，敢于从事家具设计这个行业工作，是因为我对这个行业抱有梦想。如果没有当初的梦想，我就不会有正确的选择和实践，我可能也成就不了今天。"

梦想需要坚持，因为很多时候，梦想并不是一蹴而就的，而是需要在坚持中不断前进。在实现梦想的过程中，免不了会受到打击和挫折，但打击和挫折本身并不可怕，怕的是在挫折面前退缩。作为厚街家具界

追梦人

一名赫赫有名的家具设计新秀，一名高级白领，陈德光的起点并不高，刚开始参加工作时每月不到 1000 元的工资待遇，并且在设计工作中也受到过无情的打击和"被否定"。他曾经也因此而气馁过，失望过，但却从没有放弃，而是坚定地沿着家具设计这条并不平坦的路一直走下去。因为在他看来，既然选择了就要坚持下去，只有坚持，才能看到最后的胜利。

陈德光始终认为，实现梦想需要一个良好的社会环境和家庭环境。在这点上他深有感触。在接受采访的过程中，陈德光多次提到很庆幸自己生长在改革开放的前沿地，也很庆幸自己亲眼目睹了厚街家具业的兴起和繁荣。正如他所说的那样，"正是厚街这块生我养我的热土，孕育了我'做梦'的灵感，给予了我舒适的工作环境。厚街家具产业日新月异的发展让我看到了中国家具业发展的前途，给了我巨大的信心和动力，促使我在这个行业中不断前进。"他也多次表达了企业对他的栽培："我要感谢自己曾经任职过的企业，是他们给我提供了良好的发展平台，培养了我理性判断的能力。"

良好的家庭环境也是成就梦想必不可少的因素。陈德光家教比较严格，自小父母就对他要求严格，但父母几乎从未对他进行说服教育，更多的是以平等对话的方式和他交心，对他进行指导。家庭的这种教育让他受益良多，如培养了他敢于想象、善于想象的欲望，让他在工作中比较有主见等等。现在他也组建了家庭，他的太太是一位室内设计师，为人贤淑，在生活中给予了他无微不至的关怀，在工作上也时常给他一些独到、新颖的见解，他在设计工作上的很多想法和理念，不少就直接来自他和太太日常生活中的交流。这让他感到十分欣慰和自豪，也促使着他更加努力。

的确，正如陈德光所说的那样，只要有信念、有梦想，并且时刻保持躬身实干的工作态度，时刻保持刻苦钻研的工作作风，并为之努力奋斗，每个人都会看到光明而美好的未来。这是陈德光最真实的体会和感悟，也是他在长期的工作历程中给我们带来的宝贵经验和财富。（陈为为 / 图文）

40 年躺着写作的本土作家

——记厚街桥头籍残疾人作家陈发枝

"命运就算颠沛流离，命运就算曲折离奇，命运就算恐吓着你做人没趣味，别流泪心酸更不应舍弃。"在战乱中出生，在车祸中受伤，人生似乎充满了悲剧，但是他从未放弃自己，在最坏的情况下做最好的准备。他就是陈发枝。

1937 年的"七七"卢沟桥事变之后，日寇开始了侵华。陈发枝出生在兵荒马乱的抗日战争年代。

60 年代的大学生

1938 年的农历 9 月 13 日，日军的轰炸又开始了，东莞桥头一个即将临盆的妇人，正从桥头逃往葭家汀山。实在走不动时，就在路边一棵松树下躲了起来，接着孩子出生了。这个在松树底下出生的孩子就被母亲取名叫陈松生。可是祖母不同意。总认为松生是野外生的，不光彩，于是私下取了个名字叫——卫坚。卫坚的意思是保卫祖国更加坚决。但是，母亲不接受，依然叫松生。祖母和母亲之间各叫各的，谁都不相让。上学时老师问，"你叫啥名"？"母亲叫我松生"。老师想了下，松树枝繁叶茂，那就叫发枝吧。

1953 年，年近 15 岁的陈发枝就要从自己就读的桥溪小学毕业了，当时他只想像自己的父亲一样做个养鸭人，不曾想到外面求学。村里有位同学外出赶考邀上他，他作为陪考参加了东莞中学的招考，不巧的是赶考的人没考中，而陪考的陈发枝却考上了，初中没毕业就直接读东莞中学的高中。1959 年在选择报读大学专业时，陈发枝还是很费了些周折，先是大叔说不要读农业，紧接要求报读医学，但是因为陈发枝的美术基础好，就报读了当时的华南工学院的建筑系。在大学期间陈发枝不但品学皆优，而且文笔也好，思想进步。1964 年毕业时，正赶上全国掀起向雷锋同志学习的热潮，陈发枝一篇满腔热情的讲话稿，不但在华工被作为阅读材料传阅，而且还作为全省高校的文件材料油印下来，发到全省高校的师生手中。他在发言中不但积极响应毛主席向雷锋同志学习的号召，还在行动上积极响应到祖国最需要的地方去。1964 年 8 月，陈发枝如愿以偿地被分配到了当时贫困落后的贵州省。

贵州生活的日子

在岭南水乡长大的陈发枝，一下就到了远隔千里的云贵高原。他与从华工毕业分配到贵州的 7 个同学一起赶到贵阳报到，等待继续分配，他们只等了四五天，就被再次分到了贵州省物质局。这 7 名大学生有 6 名被省物资局安排到了基建处的一个设计室，其中就有陈发枝。当时工作条件虽然艰苦，但是工作热情很高。陈发枝经常加班加点地工作。

在实习期所有大学生的全额工资就 43．50 元。满足一个人的生活开支是足够的，但是对于陈发枝来说这仅有的工资不仅是用来作为自己的生活开支用的，还是家里经济的后盾和保障。刚工作不到 2 月，陈发枝的家乡——厚街桥头就发生了台风灾害，家中的房子被风刮倒了。姐姐来信告诉了家里的受灾情况，陈发枝不但把刚领的工资全额汇回去，而且暗自决定一定要让家里人住上安全的房子。他每个月从工资中拿出 30 元寄回家，自己留下 13．50 元作为生活开支。但是那时的混沌也要一角五分钱一碗。陈发枝有时只吃白米饭。家里人对此毫不知情。过了五六个月，家中要求陈发枝寄一张照片回去，家里人看到照片上枯瘦的陈发枝，很心痛，姐姐就给他寄来了几十斤粮票。

投身黔南三线建设

在贵阳工作了五六个月后，陈发枝到黔南参加三线建设，去搞一个山洞的仓库设计。这个仓库是用来装雷管、炸药和导火索的，对于安全和保密工作要求很高。陈发枝在黔南一干就是 3 年。陈发枝不但认真负责地完成设计任务，还用业余时间为大家创作了大量歌曲，丰富建筑工人的文化生活。一个民兵在看守雷管、炸药期间睡在山洞里。因为山洞水汽重，睡了不到半年就瘫痪了。大家都害怕被派遣去守山洞，陈发枝自告奋勇上去坚守。这个山洞有上下两层，下层有溶洞里流出的水形成的小河滩，上层相对干一点。睡前他先在河滩边洗个冷水澡，然后到上层洞里睡觉。说起这事陈发枝很自豪，"我在山洞里睡了一年一点事都没有"。

1969 年初，陈发枝被调回贵州省物质局搞宣传。刚刚草拟了如何抓好宣传教育工作的方案，即接到响应毛泽东主席指示的号召，要求"三门（三门即是从家门到校门再到机关大门）"干部要到工厂接受工农兵再教育。根据上级的指示和规定，陈发枝被派往贵阳棉纺厂的织布车间去做了送纱工，接受再教育。9 月又回到了省物资局。

一切被车祸改变了

许多国防工程都非常隐蔽,陈发枝设计建造的黔南某工程也不例外。当陈发枝回到省物质局不久，他所设计建造的工地也完工了。由于使用单位不清楚隐蔽工程的秘密所在，这就需要设计者办理移办。1969 年 9 月 25 日，陈发枝同设计室的领导和一名同事加上司机 4 人开着省物资局储运公司的苏联嘎斯六九车到黔南去移交工程。移交完工程后，车从黔南工地往回开，当开到离独山一公里远的黑虎崖时，由于公路一直是下坡，而且公路两边堆着养路的沙，加上速度很快，为了避开一堆沙子车弹跳起来，把车里的人都抛了出去。陈发枝被抛到了离车头7米远的地方，另外一个同事也被抛到车外，另一位同事当场摔死，看似受伤最轻的陈发枝因为是骨折不能动弹。当载着陈发枝的救护车开到都匀市时，救护车的避振器坏了，只好把受伤的陈发枝放下，在都匀换上货车把他拉到了贵阳。当时贵州省人民医院对于治疗陈发枝这样的伤者也没有把握，全国最权威的医院是上海市第六人民医院和北京宣武医院。陈发枝心想还没有去过北京，就选择到北京去治疗。但是，当年国庆期间处于戒严状态，陈发枝只能等到10月5日才能去北京接受治疗。10月5日，一架从成都飞去北京的货机绕道贵阳，载着陈发枝飞到北京。

在北京的宣武医院一个姓苏的专家看了陈发枝的伤情后对陈发枝说，不出3个月就能完全恢复正常。陈发枝一听这话非常激动，连夜向贵州省物质局领导汇报。正常用药15天后，林彪发布紧急备战动员令，医院停止了一切医护活动。眼看希望将要成为泡影，陈发枝拿着毛主席语录本，看到医生就大声喊毛主席语录："救死扶伤，实行革命的人道主义"。第16天，医院给他治疗了一天。从此再也没有医生给他开药治疗。出院42天后，贵州省物质局才派人把陈发枝接回贵州。就这样，陈发枝错过了最佳治疗时机。

回到贵阳的陈发枝再也看不到康复的希望，省物资局的领导急在心里，老干部张云清找到一个擅长治疗损伤的铁路工人，把他请到贵阳，用民间方法对陈发枝进行治疗。

治疗地点就在贵阳的东城路陈发枝的未婚妻家里。这个比陈发枝高大的贵阳女孩，虽然只有初中文化，还是一个建筑工人，但陈发枝深爱着他。每天，这个女孩将陈发枝从省人民医院背到家里接受治疗，从来没有叫过一声苦。

这种治疗方法近乎残忍，是把人架在一口大锅的上方，锅里装满了各种中草药，把中草药煮出的蒸汽用来熏伤残部位，痛得钻心。陈发枝回忆说，那是一段记忆的空白，因为他对那次治疗过程没有记忆，没过多久就痛昏死过去。再醒来时让未婚妻背回医院。在医院陈发枝一住就是半年。眼看着希望一天一天破灭，陈发枝于1970年4月25日转院回到了东莞县中医院接受治疗，一住就是8年。

病床 8 年编词典

住院期间陈发枝不想就这样虚度，于是有了编词典的想法，在病床上历时 5 年编成《白香词谱笺》。但是最后还是放弃了让书出版的想法。1975 年夏天，陈发枝的侄子买了两张电影票，把其中的一张电影票给了陈发枝，另外一张给了杨宝霖老师。在看电影的过程中，陈发枝把自己正在编辑《白香词谱笺》一事告诉了杨宝霖。杨宝霖说出版社已经出版过一本词典，不过有两个缺陷，一是只收了一百个词牌，但是已经有的词牌是 450 个。而每个词牌只收了一首词。同时杨宝霖还告诉陈发枝，自己正在看的书，一个叫张宗肃写的一本《辞林纪事》，不过有很多遗漏和错误，他也正在编一本《辞林纪事补正》。随后杨把自己的《辞林纪事补正》油印了 5 大本约 78 公分厚的书稿送了一份给陈发枝。陈发枝花了一年时间才看完，于是放弃了对《白香词谱笺》的编辑。

陈发枝出院了。那时，他的工资只有 52.5 元一月。为了生活，他不得不另谋职业。

靠艺术讨生活

刚出院的陈发枝为了生活就在街边开始了画像为生的生活。当时画像的竞争也很激烈，为了多揽生意，陈发枝就在价钱上比人家少，人家画像 3 元，他只收 1 元。但是画像的日子并不好过，他至今还记得，那个没米下锅的日子，天下着雨，陈发枝打着雨伞把画好的画像送到人家家里，拿着 4 元钱回家买米下锅。

1983 年对于陈发枝是个转机。那年东莞的外商像潮水一样涌进，那时村村建厂房，需要建筑设计。刚好桥头村的一间厂房在正月初四塌了，正好陈发枝在家，有人请他帮忙设计。从此找陈发枝画建筑设计图的遍布石龙、莞城、太平。陈发枝靠大学专业知识过上了衣食无忧的日子。

从 2000 年开始，陈发枝的肌肉开始萎缩，不能再坐，也不能画图了。为了让自己的日子过得更加充实，陈发枝萌生了写书的想法。

呕心沥血著就《旱龙乡》

陈发枝于 2000 年元月 9 日开始动笔写《旱龙乡》，到 2002 年夏天，已经完成了 80 多万字。还要个两三万字就可以完稿了。就在这时，他收到了由杨宝霖整理的钟映雪点评的木鱼歌唱本《二荷花史》及《花笺记》。当他花 20 多天把这两本书读完后，陈发枝领悟到要写好一部小说，关键在于重点人物必须浓墨重彩，枝蔓应该精简。于是陈发枝放弃了第一稿。他重新构思，写起来有了脱胎换骨的感觉，于 2003 年 12 月 28 日完成第二稿。由于心脏早搏严重，他住进了医院，出院后的两个月，他重新思考，又放弃了第二稿。第三稿是在病痛的煎熬中创作出来的。当陈发枝写到第七章时，他右眼的青光眼急性发作，住进了医院，只能放慢写作进度。但是到了 2005 年的 11 月，陈发枝的左大腿股骨意外骨折，他只好卧床休息。2006 年 11 月 27 日，他终于完成全书，并得到了广泛好评。

当我走进莞城区松柏街四巷陈发枝的居所时，看到他正在和助手冯锡祺一起翻译明代厚街桥头人陈琏的著作《琴轩集》。他说，如果他不把这个孤本翻译出来，以后厚街桥头的文化就可能出现断层。

《琴轩集》是明代重臣陈琏的著作集，包括陈琏所作赋、操、辞、乐府、诗、文等。其内容保存了东莞明初以前的大量历史资料，属于比较重要的东莞地方文献。由于原著是文言文，普及性不高。为了使更多的人可以解开这套书所蕴含的文史奥秘，陈发枝决定在晚年的病床上翻译这套书，希望为子孙后代留下一点精神遗产。（侯平章／图文）

实干扬帆商海唱大歌

——记东莞骅国电子有限公司董事长陈宏钦

每一个成功的人都有自己的秘诀。陈宏钦的成功在于敢想敢干，诚信经营，当然还少不了敏锐的观察力和判断力。有了这些陈宏钦才能够在时代的浪潮中存活，发展，变强做大。

眼前的陈宏钦，衣着考究，目光中充满自信和智慧，笑容里透着和善与友好，让人感到学者般的雍容风度和睿智。身为华升电子集团董事长、原东莞台商协会厚街分会会长的他充满了儒商的风采。

陈宏钦的勤劳实干来自幼年时的家庭环境的熏陶和军旅生涯的洗炼。他曾在做集团公司董事长兼执行长期间，以一周时间跑遍了各大洲，完成对集团公司的重要客户的拜访。几乎是每天凌晨两点就起床去赶飞机，用一周的时间绕了地球一圈。成功的背后是比别人付出更多的时间和汗水。在交流中，他的实干精神和自信深深感染着我。

心存梦想：从业务员起步进入电子行业

陈宏钦出生在台湾宜蓝礁溪，父母是以卖鱼和开杂货铺为生。他是家中 4 个子女中唯一的男儿。也正因为如此，陈宏钦 9 岁时便与父母亲一起分担家务。每天早晨上学前和下午放学后都要帮助父母亲喂养猪和清洗猪舍。这让他养成了一生勤劳的习惯。也为他日后能够勤劳拼搏取得事业的成功打下了坚实的基础。

在来大陆之前，陈宏钦还只是个跑单的业务员。每天风吹日晒，辛勤劳作，不知道什么时候幸运的指针会给自己指向一个更为宽广的人生道路。但陈宏钦却依然坚定的做好自己该做的每一件事情。

从 1987 年开始，陈宏钦就在干着一件事，做电子业务。原因很简单，跟自己所学专业对口，他毕业于台湾政治大学电机专业。凭着自己的专业水平，他干得很出色。

通过 3 年的积累，1990 年，陈宏钦干了一件影响他未来人生的大事，成立了一家公司，这家公司就是现在做的红红火火的骅升科技股份有限公司。

据陈宏钦回忆说，公司刚成立，一切都在重新开始，好在自己曾经联系过的客户觉得跟他合作有安全感，觉得跟他合作能长期进行下去，所以他的生意也越做越好。这也让当时的陈宏钦感到十分的开心。

在台湾的生意不错，但为了打开销路，使得自己的公司有更好的发展，1993 年，陈宏钦带着 100 万来到了东莞，在厚街白濠村投资办厂。

谈到当初为什么要来大陆办厂，陈宏钦笑着说，当时在台湾，劳动力越发缺乏，成本也越来越高，厂房也满足不了当时公司的规模需要。加上当时改革开放的春风已经吹遍大陆的大江南北，而珠三角又是经济发展的重要之地。他在电视上看到邓小平同志的南巡讲话，以及后来的一些改革开放事例后，就毫不犹豫地决定一定要来东莞办厂，做一些自己想做和该做的事情。

陈宏钦的决定是正确的，不仅因为政府对外来投资相当鼓励，而且珠三角也是一个很适合创业致富的地方。

来厚街办厂：诚信经营换来事业大发展

对于 1993 年的东莞来说，一切都还在发展之中。万事开头难，想法很好的陈宏钦，在厚街的厂成立不久，就遇到了问题。就是工厂要生产的产品的原料怎么解决？毕竟当时厚街的电子公司较少，更谈不上有完整的电子行业产业链，要想找到合适的原材料是一件不容易的事情。

经过一番思考，陈宏钦决定，从台湾购进原料，不管遇到什么困难，一定要把这个工厂给盘活，一定要把这个工厂给做起来。原料加工的问题得到了解决，但销路却无从谈起。

由于工厂刚起步，公司在行业中的认知度并不是很高，想要开展业务，还是需要一步步的来，可谓是困难重重。但陈宏钦并没有放弃，他还是选择积极去应对，既然没有大的销路，小的销路也是销路，依然可以做。机会总会来的，但在这等待的过程中，一定要充实自己的实力，精熟自己的业务。

1995 年，陈宏钦的机会来了。

当时英特尔公司需要一家中国的供应商为其长期供应货源，引来了 30 家公司竞争，大家都希望成为这个商业巨头的供应商。因为这不但意味着可以有稳定的收益，同时还证明了自己公司的实力。

陈宏钦的公司便是这 30 家公司中的一个。

怎样脱颖而出，拿到英特尔公司的长期供应权，这是陈宏钦当时最为焦虑的问题。考核的过程可以说是非常困难的，包括它对于公司管理的考核、技术的考核、质量的考核，还有一个最重要的，诚信上的考核，而这一切都得到了英特尔的认同才行。

条件可谓苛刻，但陈宏钦积极应对。在一系列复杂的考核中，陈宏钦凭借自己扎实的专业知识，以及诚信的做事风格，赢得了英特尔公司的青睐，最终一举拿下了英特尔公司的长期供应权。

从这以后，陈宏钦的生意蒸蒸日上，工厂也由一间发展到四间。接着陈宏钦开始考虑一个问题，如何把资源有效的利用，合理的进行分配。于是，在 2001 年，陈宏钦决定在厚街环冈建立一个新厂，把之前的四间工厂全部搬进来，合为一体，共同生产。

果然，一切都如陈宏钦所愿，在成功整合后，工厂的产能比之前提升了 4 倍多。

打这以后，由于坚持诚信经营，加上近十年里在业界的皆碑，公司规模再次扩张。陈宏钦还先后在深圳、苏州昆山、湖南郴州等地成立公司，为当地企业提供汽车电子、电线电缆等产品。可以说，此时的陈宏钦已经做得相当成功了。

陈宏钦为什么会在短短的近十年里发展的如此迅速呢？他的成功秘诀是什么呢？这是很多人想知道的。但陈宏钦强调一点，诚信经营是第一要素，要充分相信自己的合作伙伴。有时候，一些供应商资金不足，他就提早提供部分资金给供应商周转，这样让供应商很高兴，更加愿意与他合作，很多跟他合作长达 20 年。

正是有了这些合作伙伴，才使得陈宏钦的事业越做越大。

未雨绸缪：转型升级抓住机遇

产业越做越大，需要考虑的事情就越来越多，同时也必须迅速吸收新思维，做出快速反应。不然，一旦新的产业动态出现，你没有搭上这个生产快车，错过了最佳销售时期，对公司将是一个重大打击。

2005 年，LED 产品发展迅猛，未来的前景看好。陈宏钦意识到了这一点：必须发展新产品，给公司注入新鲜血液，为未来更好的发展做好一切准备。

在这一年，陈宏钦开始实施转型升级战略，迅速研发生产 LED 产品。陈宏钦说，必须要抓住机遇，根据不同时期的需求，生产不同的产品。不能故步自封，一定要以开放的心态迎接一切，为一切可能发生的问题做好准备。

2006 年，陈宏钦被推举为东莞市台商协会厚街分会会长。这不仅是业界对陈宏钦的认可和信任，也是对他能力和智慧的考验。作为会长，就要付出很多的时间和精力，去处理会务，协调解决会员问题，团结身边的台商。因此，在任会长期间，他要抽出大量时间去帮助刚来投资的台商做好准备工作，让他们熟悉新的环境，同时还要帮助这些投资人创造更好的利益。与此同时，还与会员一起努力，为厚街的发展，以及投资新型产业做出努力。

正当陈宏钦帮助更多从台湾来的投资人时，他没有料到自己的公司也开始出现一些问题。2009 年，陈宏钦的公司到了亏损边缘，但他没有畏惧，因为这样的危机他之前已考虑到了。正是由于有着 4 年前对 LED 产品的敏锐察觉，加上有着良好的铺垫，使得他们抓住了突围的机会，对 LED 照明产品加大投资，快速升级，很快在 2010 年扭亏为盈，创造了 5 千万的营收。这对公司来说，是一笔不小的数目。但对以后的发展来说，这还仅仅是个开始。

在 2011 年，陈宏钦的公司创造性的取得了 5 亿人民币的营收，在此之后，一直延续着这种效益。现在，照明产品已经是骅国非常重要的产品。陈宏钦表示，只要加大创新和生产，未来的营收都会成倍地增长。

试想，如果在 2005 年，陈宏钦没能决定实施转型升级战略，没能对 LED 产品进行开发探索，那么在后来的几年中，陈宏钦极有可能被产业快车甩在后面。可喜的是，这一切都只是假设。陈宏钦正在产业的高速公路上飞奔。

为了在产业发展中不断创造奇迹和辉煌，陈宏钦不断地学习充电，提升内功。2010 年和 2012 年，他先后获得美国、台湾两个管理硕士学位证书。

现在的陈宏钦，依然在热心帮助来厚街投资的台商，协助增资扩产。同时，对自己的公司，他也定下了更长远的目标：要让自己的公司成为全球电子零组件以及电子产品的制造与服务的大公司，成为最具竞争力的大公司。在未来几年内，陈宏钦希望自己的产业能够创造 20 亿人民币的营收。

这个目标，他有信心通过实干和拼搏一步步去完成，去实现。（李云龙／图文）

用镜头记录人生情怀

——记陈屋社区陈妹

在部队，他建言献策，贡献自己的才智。复员回乡，他干一行，爱一行，在每一个岗位上充分发挥自己的作用。离职后，他终于有机会兑现用镜头记录边疆的诺言。一路走来，无论何时何地，他都在认真地活着，努力的活着。他就是老兵——陈妹。

"不到过边疆，不知祖国河山磅礴的气势；不到过边疆，也不知曾有多少战士为了捍卫那每一寸国土而流血牺牲。"陈妹，一个老兵，每每谈及西部边陲，眼眸中涌动的是无限深情。早在40年前，当陈妹驻守在海拔5000米的阿里地区雷达站时，就渴望有朝一日，能够将这曾经有他青春时留下足迹、热汗润泽过的辽阔疆土的瑰丽风光用镜头"搬回"呈现在世人面前。

性格耿直：为避文革去参军

1963年，是香港有史以来缺水最严重的时期。为了解决用水问题，港府向中国大陆政府提出由东江引水供应，为了解决数百万同胞用水难的困境，党中央及国务院委托广东省水电厅负责规划设计、组织施工，时间定在 1965 年春供水，要求在规定时间内全面完成引水工程。

此项工程要建立八级抽水站，其中还要建筑多条拦河坝和防洪工程。由桥头、常平司马开口引入东江水，再由八级抽水站将水抽往雁田水库，通向深圳水库，流入香港水库，达到供水目的。

当时施工的民工来自广州、东莞。而在东莞包括厚街、中堂、万江、石碣等公社的民工，来自厚街陈屋的共有七人参加，陈妹是其中之一。陈妹等人负责的是凤岗公社油甘埔大队沙岭抽水站的工程地段的运输土方筑坝任务，但当时运输土方是全靠人力肩挑的。

当年 6 月，上级突然通知厚街、中堂公社的民工全部调往雁田水库，事发突然，一时猜测纷纷。到了雁田水库才知道，原来由广州调来的民工常偷渡去香港，造成人员缺乏，使之无法完成施工任务。为了尽快完成工程，由省水电局出头，要求东莞县政府支援，从生活稳定的地区选人，并要求快速地调用厚街、万江、中堂、石碣等公社的民工有 1000 多人。由县政府组织召开了一个誓师大会，每个公社的领队上台表了决心。

声势浩大的队伍，使整个工地热闹起来。当时陈妹的工作是负责打硪，每台石硪（石夯）6 个人，每人拉住一条绳，在陈妹的指挥下，石硪被齐心协力的 6 条绳平衡地抽起，一下飞上空中，一下砸落地面，有力且有节奏地将坝面砸实。这引起了视察工程质量的主要工段领导的注意，这工段长发现陈妹的一组比其他五组的质量好且速度又快，忍不住表扬了几句，在一旁陪伴着他的一位卫生员低声地说："此人叫陈妹，肯干、机灵，工作效率高。"工段长闻言对陈妹说："我需要一个爆破组，你来做爆破组组长吧！你选 6 个人跟你一起，组成 7 人的爆破小组。"于是，陈妹负责起爆破组的任务：将雁田水库边的山坡炸出一块平地，这是东深水利工程设 3 台一米口径水泵的八级抽水站机房基础。此工程非同小可，工段长遇到了陈妹，放心地把爆破任务交给他。从此，陈妹就当上了爆破组组长，在工作长河中迈开漂亮的第一步。

工段长调来工程师指导陈妹的队伍，在陈妹的带领下，3 个月就完成了泵房基础的爆破任务。

这次陈妹在工作中被领导指定为负责人，出乎意料。他也出色地完成了爆破任务，得到了好评，当年陈妹只有 18 岁。陈妹说："东深工程解决了香港严重缺水问题，工程一年内就完成了，还给省内每年增收 10 多亿元的外汇。"

1965 年东深工程全面完成后，陈妹回到厚街陈屋。不久之后，村支部书记陈锡尧通知陈妹到厚街公社党校（横岗水库侧）学习一个月，随后，东莞县通知陈妹到县第二招待所（现东莞宾馆）再学习两个月。8 月份村中成立民兵营，陈妹被委任为民兵教导员。

这次水利工程作业使陈妹学会了不少治水方法，也锻炼了他。1966 年，陈妹被选为村主任，上任后的他第一件事就将陈屋村头村尾的两个鱼塘堤用大石砌好，扩宽、美化了道路。村民称为陈屋的"广州长堤"。

1966 年文革前夕，县三级干部会议时，县委书记姚文绪同志领着陈妹等人进行军事训练，日夜连续行军一星期，由石龙出发到樟木头、清溪、凤岗、长安、虎门至莞城。受到了全城热烈欢迎，随后进入文化大革命。

文化大革命开始之初，沙角部队教导员问陈妹为何不参加斗争。性格耿直的陈妹说："我出来工作时，领导很关心我，我也没见他犯过错误，怎么能斗呢？"适逢此时征兵，脑筋灵活的陈妹为了避免内斗，萌生了参军的念头，当时支左的沙头角部队教导员支持陈妹应征人伍。

边疆生活多姿多彩

1968 年 3 月初，一支由 3 百多人组成的队伍由莞城出发，步行到石龙火车站，经过一个星期的车程，终于到达了新疆政府所在地——乌鲁木齐市，新兵就落在此连队。过了几天，生产建设兵团慰问新兵，喜欢沟通的陈妹与领队人谈起部队生活情况，领队人的话让陈妹一一记在心上。

连长得知陈妹在村中当过 3 年民兵教导员，很想听听他对连队的生产建设有何建议。当时台湾从美国买来的 U2 型侦察机经常对这一带的军事基地侦察，被我方击落后，又买了美国的 B2V 型无人低空侦察机。对此，陈妹提出了如何改造防空营房的办法。

不久，陈妹被调到中苏边境，成了北疆精河县古尔图 7335 空九军 43 团 15 分队的一名空军雷达兵。3 年的空军生涯，令陈妹受益一生。

雷达值班室的温度最高时有 48 度，然而，严酷的生存条件却磨练了他，使他更加坚韧不屈。他与那些年轻的军人一样，默默地坚守、奉献，无怨无悔。

驻地的风光瑰丽多姿，大自然的鬼斧神工令他赞叹不已。在严酷的生存条件下，陈妹不乏一颗欣赏美景的心。酒逢知己饮，诗向会人吟，景与众人醉！那时的陈妹，就产生了将西部的山川、大漠、湖海用相机一一记录下来的想法。

两年后，陈妹被调去机场进行为期两月的学习，学习的内容是空中多批飞机及各种飞行特技；在复杂情况下，如何快速操纵雷达的技巧。学习期间，陈妹认识了 37 师师长，师长见他机灵好学，便将陈妹调到驻扎在与印度交界的西藏的 41 团做了一年的边防守望。在雷达室值班时，陈妹发现位于印度方向的飞机总在前方某处转个弯后随即消失在视线内，经过多次细致观察，陈妹断定那处必定有个秘密机场。陈妹将这一情况上报后，军部便向军委请示派侦察机反复观测，后证实陈妹所言不虚。

转眼，陈妹守卫边疆已 3 年了。经过一番激烈的思想斗争，他最后决定复员。部队领导一同挽留，见他坚持要复员，卫生队长说："离队可以，但必须完成一个任务才行，限你在两天内找到 20 个羚羊角，就批准你复员。"陈妹一听这话，心想："这分明是想难倒我嘛。"回宿舍的路上，他想到与当地公社书记交道不错，就请他帮这个忙，结果不到一天，在书记的号召下，社员把 200 多个羚羊角送来了。陈妹喜出望外，20 个的任务变成 200 多个。陈妹欢天喜地地用两匹马驮着，神气十足地将 200 多个羚羊角交给领导，领导惊呆了，同时只好让陈妹复员。

复员回乡：干一行，爱一行

军人以服从命令为天职。1971 年，陈妹回到家乡陈屋，成为了一名农艺师。第二年，大队又安排他担任运输船船长。这是一条土木船，俗称"泥船"，主要负责把村里的农产品运往广州销售，可载 20 吨货物，一般由一至两人摇橹，一人棹桨，或在浅水的河段撑竹篙，有时逆水赶时间，还需要一至二人赤足在岸上拉缆，牵着木船前进。陈妹心想："如果能安装机械驱动，那多好啊！"在厚街农械厂的技师支持下，经过几个月的奔走，通过朋友从广州汽修厂购买了一批变速配件，自制了一个变速箱，购买了一台废弃的柴油发动机，并请人安装在船上。经过改装，机动船成功地下水试航了，往返广州只需一天时间，大大提高工作效率。

1992 年，陈屋投资 120 万元建自来水厂，水厂选址在荒僻的后底岭，陈妹被委任为水厂厂长。建成后的水厂日产万吨，成为全市 500 间水厂的龙头。任职厂长期间，一南韩手袋厂的老总经人介绍找到陈妹，问陈妹可否在一周内解决其厂的用水问题，据说该厂花了 40 多万都未曾解决。陈妹了解到厂址后，笑着说："给我 7 万元，明天下午 5 时前保证准时送水到厂。"次日一早，陈妹就带人启动厂里的两台机器施工，2000 米的水管提前 3 小时就铺设好了。下午 2 点半自来水通达手袋厂，老总见了大喜，当晚请水厂全体员工吃韩国菜，一周后又请全体员工到肇庆七星岩旅游。

1999 年，陈屋村民极力推选陈妹当上了村委会主任。上任后的陈妹大刀阔斧，整改村容村貌，扩建学校。他的宗旨是：为村民办实事、办好事，带领大家共同致富！第二年他筑巢引凤，修建厂房、招商引资。在陈妹的带领下，陈屋村收入翻了几番。两届期满后，群众继续请他连任，陈妹拒绝了。

用镜头践行当年诺言

陈妹离职后"无官一身轻"，但是，这几年并没闲着。他时常想念从前的首长、战友和边境的瑰丽风光，他要实现自己 40 年前许下的诺言：将曾留有他青春的足迹、热汗润泽过的疆土用镜头呈现在世人面前。

2007 年，陈妹携带儿子等一行 4 人，自驾历时 43 天，行程 25000 多公里。陈妹的摄影队伍曾 3 次跨越北、中、南昆仑山，横穿唐古拉山，跨过冈底斯山，抵达了喜马拉雅山，进入海拔近 5400 米的珠穆朗玛峰第一营地，拍下了巍峨雄伟的世界第一奇峰。随后，他们穿越苍莽浩瀚的阿里高原，直抵新疆。雄伟壮观的帕米尔高原如巨龙蜿蜒，气势磅礴的大山大岭尽收镜头之中，又经南疆地区的喀什，和田等。接着挥师塔里木盆地，在穿过横亘千里的塔克拉玛干大沙漠之后，他们翻越天山大阪，到达北疆，这里又是辽阔无垠的大草原。

这 25000 多公里的行程，历经艰难险阻。拍珠穆朗玛峰时，在一号营地，他们守望 3 个多小时，珠峰时隐时现，当太阳快下山了，金色的珠峰突然呈现在他们面前，威严、雄伟、圣洁、巍峨地屹立，直插云端。陈妹心里呐喊"我的梦想终于实现了！"

在这次拍摄行程中，他们攀登海拔 4800 米以上的山峰 40 多处，5000 米以上的山峰 28 处，最高到达海拔 6700 米的高峰。途经中印、中巴、中塔、中尼、中哈等多国边境，拍摄下一组组令人叹为观止的美丽图片。当年所在部队的领导特别为他签发边防通行证，他再次坐上昔日的雷达岗位，重温 30 年前守卫边防的日子。

拍摄回来后的陈妹，将照片展示给乡亲，摄影展好评如潮。至今，他已在市、镇、社区举办多次个人摄影展，得到了省、市乃至全国摄协领导和广大摄友的高度肯定。其中，有幅《阿克苏大峡谷》的作品，在广州市皮具皮革商会上拍得人民币 38 万元的天价！陈妹的个人摄影画册《中国西部撷影》已正式出版发行，该书由中国摄影出版社出版，通篇采用中英文注释，业界资深专家、领导、顾问等为该书题字、作序。每一张照片都凝聚着陈妹的一段故事，承载着一个老兵对祖国西部的炽热情怀。

如今，陈妹正在为第二部作品的出版紧锣密鼓地筹备着，估计在 2014 年前出版。据悉，在第二部作品中，陈妹将以个人经历和陈屋为主线，把 30 年的改革开放历程中翻天覆地的变化，用新旧照片对比的形式呈现在世人面前。

当有人问及陈妹的感受时，他快慰地说："当兵 3 年，够一辈子享受，经历 30 年改革开放，让你一辈子自豪。"

笔者特赋诗一首为记：

3 年军旅赤心投，瑰丽关山恋未休。

改革运筹开富道，更将光影写春秋。　（求真／图文）

立足诚信传扬厚街味道

——记鑫源食品有限公司董事长陈什根

他是厚街腊肠制作技艺传承人，入行30多年来，根叔带领他的企业始终坚持诚信经营、做良心食品，在市场上树立了良好的企业形象。

史料记载，厚街腊肠相传始创于南宋末年，距今已有800多年历史。相传古时，厚街人为躲避战乱，用日晒的方式储备肉类等食物备用。经不断改进，到明代中叶，厚街腊肠基本定型，名气也渐渐外扬。在清代宣统辛亥年间编撰的《东莞县志》"物产篇"中就有"腊肠推厚街……销路皆两广"的记载，由此可见，厚街腊肠在清朝末年就已"销路甚广"。厚街腊肠属于广式腊肠的一种，形状不同一般，呈椭圆形，在民间素有"东莞腊肠，又粗又短"之说。又因其用料严格、制作讲究，质鲜、香醇、爽脆，因此又有"广东腊肠数东莞，东莞腊肠数厚街"的美誉。

转产腊肠，酱油起了大作用

上世纪80年代初期，凭着敏锐的商人眼光和扎实的食品制作技能，陈什根与人合伙创立东莞市新源食品有限公司。半年后，由于效益不好，合作伙伴不愿继续经营。陈什根当时很茫然，也曾想放弃，但他坚信"只有人想不到的事，没有人做不到的事"，并由生产酱油转型到生产酱腌菜。

90年代初期，陈什根开始学习生产糕点、腊味产品，公司名称也发生了改变，随后，"鑫源"牌腊肠、腊肉、蛋卷、月饼等传统食品逐渐走俏市场，其中腊肠最负盛名。

陈什根对厚街腊肠的制作技艺及流程非常熟悉，从选料、混料、灌肠、打针眼、绑节、吊晾、烘晒以至销售，都能熟练操作，手艺出众。陈什根说，腊肠分手工和机器生产两种，在实际生产过程中，一般采取手工和机器生产相结合，鑫源成功的秘诀就在于手工工序环节。手工工序一般集中在肉品的切割、配料的添加环节，尤其是配料添加对腊肠最终口味和质量的形成起到了第一道关口的作用。在这方面，原本从事酱油生产的陈什根得天独厚。

"我们的酱油做得很好，所以大家都喜欢我们做的腊肠。"陈什根说，腊肠的配料中一般要加入酱油、山西汾酒、曲酒、食用盐等多种配料，再用天然的肠衣进行装裹，最后进行天然的生晒，而其中配料的比例情况直接决定了腊肠的口味，自己制作的酱油在其中起到了关键作用。

好的工艺、好的选材，传统与专业化的默契结合，成就了陈什根今日的名气，也成就了鑫源。近30年的发展，以前的小作坊演变成了工厂，又由工厂变成了现在获得多项荣誉、有口皆碑的食品有限公司。今天，陈什根所创立的鑫源食品有限公司已经成为省港知名的食品公司，公司创立了的鑫源品牌于2011年被评为广东省著名商标，所生产的系列肉类制品被广东食品协会评为业界领军品牌。

以德待人，严把质量大关

陈什根常说："做食品就是做良心，绝不做有危害人民群众身体健康的食品"。为了使生产的产品能够满足顾客的需求，确保所有工序都能一次性达到全优的标准，陈什根始终坚持原材料采购、投入生产和产品检验等每一个环节，都要自己亲自把关，尤其是最终的产品批批都要自己先试吃，并要求所有的管理人员和质管人员也要试食，培养员工树立强烈的社会责任感。

他经常用"产品是做给我们自己吃的，其次才是卖给顾客的"理念来把好质量关。为了确保产品质量和卫生，鑫源于 2004 年投资 3000 万，开始引进国际标准管理体系 ISO9001 和 HACCP，并于 2004 年成功通过双体系认证。2008 年，在他的带领下，通过市场调研和结合自己的产品特点，鑫源成功推出鑫源手信礼品箱，箱体由厚街八景的图案组成，产品为厚街传统的产品，深受广大消费者的喜爱。2012 年，鑫源投资千余万元，建造现代化的清洁明亮的生产厂房，既做到节能环保，又能更好的确保产品质量。

陈什根总是要求公司的员工，要永远将客户的利益放在第一位，并安排专人负责来电、来函的记录，对客户要求的交货日期，坚持说到做到，决不失信；对客户的投诉，无论什么情况，都要求在四个小时之内一定给予客户满意的答复。2010 年，有客户建议鑫源的蛋卷产品改为独立包装，以防一次性吃不完的产品会漏风。陈什根获悉后采纳了该客户的建议，在 2011 年，将公司的所有蛋卷包装全部改为独立小包装。

除了讲诚信，他还坚持以德待人。早在 2004 年，一个客户由于预算失误，要求向鑫源退回 1000 箱馅料，货值 50 万元。在 2004 年，50 万元可不是一笔小数目，尤其对于新厂建立不久的鑫源来说。根据合同，鑫源只需退其中的 5%，但根叔毅然做出一个决定：全数退还。

根叔说，客户有了困难，那就该多一份承担。

正是这一份担当的精神，使得"鑫源"这块招牌在风雨的磨砺之后熠熠生辉。

以人为本，融入鑫源大家庭

在鑫源，"以人为本"绝不仅仅是口号。同样，在鑫源，体现"以人为本"的例子不胜枚举。

在鑫源，生产车间可以听到音乐，生活区设有电视房，厂区大院设有篮球场、宣传栏，兴建员工活动室（内设培训室、阅览室、电脑室），逢年过节组织员工聚餐、爬山甚至是出国旅游……

陈什根常常说，"科学技术是第一生产力，人才就是科学技术，没有人才，公司就没有发展"。这几年，在他的领导管理下，公司聘用了大量的专业技术人才，并聘请专家对他们进行培训，以此提高他们的管理水平和技术水平。

此外，公司每年还花100多万元带领管理人员到同行和国内外知名厂家学习、参观、深造。他要求公司的员工都要一专多能，每个岗位和工种都要学习。目前，在公司80多名员工中，拥有专业技术人员20多人，中、高级工程技术人员7人，使公司的产品质量有所保障，品牌的信誉度显著提升，客户和鑫源的关系越来越融洽，合作层面不断发展。

朱华云是2012年来鑫源的。之前所在的公司是上市大公司，主营休闲食品，而鑫源做的是传统食品。工作虽不相悖，但差别太大，这一度让她举棋不定。与陈什根的一次面谈让她改变了想法。那次，陈什根特意请她吃饭，坦言鑫源虽不是大企业，但有自身优势，在鑫源假以时日，完全有可能独当一面。朱华云被他的诚意所感动，决定加盟鑫源。进入鑫源后，朱华云既做人事工作，也负责办公室管理，甚至是企业文化宣传工作。在朱华云眼里，如果不出差，陈什根每天都会到车间，与员工交流，检查生产情况。

如果说朱华云是新莞人融入鑫源的一个例子，那么，王乐强则是土生土长的老莞人在鑫源成长的代表。

2002年入职鑫源时，王乐强担任司机一职。2004年，在公司的栽培和个人的努力下，王乐强调至销售部当业务主管。2007年，王乐强晋升为销售部副经理。2008年，王乐强调任采购部任职经理。2011年，鑫源成立采购计划部，王乐强全权负责该部门。2012年，王乐强任鑫源副总经理助理。

从10年前的司机一职，做到今天的副总经理助理一职，王乐强完成了人生的蜕变，而这一华丽转身，正如他自己所言"在鑫源，只要你努力工作和不断学习提升，机会就会降落在你身边——机会，总是留给有所准备的人"。

也许，王乐强在鑫源的发展，只是鑫源发展的一个象征，或者一个诠释。一如陈什根在内刊《鑫源》的创刊词里说的，30年砥砺前行，30

载春华秋实。"厚德我们的为人，厚德我们的产品，厚德我们的工作，厚德我们的顾客。"

心怀仁爱，救人于危难之中

陈什根，还是心怀仁爱的企业家。每当公司员工有困难，他总会伸出援助之手。

2011年初，公司一员工放假期间在家中风，万般无助之际打电话求助陈什根。得此消息，他立马奔赴该员工家中，并聘请专家前往救治。可此时，家属却在病人手术同意书签字的时候犹豫不决。紧急时刻，陈什根顾不得多想，毅然代替家属签字，并承担术后所有费用。经过抢救，该员工不但保住了性命，现已经慢慢康复。

2012年初，公司退休的一位老师傅打电话给陈什根，说儿子高烧一个月未退，急需用钱。他马上让司机开车送去2万元住院费。

也是在2012年，一位还没有回到公司报到上班的员工通过电话向陈什根说自己父亲因中风在佛山住院，需要立即交2万元住院费，可自己一时无法凑到这笔钱。陈什根同样伸出了援助之手。

随着企业的不断地发展、壮大，陈什根始终没有忘记回馈社会的企业责任。在他的亲自带领下，鑫源热心公益慈善事业，积极参与扶贫济困，用实际行动感恩回报社会。历年来，公司向市镇慈善会、阳光助学社、东莞红十字会、东莞个体劳动者协会、四川地震灾区、玉树地震灾区等团体和灾区多次慷慨捐助，捐款数额超过60万元。

赠人玫瑰，手有余香。陈什根心系慈善、助人为乐的精神，深深感动着鑫源的每一位员工的心，而在鑫源，则形成良好的互动氛围：企业用心对待员工，员工用心对待工作。

在鑫源，员工已然是鑫源大家庭的一份子。在这个大家庭，彼此友爱、互助。对陈什根来说，他就是这一大家庭的家长，他有义务和责任看好并照顾好这个家以及每一位家庭成员。

民以食为天。2012年，以鑫源食品公司为代表的厚街腊肠制作技艺，以其悠久的历史文化、独特的制作工艺入选"广东省第四批非物质文化遗产保护名录"。

这一年，与新中国同龄的鑫源食品有限公司董事长陈什根，凭借精湛的厚街腊肠制作技艺，被广东省文化厅认定为"厚街腊肠制作技艺第三批省级非物质文化遗产代表性传承人"。

作为文化遗产传承人，陈什根始终坚持"以德为本、以和为贵、以诚待人、以信取胜"的原则，带领着鑫源在丰富产品线的同时也走向集团发展，立足广东，走向全国。

今天的鑫源，不仅仅引入现代化管理制度，同时也重视品牌建设，重视客户建设，以顾客为中心，追求产品品质。

陈什根，这位与新中国同龄的老莞人，以"海纳百川"的豁达，以"厚德务实"的进取，展现了东莞人的精神风貌。（叶楼子／图文）

二次创业路　擦亮老字号

——记东莞市邓福记食品有限公司经理邓沛林

1981 年出生的邓沛林是厚街邓福记茶楼经理。18 岁那年的邓沛林在桥头村治保会当上了一名治安员。2003年底，当了几年治安员的邓沛林决定与父亲一起经营邓福记茶楼，将品牌做大。邓沛林现在已是邓福记食品有限公司经理，并被评为厚街镇"十佳创业青年"。

在厚街桥头村人陈发枝所写的长篇传记小说《旱龙乡》第九章中有关于"邓德记"的描写："时值午后的邓德记茶楼分外热闹。胡品和老太爷败落凤凰不如鸡，一脸丧气上了二楼……堂倌上了茶，胡品叫了一小笼包子……"通过这么几个小人物的描写，当初"邓德记"生意红火的景象跃然纸上。

书中描写的"邓德记"，即 1929 年在莞邑竹溪桥头乡（现在的厚街镇桥头社区）开设的一间茶楼，创始人叫邓德恩。茶室开业时仅是制作包子、糖莲子、糖柚皮等甜点出售，作为养家糊口的行当。物转星移，岁月流逝。经过近百年的发展，今日的"邓德记"已从一间简陋的普通茶室发展成为专门制作马仔王、鸡蛋卷、龙凤礼饼、中秋月饼等饼点和拥有 QS 生产许可证的企业化管理的食品生产企业，成为厚街传统甜点的老字号。1989 年 6 月，企业获得国家商标局许可使用"邓德记"注册商标，是厚街较早的名列国家商标局的商标之一，邓德记成为东莞市食品行业协会成员，2011 年又荣获东莞老字号牌匾。

现在，"邓福记茶楼"已是东莞市八大老字号之一，将企业香火顺利地传到了第三代。

子承父业，做大做强家族事业

邓沛林对小时候的生活还有模糊记忆。那时父亲邓永福刚接手"邓德记茶楼"不久，自他记事起，便常看到远近慕名而来的客人，来茶楼喝茶、品点心。上世纪 80 年代中期，茶楼还比较少，当时的厚街也仅他们一家茶楼，加上他们家茶楼点心味美，因此客源不断。随着邓沛林长大，上学之余也能帮爸爸做一些力所能及的事情，比如搬搬凳子、打扫卫生等。

转眼到了 2000 年，18 岁的邓沛林中专毕业了。长大了的邓沛林不愿意呆在家里坐吃山空，于是出去找工。不久，他在桥头村治保会找到了一份治安员的工作。

当治安员的日子可想而知，每天不计日长夜短地在外巡逻,日晒雨淋，吃足了苦头。但邓沛林还是坚持下来，因为他想拥有一份稳定的工作和固定的收入。但是，时间一长，日子未免枯燥，心想这样日复一日地重复简单而乏味的劳动，能有什么出头之日呢？2003 年，几经思考与掂量，在社会上已摸爬滚打了几年的邓沛林，决定帮助父亲一起经营"邓福记"食品，将家族的生意做大做强。

从小事做起，成为合格接班人

上世纪 50 年代，"邓德记茶室"被接管，邓沛林的爷爷邓德恩只能去供销社打工，一直到邓德恩退休，都没能再重新经营"邓德记茶室"。

1984 年，邓德恩的儿子邓永福重新接管了"邓德记茶室"，更名为"邓福记茶楼"，1989 年正式注册商标为"邓德记"，成为厚街较早名列国家商标局的商标之一。子承父业，邓沛林的父亲在接手"邓德记茶楼"后，在已有的基础上扩大规模，打造了闻名一时的"邓福记茶楼"。然而，随着时代的发展，桥头村附近的茶楼越来越多。1984 年时，还只有他们一家茶楼，之后便有了 3 家。也因为茶楼是坐商，规模受到极大的限制。在市场压力下，邓沛林的父亲于1994年关掉了茶楼，专做食品生产。食品厂创设之初，"邓德记"食品只能说是一家名不见经传的家庭小作坊，父子 3 人齐上阵便组成了那时所有的工人，而产品主要限于桥头市场，"最远不会出厚街"。

2003 年，邓沛林初到父亲的茶楼打工，虽说这是未来的少掌柜，但还是得从普通员工做起。尽管从小对这些甜点的制作过程耳濡目染，但真正操作起来，一切都得从头学起。依靠勤奋和努力，邓沛林用惊人的毅力在短时间内就掌握了"邓德记"各款饼点的制作技巧。但由于是传统手工工艺，做工真不是一般的辛苦。比如沙琪玛的制作，从和面开始，到油炸、熬糖、捞糖、切割、包装，一整套工序下来要六七个小时，累得他腰酸背痛。创业初期万事艰，由于只是个家庭作坊，采购、生产、送货，邓沛林每天都忙得筋疲力尽。

在学习传统技艺的过程中，只有中专学历的邓沛林很快就意识到了自身知识的不足。为了弥补知识的缺失，他加倍学习，利用一切机会虚心向父亲讨教，向公司的每一位员工学习。在父亲的茶楼里，他先后做过揉面工、糕点师傅、推销员等等，可以说，凡是公司里面有过的职位，他都做过一遍。

随着市场变革，食品管理越来越严格，全国食品质量安全市场准入（简称QS）的要求使很多食品企业面临生死关头，"邓福记茶楼"也是如此。为了使生产的各项产品符合要求，邓沛林担任起了家族事业的操盘手角色。

没有食品包装，那就找广告公司设计；场地太小，那就将正常生活的空间腾挪进去用作工厂；对食品检测要求不了解，就亲身去学习研究。那时，几天几夜不合眼是常事，因为年轻，他硬撑了下来。正是这股好学的劲头和较真的态度，博得全体员工的赞扬，也获得了父亲的认可，随后获任公司经理。

在干中学，在学中干，邓沛林真正做到了"知行合一，学以致用"。正是凭着一股"功夫下得深、铁杵磨成针"的蛮劲，2009 年，"邓福记茶楼"终于顺利经过 QS 验收，他这才松了口气。至此，邓沛林也在磨砺中由一名少不更事的青年发展为家族事业的合格接班人。

第二次转型时，邓家保留了'邓福记茶楼'的招牌，食品商标采用了"邓德记"，早在以前，邓沛林的祖父擅长于制作玲珑角之类的甜点，但如今喜欢吃的人已经不多了。他的父亲邓永福接手茶楼后，创造了邓德记沙琪玛和蛋卷，并使之成为当时名噪一时的拳头产品。

扩大产品销路，建立企业品牌

"邓德记"深受顾客喜爱的各款饼点都是人工制作，只有蛋卷是半机器化操作。自邓沛林的父亲邓永福执掌"邓德记"后，他坚持不让"邓德记"出产的饼点在超市或商场上售卖。不仅如此，多年以来还走"以单出货"的路子，每天限量生产，售完即止。

然而，"邓德记"注定要参与市场竞争，面对优胜劣汰。邓永福的做法，一度被同行取笑为"不懂赚钱"，不过，这种"保守"却保留了家传秘方。

为了使产量提升上去，邓永福决定亲自推销产品。一开始，由于知名度还不够，推销有一定难度。有一次，邓沛林进到一家商行，带着自家精心制作的糕点请商行老板品尝，没想到那老板一看是推销，尝都没尝就把他赶了出来。

有朋友劝邓沛林趁年轻早点转行，已经成为"邓德记"第三代掌门人的他却选择了坚持。他说："邓德记到我这一代是第三代了，我这么轻易放弃很可惜，如果到了我这一代失传了，问心有愧。"

"只要精神不滑坡，办法总比困难多"。邓沛林从推销失败的经历中感受到了品牌的重要性，但是怎样打响品牌，提高竞争力呢？邓沛林又动开了心思。

为了拓展市场，扩大销路，邓沛林采用在坚持传统工艺和优良品质的基础上，重新包装产品，改变推销方法。有一次，邓沛林再次经过一家商行，他走进去和老板商量，放了一些产品在他那里试卖。一些顾客尝过后觉得不错，这样口口相传，"邓德记"的名声大起来，销路慢慢打开了。

　　除此之外，邓沛林还看中了各种各样的食博会和美食文化节，这些都是宣传自家食品的大好时机。自2005年起，各类食博会及食品文化节上，都可以看见邓沛林忙碌的身影。

　　现在，"邓德记"打破了"以单候货"的传统，产品供不应求，不会再被动地等候订单再生产。

　　偏安一隅的"邓德记"原生产车间只有700多平方米，摆放十几台机器。向来被认为"保守"的父亲邓永福有了新的想法，雄心勃勃的邓沛林也欲将作坊以一个中型企业重新定位，将其打造成现代化企业。于是，父子俩暗自寻觅新厂房，准备开发什锦菜、厚街腊肉、糖果等新产品，还萌生了开设分店的念头。

　　由于各种原因，他们寻找厂房一直受挫，直到2011年初才有了转机。东莞首批老字号8家企业出炉，"邓德记"名列其中。也在当年的五四青年节前夕，邓沛林的创业事迹引起当地团委的重视，他被评选为厚街镇"十佳创业青年"。人气旺办事也方便，2011年7月初，位于厚街珊瑚路35号的邓德记分店正式开业，这是邓德记82年来开设的第一家分店，走出了连锁经营的第一步。这家120平方米的新店装潢十分现代，产品摆放也显得干净利落，入口处"东莞老字号"的牌子十分显眼。

　　分店开张后，"邓德记"的销量明显提升，却也带来了新的压力：由于厂房一直没有落实，家族作坊仍维持着以前的规模，产能跟不上。尤其是每到中秋、春节等过节时，邓德记产品供不应求，很多订单都不敢接，因为生产不过来。

　　随着产量的增加，邓沛林在继承传统精髓的基础上，不断创新工艺和管理，如今，邓德记已从家庭小作坊演变为企业化管理，产品已由本地销售扩大到畅销粤港澳等地。目前，他们也正在研制两款新产品，并筹划购置设备、扩大厂房，把茶楼升级为有限公司，做大做强"东莞老字号"。

家族企业，延续传统文化

　　今天，邓沛林依然坚持所有饼点全部人工制作，这不仅是为了保持产品的良好品质，更是为了延续传统饼点的制作工艺。在他的努力下，邓氏招牌越来越亮，生意越做越大，不但广州、深圳、珠海等珠三角有人慕名前来购置礼品，在湖南、四川等外省也有不少顾客挑选邮购，乃至香港、澳门都有人为了一尝"邓德记"的传统风味，特地驱车前来购买。

现在，邓家的食品厂固定的工人有十几名，旺季时可扩至四十几名。在工作上"严"字当头的邓沛林，生活中却很平易近人，特别是在对待员工上。邓沛林始终认为，员工是邓德记生存和发展的资源保障，是决胜未来的宝贵财富。作为经理的他，每当员工有什么困难，他都会给予极大的帮助。无论哪位员工得病，他都会亲自或安排人员去看望并为员工筹措资金。邓沛林对员工的真诚，感动了公司每位员工。

回顾几年来创业的实践，邓沛林坚信一个道理：付出不一定有回报，但不付出永远没有回报。在经营企业中，邓沛林恪守一条准则：信诚志专谋经营，创新创业求发展。他深有感触地说，"创业是时代的召唤，是经济发展的源泉，是社会进步的动力，是国家繁荣的活力，是青年实现自身价值的绿色通道，是千千万万在中华大地的每个角落，用自己的勤劳与智慧搭起致富之桥的星星，人们称之为创富新星，也成了今日中国之脊梁。如果有志的青年都能自主创业，把握机遇与时俱进，用现代理念不断推动自身和家乡的发展，带领周围乡亲共同发展、共同富裕，这才是我们这些社会主义新青年的目标和理想"。邓沛林用行动践行了自己的目标，他正用青春的热血、坚韧的信念、执着的追求，在青年自主创业领域创出了属于自己的辉煌。（蓝紫／图文）

她带领厚街女篮取得"七连冠"

——记原"厚街女篮"主教练杜锋

杜峰，厚街女篮发展史上无法绕过的名字。她成就了厚街女篮，也成就了自己的篮球梦。

说起杜锋，在东莞可谓是家喻户晓的人物。在国内赛场，那是广东宏远队的老将，多年来一直是队中的灵魂人物，是十年八冠"宏远皇朝"的主要功臣；在国外赛场，他代表国家队参加了两届奥运会、两届世锦赛和亚运会，取得中国男篮历史上的最好成绩。

然而，在东莞篮球界，还有一位杜锋，上天赋予她出众的身高，她把天赋发挥得淋漓尽致，在篮球场挥洒了青春，在属于高人的运动里成为了一位高人。上天嫉妒她过人的才华，但她始终没有放弃一生的追求，向年轻人灌注了热情，在她们还是矮人的时候培养出了高人。她是厚街女篮的主教练——杜峰。她服务东莞篮球界近20年，她所带领的厚街女篮在东莞市篮球联赛中大放异彩，以独孤求败的姿态一举夺得"七连冠"，这样的成绩在东莞市篮球联赛可谓前所未有。

南下广东投奔热土

追求风一样的速度是每一个运动员的理想，然而锋芒过后，很多人会迷失自我，唯有杜锋，她对速度的追求不仅融汇在球场上，还沉淀在生活中。

杜锋，女，山西代县人，1959年生于北京。说起她的篮球之路，第一个引路人便是她的父亲。杜锋的父母都是军人出身，早年曾参加革命。父亲热爱篮球，对杜锋从事篮球训练非常支持。"小时候，每逢我打比赛，父亲就会到场观战。看到我们吃苦、受累，从不会让我们中途退场，只会对我们进行思想教育和鼓励。由于父亲的鼓励，使得我们兄妹更加努力去提高篮球技术水平，给父辈增光。"这是杜锋对父亲的评价。

杜锋从11岁开始就接受篮球启蒙训练，从此对篮球产生了浓厚兴趣。由于天赋突出，个人素质好，15岁就进入湖北省女篮接受专业训练。后来由于伤病没能成为职业运动员，21岁时便选择退役。退役后的杜锋，并没有放弃体育之路，而是进入湖北大学体育系专攻体育教育专业。

1984年，25岁的杜锋本科毕业，获得教育学学士学位。随后被人引荐进入湖北省体校担任少年女篮教练。作为一名既有运动实践经验，又有理论知识的专业教练。杜锋的工作是出色的，她的训练风格为三字诀：快、准、狠。她要求队员们在训练过程中敢拼敢打，投球防守时要气势如虹。在她的带领下，湖北少年女篮多次参加全国比赛，并获得不俗的成绩，而她本人也被多次评为优秀教练。

篮球是一项充满动感与激情的运动，从球员到教练的10多年里，杜锋每天的生活都是动态而阳光的。然而当时内地的工作和生活节奏比较慢，对于追求更高、更快、更强的杜锋来说，她逐渐感到压抑，似乎身上有的是劲，却老是使不上。

1992年春天，33岁的杜锋南下广东，成为厚街镇引进的第一批女篮运动员，当上了厚街第一位女篮教练。她被安排在镇体育运动办公室工作，主抓镇女篮的比赛和训练工作。当时，毗邻广深港的东莞正处于改革开放的风头浪尖，变化日新月异，看到各行各业蓬勃发展，杜锋倍感欣慰，坚定了扎根厚街的决心。

呕心沥血只为弟子成才

近 20 年来，随着广东宏远、东莞新世纪等 CBA 队伍的先后进驻，东莞的篮球界迎来了"大时代"。其中，代表东莞民间篮球最高水平的市级联赛可谓风起云涌，各路英豪奋勇争先。

厚街并非东莞传统的篮球强镇，尤其是女子篮球项目，在 1992 年还是一片空白。当时东莞市女子篮球水平较高的镇区有莞城、常平、大朗、南城、桥头等，一些经济水平较好的镇街为了提高成绩，往往从外省引进大量优秀运动员。走马上任的杜锋接到的第一个任务，便是带队征战当年举行的市运会。为了迎头赶上，在她的建议和亲自选拔下，厚街女篮引进了一批运动员，经过半年的艰苦培训，厚街少年女篮首次获得了市运会少年篮球比赛女篮冠军。

大赛过后，人才流失成为杜锋面临的一个棘手问题。随着临时引进的一批女篮干将的离去，球队的实力大打折扣。在缺乏外援的时候，杜锋意识到培养本地人才是关键。当时厚街女孩子接触篮球少，学习任务重，家长普遍对篮球认识不足，认为这是个青春饭，不适合长远发展，大都不支持自己的孩子投身篮球事业。因此杜锋的篮球队在招生时总是"碰钉"。

从某种意义上来说，篮球运动员吃的是"身材饭"，但杜锋始终相信，只要有稳定生源，身材条件倒在其次。她到镇内的各所学校物色篮球苗子，并抓住一切业余时间进行训练。功夫不负有心人，1993 年，杜锋带领的"学生军"尽管个人条件不占优，却能凭借出色的团队配合，一举夺得了市小学生篮球比赛冠军。

来东莞不到两年时间，杜锋和她的团队便斩获两项冠军，让人眼前一亮，但这一帆风顺的开局，背后的辛酸却鲜有人知。据杜锋回忆，当时小学生篮球训练的条件较差，住房和训练场地十分简陋，由于没有室内运动场，只得在烈日下带队到户外训练。学生并非专业运动员，往往要下课后才能到场训练，练不了多久就天黑。由于没有灯光，只得摸黑继续训练。"当时的运动员训练没有饮用水供应，练的口渴了，只能到自来水管那喝水。"回忆当年往事，杜锋感慨万端。在杜锋率队拿到市小学生冠军后，镇领导对篮球日益重视，才专门修建了体育训练馆，使训练条件有所改善。更为难得的是,通过比赛掀起了厚街女孩子对篮球的热情,参加篮球运动的女孩子越来越多。

然而,那些孩子毕竟还只是在校学生,纵使有出众的篮球天赋,也无法绕过升学考试这一道坎。在升入初中后,杜锋率领这批孩子为班底的队伍,以初中组的年龄参加市高中组篮球比赛。显然,这不是一场条件对等的较量,大家无不为杜锋这位"孩子王"捏了把汗。结果出乎大家意料,面对年龄的差距,"杜家军"施展浑身解数,居然逆势而上,一举夺得冠军。这次夺冠的经历,被视为厚街女篮从崛起走向成熟的标志,在此后的几年里,这支真正由本地女孩组成的队伍不但多次蝉联市中学生女篮比赛冠军,还代表厚街参加东莞市第三届市运会少年女篮比赛夺冠。与此同时,杜锋仍没有放松"青训"工作,她带领的以少年组为核心的团队,适当补充了成年组运动员,组成成年女篮参加市运会成年女篮比赛。

对于篮球训练,杜锋认为,"没有吃苦精神,是不可能取得好成绩的。"她举了一个例子,"成年女篮投3分球,我让她投中100个才算达标,在这个过程中,也一直陪着她练。投100个球大概需要45分钟,她投到70个时连手都抬不起来了。我说你一定要坚持,顶过这个极限就好了,最后按照我的要求,她真的做到了。"这件事体现了杜锋既严格又细心的一面。在高手云集的成年篮球比赛中,厚街女篮一路过关斩将,敢打敢拼,最终登顶。这标志着,东莞女子篮球界的"厚街王朝"揭开了序幕。

成就"七连冠"

厚街女篮的身高,放在其他队伍里肯定是致命伤。所以初次与厚街交锋的队手,往往会轻敌。虽然当时厚街女篮有两名身高在1.7米以下的球员,主力后卫更是只有1.6米,但是她们才是笑到最后的人。

队员的身体条件决定了厚街女篮的风格,多年来,厚街队始终坚持速度快、投篮准和全场紧逼凶狠的特点。"其他镇街女篮的身体条件、技术水平在我们之上,但我们队的战术素养更好一些,这得益于系统的训练。"

厚街成年女篮是在少年女篮的基础上发展起来的,由于少年队的基础打得扎实，使得她们在成年后球技同样稳健。成年女篮的队伍结构也是新老结合，每次参加比赛都是以老带新，老队员的传帮带起了重要的作用，因此在每一次的比赛当中，展现出了高超的技巧战术水平，勇猛顽强的战斗作风，年轻队员则发挥初生牛犊不怕虎的精神，每场比赛都给观众带来了不一样的视觉享受。

2009 年 6 月 7 日晚上的东莞市体育馆，人声鼎沸，座无虚席。在这座篮球城市里，市成年篮球赛正在激烈地进行当中。身材矮小的厚街女篮对阵高大强壮的莞城队。双方的支持者在一旁呐喊助威，热爱篮球的市民也纷纷过来观战。莞城女篮的身高占据优势，但厚街女篮发挥了一贯速度快、防守凶的特点，在第一节就确立了近 20 分的领先优势。虽然此后莞城女篮一度将比分逼近，但厚街女篮不断给予凌厉的反击。最后，实力强劲的厚街女篮以 83：59 击败莞城队，创下"七连冠"的佳绩，成为东莞女篮当之无愧的霸主。

场上"孩子王"，场外"兴趣广"

从教多年，杜锋身边总是围着一群孩子。她用扎实的篮球技术功底和独特的个人魅力，赢得了球员们的爱戴，又以敬业、专业的工作态度赢得上级与同事的好评。

杜锋有一个幸福美满的家庭。她的心思更多地放在厚街的体育事业上，幸好家人十分支持，丈夫甚至当起了"贤内助"，在杜锋忙得不可开交时，总是默默地承担家务和孩子的教育。

杜锋经常早出晚归，女儿平时难得见上她一面。但她会尽量抽出时间与女儿一起学习、一起玩耍。杜锋是个使命感很强的人，但凡下达的任务，她都觉得有义务出色地去完成，并要求做得漂漂亮亮。不了解她的人，以为她严谨、不言苟笑。但从她女儿的口中，我们看到一个与篮球场上不一样的杜锋，"妈妈是一个在女性当中少有的极具幽默感和风趣的人，有时像个大孩子，极具童心。从小到大，她给我们的感觉是，再大的工作压力都能轻松处理。我从来没有看到她紧张过。她的这种性格深深地鞭策着我们凡事都要乐观地面对。她真是一个天才妈妈！"

杜锋是一个兴趣爱好广泛的人，花、鸟、鱼、虫样样喜欢。但是多年的忙碌工作让她无暇顾及这些。现在，她已经退休 3 年了。过惯分秒必争生活的她，开始学习怎样适应慢节奏的生活。她除了与从前的同事、学生们保持联系外，还坚持身体锻炼、努力提高生活质量。她说，"从前打球落下的病痛，现在偶尔也会发作。所以我觉得，每个人都应该管理好自己的身体。这是为自己，也是为家人负责。"各个社区也时常发出邀请，让她帮忙指导一下训练和比赛活动。实在推托不过，她也会笑眯眯地到场展现往日的风采。

杜锋，已成为厚街体育发展史上无法绕过的名字。（王洁丽 / 图文）

游走在都市边缘的"养鱼专家"

——记厚街镇农林水务局水产养殖工程师方刚

他憨厚诚实、勤劳肯干，秉持为社会做贡献的理念，指导养鱼户科学放养，指导厚街镇渔业工作，他就是——厚街镇农林水务局水产养殖工程师方刚。

现在的厚街是闻名的家具之都、鞋业名镇、电子名镇，它鳞次栉比的楼房，笼罩着工业时代的光环，然而，厚街自古商贸繁荣，物产富饶，莞草、腊肠、濑粉等特产驰名中外。

30多年前，厚街还是一个莞草出口大镇。改革开放初期，厚街的草织品大批量出口海外，成为东莞对外贸易的"先驱"，莞草之名盛极一时。

后来莞草业逐渐式微。为了生活，勤劳朴实的厚街人民不断寻求新的出路，他们尝试在曾经的莞草田地里种植香蕉。但由于土质酸度太高，香蕉种下去不结果。他们只好挖掉蕉树，又种水稻、菠萝等，各种尝试都失败后，改成了鱼塘。

就这样，养鱼业翻开了辉煌的一页，而厚街养鱼业的发展离不开一个人的辛勤付出——他就是水产养殖工程师方刚。

踏实肯干，学以致用解难题

上世纪 50 年代初，方刚出生于珊美村，1971 年高中毕业后，他进入东莞水产公司工作。青年的方刚性格憨厚诚实，在工作中积极肯干，刻苦钻研。1973 年，市水产公司根据工作和市场发展的需要，选派青年骨干出去学习科学养鱼技术造福于民。因为勤劳踏实，方刚被选送去湛江水产学院进修，学习和研究淡水、海水鱼的养殖，常见鱼病的治理方法等。1976 年，方刚圆满完成学业，毕业回到了东莞。他学以致用，立即向东莞市的养鱼户推广科学养鱼技术人工孵化繁殖。

那时候厚街人养殖的 "四大家鱼" 大多从外地进苗。由于种苗不足，产量少，收入也少了。针对这一情况，方刚带领他的同事们把曾在水产学院学过的的知识应用到实践中，将绒毛膜促性激素及鲤鱼脑垂体注射进鱼的身体内，促使鱼排精排卵，繁殖鱼苗，解决种苗不足问题。后来又在工作中的摸索研究，培育出难以人工繁殖的青鱼（黑鲩）的鱼苗。由于种苗充足，鱼塘的鱼产量大大提升。

小试牛刀，就大见成效，方刚非常高兴，从此研究养鱼的劲头更大了。因为东莞市临海，鱼塘大多渗有咸水，草鱼很容易生病。1983 年，方刚下乡去一些养鱼户察看时，发现不少草鱼死了，给养鱼户造成了很大损失。于是，他在养鱼户发病鱼塘取一些在岸边漫游或者刚死不久的病鱼进行检查，发现草鱼患了细菌性烂腮病、赤皮和肠炎病，当时业界还没有很好的解决办法。

为了减轻养鱼户的损失，及时控制病情，方刚连夜翻阅相关资料，采集病鱼的肝脏等组织做成疫苗进行试验。试验结果发现，用死草鱼肝脏来做原料制作的疫苗对草鱼的这几种病很有疗效。于是当即组织进行批量生产，并向养鱼户们传授方法，教他们给鱼注射疫苗和对鱼塘常规消毒，经过努力，鱼病得到了及时控制。

此种疫苗在全市迅速推广，养鱼户闻风纷纷前来购买。有时方刚索性自己下塘给鱼打针。"那时候一个小时用连续注射器可以注射 1000 条鱼。"方刚自豪地说。

多年与鱼打交道，方刚对养鱼颇有一番心得，经过专业学习和多年实践的他深深知道，科学来不得半点虚假。他非常上心，每次给养鱼户看完鱼病后，都会用日记做好详细的记录，涵盖鱼病的症状，生病的原因，疫苗制作的原料、比例、方法等。日积月累，他用来作记录的小本子密密麻麻地记满了各种鱼的病情和解决方法。对于养鱼户们来说，这是非常宝贵的经验累积而成的资料，对鱼的养殖有非常重要的参考和借鉴作用。

1983年，他花了3个月时间把自己积累的养鱼知识编印成了一本《养鱼常识》。书编成后，马上被东莞水产局定为东莞养鱼培训教材之一。第一次印刷了6000多本，很快被养鱼户一抢而光，又加印了10000多本。

苦心孤诣，改善酸性鱼塘

1980年代初，东莞市大力发展农业，当时的厚街镇也不例外，土地基本改造成了鱼塘。

鱼塘挖好后，养鱼户发现新开挖的鱼塘施放绿肥沤不烂，塘水透明见底，鱼长得慢且瘦，有时还会死。究其原因，主要是由于鱼塘水质含单宁酸酸性大。对这些酸性鱼塘，要进行改造，才能使得渔业丰收。

如何改造鱼塘？面对一亩亩毗邻相接的鱼塘，厚街镇领导非常着急，派人到市水产局，请求委派水产技术员下来指导。

因为方刚是厚街人，再加上他在研究鱼的方面劲头大，经验足，于是他主动请缨，回去帮助家乡解决困难。

1987年，方刚转回了厚街老家工作。一到家，他立刻察看鱼塘，监测水质。他以当时的养鱼户叶景秋家为试点，测试水质的PH值、融氧量、浮游生物量等数值。最初的测量非常辛苦，为了更好地掌握水质特点，进行有效的治理，他们必须每隔几小时测试一次，为了方便监测，他与叶景秋干脆将铺盖卷搬到了鱼塘上，扎了个窝棚，不分白天黑夜守在鱼塘里。吃的由家人送过来，累了就去窝棚里躺一下。

酸性鱼塘的改造有多种方法，但由于各养鱼户家的鱼塘水质、土质不同，所呈酸碱度也不同。需要一个个鱼塘去测量，对症下药。比如，有些鱼塘进行以水洗酸的治理方法，就要用清洁的水反复排放几次。但有些鱼塘得用以肥压酸的法子。以肥压酸，就是多施绿肥有机肥料，改良池塘底质，使塘底形成淤泥层，阻隔深层土中酸性物质的释放。有机肥料最好的是绿肥、大草和人畜禽粪便，这些肥料容易成糊状，变成淤泥。一般来说，每亩池塘可一次性放入绿肥人畜禽类等有机肥料 800～1000 千克。当塘底被淤泥覆盖之后，酸性物质就被困在泥土里面，不容易溶解到水中了。还有的需要用以碱中和酸的方法，往鱼塘放入生石灰、氨水等碱性物质，使有机肥迅速分解，酸性水体得到中和，达到改良的目的。另外，对于太清瘦水质的鱼塘，即在塘堤办猪场、鸭场，利用畜禽粪便肥水，促进生态平衡。

就这样，方刚在水里泥里摸爬滚打一年多，经过严密检测和有效治理，厚街镇 8000 多亩酸性鱼塘得到改良。接着，他又指导各养鱼户进行科学放养。比如经过改良治理的酸性鱼塘，在放养鱼种时，应先放养比较耐酸的罗非鱼、银鲫等，搭配混养一些其他鱼类。随着水体环境的逐步改善，再正常混养多种鱼类。

在他的指导下，厚街渔业一年比一年丰收。至 1991 年，厚街渔业平均亩产 780 斤，高产的有 1300 多斤，成为当时东莞产量最大的一个镇。厚街镇渔业一时声名大噪，方刚也得到了奖励。

再接再厉服务渔农

鱼塘改造成功，产量也上去了，但方刚并没有沉浸在成绩中，他继续潜心于鱼种的引种和繁殖。1993 年，澎泽鲫引种繁育技术取得成功，大大提高了鱼塘产量。1996 年，方刚又根据鳖的生长特点，进行薄膜温室养鳖越冬试验，利用温室养殖，诱使鳖终年不冬眠，使鳖的养殖周期缩短了半年多，大大提高了鳖的产量。孜孜不倦的探索和辛勤的付出换来了众多荣誉。至今，方刚获得的国家、省、市技术推广奖励计 40 多个。

当时，养鱼户叶景秋的家中有上百亩鱼塘。一次，他的鱼塘鲩鱼死了许多，望着鱼塘里浮起的一片鱼肚皮，他心急如焚，无奈之中，他找到了方刚。经过方刚的有效治理，鱼病及时得到了控制，减少了损失。

科学养鱼的成功，给当时的厚街镇带来了丰厚的经济效益。政府也大力推广养鱼技术，不断开发新的鱼塘。1997 年，厚街的鱼塘达到 13000 多亩。方刚作为养鱼专业户的技术顾问，面对各种问题，不论是当地的渔农，相邻镇街地渔农还是深圳的鱼农，他总是有求必应，非常乐意去帮助别人。1999 年，他被国务院评为全国先进工作者。

退而不休，潜心研究鱼病防治

随着经济多元化发展，厚街镇迅速走向工业化，一些鱼塘被填平，建成了工厂和街道，当初 1 万 3 千多亩鱼塘，现在只剩下 3800 多亩。

看着一亩亩被填平了的鱼塘，醉心养鱼 30 多年的方刚常感失落。但是，工业的迅速发展使厚街人过上了富裕生活，这又使他颇感欣慰。2012 年底，方刚退休了，相比以前的忙碌，他轻闲了许多，但仍退而不休，经常到镇农技中心指导鱼业工作，每月为养鱼户编制一期鱼病预测预报。

如今，厚街已经没有空余的鱼塘进行研究，加上数十年的工业发展，空气、水质都不如以前。为了继续研究鱼病防治，方刚与朋友合作在中山开辟了一个新的据点，潜心研究中药防治鱼病方法。中草药防治鱼病虽已有人提出，但应用还不广泛，他相信中草药应用前景广阔，一是中草药不会产生抗药性，副作用小；二是中草药不会残留药物危害人体，毒性低；三是中草药资源丰富，可就地取材；四是中草药能增强免疫功能，提高机体抗病能力，促进鱼类生长，既可以从根本上治疗和防治鱼病，而且没有副作用，所生产出来的鱼除了味道好外，对身体也有益处。这一推广为养鱼户带来丰厚收益。渔夫养殖场方惠棋高兴地说："我们鱼场用上这套技术，经济效益比以前提高了 3 倍。现在我们养殖的鱼已经完全达到国家绿色食品标准。"

除此之外，方刚还在提高养殖中华鳖品质方面开始了新的探索，比如饲料配方等。方刚虽年愈 60，饱经人生沧桑，但仍不改初衷，表示"能为父老乡亲贡献自己的力量，人生才有意义。"（蓝紫 / 图文）

省级运动赛事上跑出 5 枚金牌

——记厚街残疾人方金海

用生命跑出自己的精彩。虽然视力受损，但方金海没有怨天尤人，他一直在努力证明自己，最终他从奔跑中收获了人生的价值。

"要精彩地活着。"这是无臂钢琴师刘伟说过的一句话。对于很多身体有缺陷的人来说，这句话让人鼓舞。方金海就是用一种特殊的方式，活出了属于自己的精彩。

苦难童年，艰苦成长

1984 年 10 月，方金海出生于东莞厚街河田村的一户普通的农家。

方金海的诞生给方家带来了很多的喜悦，但是他们怎么也想不到，一场厄运会降临到年幼的方金海身上。刚满 1 岁时，正学会玩耍的方金海左眼被父亲用雨伞的伞骨不小心刺伤了。由于当时的医疗还不是很先进，加上方家也没有太多的钱为他治疗，方金海的左眼因此失明了。后来方金海说，当时雨伞上的伞骨已经刺穿了左眼，即使能治，结果一样是失明。

就这样，方金海失去了他的左眼。更为糟糕的是，由于左眼失明，右眼的视力也慢慢下降，到最后方金海看东西模糊不清。这对于方金海来说，明亮的世界与自己渐行渐远。

上学后的方金海，遭到同学异样的眼光，这让他内心很受伤，自卑心理不断滋长。他很少和同学们一起玩耍，他怕受到别人的冷落和嘲笑。就这样，方金海在孤独中成长，看着别的孩子喧闹、玩耍，他也逐渐明白，只有靠自己才能改变命运。怎样才能改变呢？他首先想到的是好好学习。

由于视力不断下降，方金海的学习成绩不是特别好。不过，方金海一直都很努力，他常告诫自己，一定要加倍努力，让别人知道自己并不比正常人差。可是命运再次捉弄了他，由于家里穷，方金海不得不在初中时就辍学了。

方金海再一次受到严重打击。

初中的方金海已经俨然是个大人了。身体上的缺陷，使得他在心理上要比同龄人成熟得多。迷茫了一阵子后，他进入了一家玩具厂工作。这是他人生的第一份工。方金海很努力，但由于视力不好，干活也就比别人慢些。方金海深信勤能补拙，更加努力地工作。玩具厂的经历让方金海理解到了父母的艰辛，理解到了生活的艰难。

努力拼搏，改变人生

2004 年，命运给了方金海一次机会，而刚满 20 周岁的方金海努力抓住了它。

这年，东莞市选拔残疾人短跑运动员。方金海得知后，毅然报名参加选拔。他心里清楚，自己要做一件惊天动地的大事很难，但做一名残疾运动员没有任何问题。

方金海报名了。当时他没有料到，接下来等待他的是超乎常人想象的训练。这样的训练对于方金海来说太苦、太难了。

方金海说，我的视力不好，刚训练时吃了不少苦头。因为看不清，总是跑错位，本来应该转弯，可我还是一直跑。

为了能让自己熟悉这一切，方金海没日没夜地训练。他暗暗发誓，一定要用生命跑出自己的精彩。

后来方金海回忆说，那时真的难以承受，训练强度很大，那段时间经常在梦中惊醒。梦中还在训练，还在跑，害怕自己跑得不好，徒劳无功。经过长期训练，方金海进步很大，他不再跑错位。

不久，方金海参加广东省残疾人田径游泳锦标赛，夺得了 3 枚金牌。

方金海终于用自己的行动证明了自己，他说："这是我第一次拿到奖牌，内心的激动不知道该如何表达，只知道我实现了自己的一个梦，一个可以证明自己的梦。我虽然残疾，但我坚信正常人能做到的，我一样可以通过努力做到。"

从此，方金海长期的自卑心理开始慢慢化解了。

尝到这次成功的滋味后，方金海依然没有放松自己，依然坚持每天训练。他告诉自己，以后还要取得更好的成绩。

皇天不负苦心人。2006 年，方金海在广东省第五届残运会上夺得了一金二银的好成绩。

勇创佳绩，活出精彩

2007 年，方金海入选了广东省残疾人自行车集训队。

自行车不比跑步，跑步可以根据快慢来调节自己的节奏，但是自行车不仅要把握平衡，还要掌握速度和方向。这样的要求对于方金海来说又是一个挑战，但方金海还是毅然地积极面对。他好几次因为过度劳累而病倒，但依然坚持训练。最后因为身体原因，他被迫放弃接下来的集训。后来方金海回忆说，骑自行车和跑步有很大不同，我视力不好，加之身体素质不是很硬，适应不了自行车运动，不得不选择放弃。

方金海重新开始他的跑步训练，继续发挥他的特长。

接下里的训练中，方金海已经有着自己的一套训练方法和技巧。教练也不时地给予指导。就这样又过了两年，在 2010 年广东省第六届残疾人运动会上，方金海再次演绎了属于他的精彩。

这次比赛上，方金海夺得了 TB 二级比赛的 100 米、200 米、400 米和 4*100 米接力、4*400 米接力赛的冠军，一举拿下了 5 枚金牌。

冠军的荣耀再次证明了方金海的实力。

方金海的努力得到了越来越多人的赞赏和认可。他的父母很高兴，没想到儿子能有今天的成绩。在幼年方金海受到伤害时的那一刻起，他们只希望他未来能健康成长，从没指望他取得如此骄人的成绩。

荣誉面前，方金海没有放松自己。看过亚残会后，方金海感触很深，他说有些残疾运动员身体缺陷更严重，但他们成绩优秀得难以想象，这需要付出多大的努力啊！方金海暗暗告诫自己，拼搏需要永不止步，训练需要不断加强，只有不断努力成绩才能更高、更好。

政府关怀，自强不息

方金海的努力不仅得到了亲友的赞扬，同时也得到了政府的奖赏。他获得广东省残疾人运动会 5 项金牌后，厚街镇领导特地赶来为方金海庆贺。他们希望更多人学习到方金海的精神，让更多人知道，拼搏和努力在人生中是多么的重要。

时任厚街镇委副书记、镇长陈仲球等领导代表镇委、镇政府为方金海送上鲜花和慰问金 5 万元，该镇河田村也送上 1 万元慰问金，表彰他自强不息、奋勇拼搏，在各级比赛中屡创佳绩。陈仲球镇长赞扬方金海意志坚强，为厚街增了光，希望这种精神得到弘扬。

面对领导的关心，方金海深受鼓舞，表示要在下一届省运会上再创佳绩。

方金海用自己的方式，活出了自己的精彩。未来，我们还会看到方金海披着战袍站在比赛场上，随着一声比赛枪响，冲出起跑线，努力奔跑，跑出更加精彩的人生。

方金海，我们永远支持你！（李云龙／图文）

粤曲悠扬韵味长

——记厚街粤乐社社长郭德桥

在厚街镇，有一支家喻户晓的粤剧曲艺演出小分队——厚街粤乐社。粤乐社的领头人是已年逾古稀的热心老人郭德桥。

岁月流转，执着依然。只有把爱好与人生追求结合起来，才会过得充实而且完美。酷爱粤剧的郭德桥就是这样一个人，他一生钟爱粤剧，人生因而格外地丰富多彩。

少年结缘，情钟粤剧

1942 年，郭德桥出生于厚街双岗。从小耳濡目染，小学刚毕业的郭德桥就痴迷上了粤剧和粤曲，这一嗜好伴随了他几十年的风雨人生。现今 70 多岁的郭德桥还是个粤剧发烧友，要不是亲眼看到他对自己所管理的厚街粤乐社的那份执着和细心，对扬琴的痴迷，我是不会把他同粤剧发烧友划上等号的。郭德桥在厚街镇府工作时，业余时间迷恋着粤剧，一退休，他就挑起了厚街粤乐社管理和发展的重任，这一挑就是 10 多年。

厚街粤乐社成立于 1990 年，是厚街成立时间最长的民间文艺团体之一。20 多年来，除节日演出外，该社还经常到各村交流演出，给厚街民众带来欢乐。粤乐社虽然只有 30 多人，但它不仅有自己的办公场地和演出的专门舞台，还有全套道具——配电箱、电线箱、射灯箱、头冠箱、台口地灯箱、服饰箱、布景箱、绳索箱等等，这些价值数十万元的舞台装备堆满了一大屋子，凝聚了郭德桥对粤乐社倾注的心血。

郭德桥读书毕业时，双岗就有一个村文娱组，文娱组有唱粤剧的。早在 1956 年郭德桥就参加过文娱组的演戏。他至今还能记住当时演唱粤剧"十五贯"里门子的台词。

从 1950 年代开始，郭德桥就随村里的文娱组到过篁村（南城前身）的白马、虎门的白沙等地演出过。那时演出没有任何道具，仅有一盏煤气灯。在一个物质生活极度匮乏的年代，文娱活动也很单调，粤剧和粤曲的演出给村民乏味的生活带来了一丝亮色，让人们从艰难困苦中看到了生活的希望。每逢过年过节，文娱组都要组织文娱演出。他们不仅在双岗演，还到厚街的其他村。因为演得好，渐渐有了些名声，很多外地村也邀请他们。因为郭德桥认真负责，群众和干部都看在眼里，推举他做了村团支部书记兼双岗大队广播站广播员。这样一直干到了 1980 年。

文化大革命一开始，全国各地纷纷成立毛泽东思想文艺宣传队，双岗也成立了双岗村民兵营毛泽东思想文艺宣传队，郭德桥是这支宣传队的骨干队员。

当年成立文艺宣传队时，所有人都要通过思想政治考查，每个队员都必须根正苗红，也就是成份要好，思想素质过硬。被选进宣传队的 23 人都是根正苗红的青年。郭德桥粤曲和粤剧的表演水平都在其他队员之上。

郭德桥很有音乐天赋，如今 70 多岁了还是厚街粤乐社离不开的扬琴手，粤乐社的当家和掌门。他先后于 2007 年和 2008 年受到东莞市戏剧曲艺协会东莞粤剧发展中心授予"梨园勤务兵"和东莞市文学艺术界联合会的"先进文艺工作者"的光荣称号。

痴迷为伴，传承文化

郭德桥做什么都非常认真投入，大家都愿意在他的带领下玩粤曲。

这与郭德桥坚持不懈、乐观开朗的性格有关。在郭德桥的眼里，每个社员都是优秀的、可爱的。这是一个有智慧的管理者的心得体会。

粤剧是岭南文化的瑰宝，也是中国传统文化的精髓之一。这是贴近百姓日常生活的一个剧种，是喜爱粤剧粤曲的民众生活中不可或缺的必需品。正因为如此，粤剧是继昆曲和京剧之后被列为世界非物质文化遗产保护名录的剧种。

给人们带去欢乐和笑声，这是郭德桥走上粤剧之路的初衷，而"传播粤剧文化，将一个地方的文化瑰宝发扬光大"，这又是郭德桥坚守数十年的理由。年过古稀之年的郭德桥原来在厚街镇政府工作，上世纪80年代初，喜爱粤剧的他与当地一些爱好者一起，牵头自费购买乐器，自弹自唱，丰富业余生活。后来随着"戏友"的不断增多，郭德桥提议成立一个粤乐社。每逢演出，他都当起扬琴手。厚街粤乐社初起步时，大家又出钱又出力，把粤乐社搭棚子般搭了起来。粤乐社一开始就大受欢迎，郭德桥信心大增，其他成员也热情高涨，粤乐社渐渐有了专业水准。作为一个由业余演员自发组织的社团，经费是制约粤乐社发展的瓶颈。为了解决这个难题，郭德桥想尽各种办法为粤乐社寻求经费支持。大家咬住牙关，排练一些节目出来，到各个村联络，逢年过节去演出，得到赞助经费。粤乐社声名渐起，经常有人联系去演出，但厚街粤乐社始终坚持以公益性为主，平均每年为群众义务演出25场以上。其中最多的一年超过50场。郭德桥说，群众很喜欢他们的表演，即使刮风下雨，观众席也是爆满的。"如果有一段时间没有到某个村表演，村民们就会要求我们挤出时间过去。"郭德桥说，村民们的热情，也让粤乐社成员颇有成就感。

粤剧极具广东地方特色，是岭南文化的一种艺术表达方式，也是广东人乡音互通、情性互达的一条纽带。粤剧是南方剧种的重要代表，表演细腻委婉，造型华美，有深厚的群众基础。随着现代流行音乐的兴盛和西方音乐的强势入侵，粤剧越来越成为需要保护的文化瑰宝。承载这份责任和使命，郭德桥带领厚街粤乐社走过了30多个春秋，甘苦自知。当粤剧被列为世界非物质文化遗产保护名录后，其保护粤剧的责任就显得更加重大。采访中，两鬓斑白的郭德桥希望有年轻人来担纲粤乐社的工作，让厚街的粤乐社更有活力，后继有人。（杜泓／图文）

从魔术师到鞋业制造高手

——记东莞乔鸿鞋业有限公司执行董事郭俊宏

从小痴迷魔术，并为之不断努力奋斗。不惑之年接手家族鞋业公司，将制鞋与魔术合二为一，打造出自己的知名品牌。不同的领域与角色，他创造了同样的精彩。他就是郭俊宏。

他从小爱好魔术表演，是刘谦的师兄兼好友，曾经教过年幼的刘谦学魔术。作为台湾颇有名气的魔术师，他也曾教过周杰伦、杨丞琳等台湾大牌明星练习魔术，然而不惑之年华丽转身，成为东莞厚街鞋业制造的代表。他就是东莞乔鸿鞋业有限公司的执行董事郭俊宏。

痴迷魔术，从独享到众乐

出生于1960年代末台北市的郭俊宏打小就表现出对魔术的挚爱，小学3年级时因为一本漫画书《大魔术》而逐渐迷恋上了魔术。

上个世纪七、八十年代，传播工具还很落后，郭俊宏对魔术的兴趣只能从漫画书和电视机得到满足。每每电视上有魔术表演，他总是紧盯屏幕，对精彩的魔术表演感到惊讶，同时羡慕不已。为了更好地学习魔术，每次电视上播放魔术表演，他都录下来，放学回家做完作业后，便一遍又一遍地看录像，认真揣摩，分析里面的奥秘，直至学会为止。

为了更好地练习魔术，郭俊宏把平时父母给的零花钱省吃俭用节约下来，购买各类魔术道具。父母对此没有反对，只是叮嘱他不要因此荒废了学业。懂事的郭俊宏铭记在心，一边努力学习，一边练习魔术。

从小学到初中，郭俊宏还处在独自摸索阶段。到了高中，郭俊宏有了一个志同道合的伙伴。班里有个同学也十分痴迷魔术，两人一拍即合，在学校里成立了一个魔术社团。受郭俊宏他们的影响，社团成员一下有了 10 多个。高中三年，郭俊宏学的是美术工艺科，一般入学的考生都有着不错的绘画基础。郭俊宏虽然痴迷魔术，但学业没有放松，依然得了不少奖项，比如台北市漫画比赛一等奖，国父纪念馆写生比赛佳作奖等等。

谈及高中业余生活的种种乐趣，郭俊宏流露出对过往岁月的怀恋。他说有时自己在学习上犯了个小错误，老师要为难自己时，自己会表演个魔术，逗老师一乐，以求手下留情。这一招还真管用。老师看完魔术表演后，批评教育几句，便一笑而过。

当时台北有家百货公司，里面的玩具部门有间魔术门店。老板得知郭俊宏会玩魔术，便常邀请他来店里进行魔术表演，以增加人气。郭俊宏欣然接受邀请，作为回报，小店老板在他购买道具时给予优惠。这锻炼了他现场表演能力，同时也更加激发了他对魔术的热爱。

对于魔术，郭俊宏从起初的独享，到与他人分享，视野也随之变得开阔了。

涉足魔术界

高中毕业后，郭俊宏没有选择读大学，而是直接参加了工作。第一份工作是计算机机房设计助理，第二份工作是摄影助理，这两份工作干了不到一年便辞职了。辞职后，郭俊宏应聘进入当时台湾唯一一家魔术道具公司——台湾黑帽魔术有限公司担任美术设计工作。

上个世纪八九十年代，互联网还没有兴起，一些新的魔术和新的道具需要美术设计师通过绘画图解的方式来进行宣传和销售。郭俊宏打小痴迷魔术，又有很好的美术绘画功底，黑帽魔术公司的这份美术设计师工作于他而言很合适，郭俊宏也很珍惜这份工作。美工设计完全没有想象中的那么容易，一个魔术就是一整套连贯的动作，每一个动作都需要经过仔细揣摩思考后才能下笔，但他很快就娴熟掌握了。

作为当时台湾唯一一个魔术公司，公司有许多活动，每个月举办一次魔术交流会，每隔3个月举办一次魔术师演讲，邀请来的演讲嘉宾都是当时的魔术大师。由于公司老板王凯富先生曾经在日本留学，对日本魔术界甚是了解，因此郭俊宏经常能见到日本的一些魔术大师。许多年后的今天，每每回想起当时在黑帽魔术公司的那段工作经历，郭俊宏仍心存感念。

公司里有一个门市店，相当于现在的专柜，专门销售各种魔术道具。做了一段时间的美术设计后，门市店负责销售魔术道具的同事辞职参军，郭俊宏得知后，自愿兼职到门市店上班。在店里上班可以接触到各种各样的魔术道具，也可以练习更多的魔术，郭俊宏很喜爱这个职位。也是在专卖店里，郭俊宏认识了刘谦。

当时的刘谦还是个小孩子，正上小学五年级，满脸稚气。在郭俊宏眼里，年幼时的刘谦跟别的小孩没啥两样，却有异乎常人的毅力。郭俊宏经常教刘谦玩一些魔术，刘谦要操作练习几次才会。当时郭俊宏常对他说的一句话是，"你回去后每天练习两个小时，一星期后就能跟我一样厉害了"。郭俊宏只是随便说说，没想到小刘谦当真每天回家练习两个小时以上。一个魔术，连续操作练习两个小时，其效果可想而知。当小刘谦再次来到店里在郭俊宏面前娴熟表演刚教的魔术时，郭俊宏惊讶不已。在郭俊宏眼里，刘谦的父母在教子方面显得与众不同。一般父母带孩子来专卖店买完魔术道具就会离开，刘谦的父母不一样，给孩子买完道具后，他们会主动让孩子独自在这里玩，等快下班时再来接他。就这样，小刘谦经常跟郭俊宏一起混，因此学到了许多魔术知识。

在黑帽魔术公司干了一年多，郭俊宏已经20岁，到了服兵役的法定年龄。在台湾，每个年满20岁的青年男子都需服役两年。参军前，郭俊宏得知台湾三军都有一个艺术表演部门"艺工队"，专门招考有表演天赋的青年。郭俊宏准备一试。为了支持郭俊宏报考，公司老板专门免费教了郭俊宏一套魔术。可是世事难料，正当备考时，艺工队招考已经过了报名时间。就这样，郭俊宏跟着无数同龄人进入军队，成为了一名军人。

刚到部队，新兵弟子要接受各种各样超负荷的体能训练。每天正常训练之后，还需要加训。一次正在训练，班长忽然让郭俊宏去辅导员办公室。郭俊宏以为自己犯了什么错，一脸忐忑。到了辅导员办公室，辅导员却一脸热情地跟他聊天，最后聊到了魔术。郭俊宏听了，终于知道辅导员的目的。原来，辅导员让他来变魔术。说变就变，郭俊宏的魔术表演令辅导员大为赞赏。同事知道郭俊宏会变魔术会绘画之后，纷纷投来羡慕和佩服的眼光。当时他们在部队穿的都是绿色和白色的内衣，有些同事会拿着自己的内衣过来央求他画一些卡通图案，多是猛虎、巨龙之类的。逢年过节，部队搞庆祝晚会时，他通常被邀请前去表演节目，得到的报酬则是一天的假期。为此，郭俊宏开心不已，没想到魔术在部队也能给自己和身边的人带来这么多乐趣。

参军期间，郭俊宏所就职的黑帽魔术公司一有魔术交流会都会及时通过邮件告诉他。每次交流会，郭俊宏也都很是珍惜，力争每次都能参加。

不断创新，发展魔术事业

离开部队后，郭俊宏先后在4家广告公司工作过。为了提升专业技能，他用了两年的时间，考上了国立台湾艺术大学广播电视学系，6年间利用空闲时间完成了学业。

2008年，郭俊宏成立名魔影像表演工作室，主要业务是影像设计、魔术教学、魔术表演、魔术经纪人等。

郭俊宏说，他的代表作是用笔记本变魔术：一副牌请观众任选一张，观众抽出来，亲笔签了名，放回来，洗一洗，然后把计算机打开，里面是在播放现在的新闻，然后把整副牌往银幕一扔，观众选的牌居然黏在画面里！请观众去拿还拿不出来，最后他的手伸到银幕里面把牌抓出来，真的是签名的牌。这个节目也是他自己创作出来，电视播出后观众很喜欢。从那时候起，他就开始往电子产品方向发展，比如说手机、平板电脑，用这些产品作为他表演的素材或媒介。

随着知名度越来越高，郭俊宏成了各大电视台综艺节目的座上宾，多次和刘谦连袂演出，一次两人的搞笑表演给观众带来了意外惊喜。当时参加的是台湾一个有名的娱乐节目——"大魔竞"，全台湾各地魔术师到这里来比赛，那一集是嘉宾专辑。他表演完接受评审时，刘谦很不客气说他这个打扮不像个魔术师，倒像个上班族。等刘谦讲一半的时候，他掏出一把玩具枪指着评审席，说希望不会影响到当天的讲评，然后朝刘谦射击。其实大家都没想到这个环节其实是郭俊宏和刘谦设计的一个魔术，现场反映非常好。大家觉得这是个意外，其实在节目之前他们就套好的，给大家一个惊喜。

这个节目播出后，郭俊宏接到周杰伦秘书的电话，觉得他表演的魔术比较有趣，邀请他教周杰伦。郭俊宏觉得周杰伦极富创意，在他教会周董几个魔术之后，有次他在电视节目上看见周杰伦表演他教过的魔术，里面融入了许多属于周杰伦自己的创意和风格。郭俊宏看完节目，直佩服他的创造力。

随着表演的日益精进，郭俊宏魔术环节的收视率排在台湾各大综艺术节目的首位，也成为了周杰伦、杨丞琳等30多位明星的老师，为他们的演出增加魔术元素。

郭俊宏说，到了2010年，周杰伦要做世界巡回演唱会，所以又找他们公司帮演唱会设计魔术节目。他记得有首歌结尾时把一个女舞者关到一个笼子里面，然后布盖起来，过了大概两秒钟，再把布一扯，这个女舞者凭空消失，第二个魔术是在舞台上有一把椅子，周杰伦把布盖起来再打开，一个女舞者出现在这个椅子上。其实这个魔术大家都知道，就是春节联欢晚会上周杰伦和林志玲表演的那个。

接收家族事业，将鞋业与魔术合二为一

郭俊宏的父亲郭正津从事鞋业制造40余年，在东莞厚街拥有两家工厂，外销的拖鞋已经超过3亿多双。2008年金融危机之后，鞋业经过洗牌，一些底子薄、经营不善的工厂纷纷倒闭。这场危机之后，郭正津经营的乔鸿鞋业订单锐减，他通过精简成本，反而提高了30%的生产效率。在整体环境比较严峻的情况下，虽然乔鸿鞋业所代工的欧美鞋业品牌锐

减了许多，但相比其它工厂的举步维艰，乔鸿鞋业依然保持着良好的经营态势。

经历 2008 年金融危机、2011 年欧债危机之后，郭正津意识到光靠外销代工不行，要转向内销，打造属于自己的鞋业品牌。

2011 年底，郭俊宏见年逾七旬的父亲和弟弟整日不辞辛劳地打理工厂，很是心疼，犹豫再三，最终正式加入乔鸿鞋业。

由魔术行业转到鞋业制造，郭俊宏并没觉得两者之间有多大鸿沟。他觉得两者有一些相通之处，魔术和鞋业品牌的设计同样需要很好的创意。为了更好地了解鞋业，郭俊宏参加了台湾鞋业高阶人才培训班，进行了为期两个月的系统学习。从一双鞋子的设计、制版、打样、缝纫，到成为一双成品，每个制鞋的环节，郭俊宏都认真而耐心地学习。经过两个月刻苦学习，郭俊宏由一个门外汉变成了鞋业制造的内行人。在训练班，郭俊宏除获得了许多专业知识，也得到了不少人脉资源。参加培训班里的学员大多是鞋业公司的高管和公司老板的第二代，郭俊宏真诚交流，跟其中一些人成了好友。期间，培训班的一位同学在他的说服之下，加盟乔鸿鞋业成为一名管理人员。

在郭俊宏以及他的团队的不断努力下，乔鸿鞋业已经推出了洛克熊和小毛屋两个品牌，另外还有两个品牌正在规划设计之中。洛克熊是雪地靴，小毛屋则是沙滩拖鞋。为了更好的在"加博会"上宣传自己的品牌，郭俊宏特地请台湾一家广告公司制作了产品画册。为了凸显国际感，还专门请了巴西模特拍摄画册，画册封面上印着二维码识别系统，用智能手机扫描就能直接进入公司官网。他还请台湾画家画了一幅色彩艳丽的北极熊广告画，装饰在公司的展位。除了加博会和网络推广，只要有鞋类专业展会，乔鸿鞋业都不会放过，去年他们就曾到北京、上海、重庆、合肥、天津等地去参展。此外，视频广告和淘宝入口推广这两方面，郭俊宏也动了不少心思。为了更好地推广品牌，郭俊宏在厚街汇景鞋城开设了一家专卖店，几个月下来，收效显著。

已过不惑之年的郭俊宏沉稳踏实，脾气颇佳，没有老板的架子。郭俊宏坦言，目前其自有品牌仍处于"外销养内销"阶段，尚未实现盈利。"在品牌草创期，不敢一下子投入太多，今年要多参展，扩大品牌知名度。"

　　虽然成了一个商人，但郭俊宏没有丢下从小就痴迷的魔术，魔术师这个角色也给他的公司发展和经营创造了许多机会。在同乡聚会以及台商协会的一些活动中，郭俊宏作为特邀嘉宾上台表演魔术。每次登台，他都不忘推介自己的真实身份——乔鸿鞋业执行董事。郭俊宏觉得这也是一种很好的自我推广。（周齐林／图文）

他在工业区内营造一方兰花世界

——记东莞芊美园艺的何金城

"小胜凭智，大胜靠德"。如果说最初开始涉足兰花是源于自己的爱好，那么最终将兰花产业做大做强则是靠其精准的判断力和观察力，以及良好的领导力。这个兰花世界的打造者是何金城。

爱花是每个人都有的兴趣和爱好，当一个人把兴趣爱好与自己的职业结合时，这样的人生会丰富多彩而有意义。台商何金城做到了这一点。当进一步了解到他的人生轨迹之后，发现何金城的成功之路并非一帆风顺，也充满了坎坷和挫折。

利用空地培育兰花

刚来厚街时，何金城主要经营漆包线厂，对蝴蝶兰只是凭着喜爱，闲暇之余琢磨把玩。"大约2004年，看到工厂的空地闲着也是闲着，就种起了蝴蝶兰。"让他没想到的是，开出的蝴蝶兰广受青睐，很快便被当作礼物在朋友中传送。何金城回忆说"铜线是个硬生生的工业，但是朋友也好，客户也好，进到我们工厂，看到这么漂亮的兰花，都不由得一阵赞赏和惊讶。"

精明的何金城从中嗅到了商机，决定通过种植兰花成就自己的第二事业。

兰花是热带花卉，当时在东莞并不多见，一是东莞处于亚热带，如果建设较大的兰场则需烧柴油供暖，花费巨大；二是台湾花卉园艺产业到大陆发展，土地紧张，如果用工业土地不合算，如果通过农业用地开发，又受到建筑物的限制。而自己的工厂空地恰好解决了土地难求的问题。何金城经营金亿电线厂多年，厂里有闲置的空地，更有工业余热可供利用。于是他便将兰花场设在工厂空地内，引用工厂余热加温，用金亿烤漆的余热，引管接入花房，让兰花在合适温度下抽芽开花。

何金城表示，兰花场如果设在温泉地，冬季可省掉很多加温的费用（芊美江西的花场就设在温泉区，冬天气温下降，兰房有地热供暖，节省不少能源消耗）。没想到无心插柳，成了他兰花种植事业的开端。

钻研无性繁殖克隆技术

蝴蝶兰盛产在台湾，人们把蝴蝶兰的花朵、项部的嫩叶作为珍菜入馔，常以海鲜配合炒制，很受宾客喜爱。蝴蝶兰还有"花中皇后"的美名，目前还没有哪种兰花能蜕变出像蝴蝶兰那么多的花色，它随授粉交配不同而产生千变万化的结果。兰花适合过年时家居美化、祝寿喜、贺新春、酒店布置、工厂开业、新居落成、乔迁之喜等装饰用。

刚开始规模种植兰花时，因为兰花不耐寒、忌积水，面临技术匮乏以及兰花水土不服等各种困难。对于是否能够规模种植成功，何金城心中也没有底。"困难和压力我们都想到了，但没有想到会如此之大。"好在有过经营公司的经历，何金城渐渐走出了最初的困境。

但刚克服种植难题，品种花色难题又迎面而来。原来欧美和日本人偏爱白色蝴蝶兰，尤其是白花红唇黄唇更受青睐，而中国人则更喜爱红色和深粉色。为了种植出深受市场欢迎的花色，何金城开始带领团队进行技术改造。因起步晚，底子薄，大多数从事兰花种植事业的企业缺乏核心技术和品牌，蝴蝶兰高端产品更是匮乏，整个产业大而不强。再加上种兰花的企业为数不多，没有多少经验可资借鉴，他抱着不怕输的冲劲和韧性，决定引进兰花种植克隆技术。原来兰花是利用种子进行有性繁殖的，而克隆技术则是使经过特殊培养液培育的细胞进行无性分裂繁殖，培育出的花形跟原来的花形一模一样。何金城进一步解释说，这也称作无性生殖的复制，在花卉世界里，通过细胞切片，即可大量繁殖。

为了取得克隆技术的成功，何金城及其芊美园艺的员工迎难而上。何金城对兰花种植管理提出了非常严格的标准。为建设一支高素质的兰花园工队伍，他特地招收钟情花卉、对植物有兴趣的年轻人。经过多年的努力何金城终于培育出满意的兰花品种。现在芊美园艺以专攻蝴蝶兰育种、复制技术为核心业务，抢占了兰花产业上游位置，不断推出新品种花苗。他说要将芊美园艺打造成以育种、售苗为主业的园艺公司，花5至7年时间培养出新品种，育种成功后，利用无性生殖切片法大量繁殖，待花株数量达到一定要求，一次推出，抢占更大的市场份额。

为了更好地保有技术优势，芊美园艺还从台湾引进兰花病毒晶片检测设备，确保种苗、瓶苗的品质。何金城说，兰花也有病毒侵犯，育种育苗的过程长达4至6个月，可藉仪器检测，发现病毒并将其消除，保留健康花苗扩大繁殖。

通过技术攻关，何金城的兰花种植迈开了成功的脚步。目前，拥有这种克隆技术的企业并不多，整个广东地区只有6家，全国也不过30多家。

打造别样的兰花世界

规模种植成功后，何金城把精心培育的蝴蝶兰拿到首届东莞台博会上参展，一炮打响。现在，他的蝴蝶兰已在多个培植基地大量种植，并销售到了全国各地。

五彩缤纷的蝴蝶兰美化了人们的生活，也成就了他在厚街创业的梦想。在第二届台博会上，何金城又带了10多个系列的精品兰花亮相展会，吸引了来自各省市的众多采购商。

随着销路的不断拓展，何金城种植的兰花供不应求。目前整个兰花市场的规模，北京年约 300 万株，上海一带约 800 万株，广州约 700 万株，天津、成都都是 350 多万株，仅每年春节的销量即可达到上亿株。现有的 5 个种植基地年产量约在 300 万开花株左右。因此他不断扩大种植规模，目前除厚街花场外，还在顺德陈村花卉世界、江西、江苏建立了花场。

园艺投资比起工业投资相对少很多，芊美园艺是在金亿电线科技有限公司的基础上兼营花卉事业，资金运转比较轻松。因此，何金城对未来信心满满，要将漆包线和花卉两项产业做强做大，开拓更大的市场。同时，针对台湾培育兰花的技术比大陆先进，他打算组织不同类的台湾花卉业者成立合作组织，再根据市场特性互动发展。

"小胜凭智，大胜靠德"。从何金城身上，我们看到创业其实就是做事，做实事，不一定是惊天动地的大事。把当下事做好，一点一滴累积即可成就大事。何金城正是靠着这种脚踏实地、勇于开拓的精神，抓住机会，赢得成功，打造出了一个别样的兰花世界。（王锡文 / 图文）

科研领头雁，百姓"手护神"

——记厚街医院沙溪分院院长黄潮桐

他从海南被引进到东莞，他潜心钻研手外科领域，一些研究甚至在国际上也享有盛誉。虽已年近花甲，但他依然为医疗事业鞠躬尽瘁。他就是百姓心中的"手护神"黄潮桐。

40 年杏林苦修，口碑载道，书写大医精诚。

30 年潜心钻研，硕果累累，谱写人生华章。

10 余年攻坚破题，开山破路，成就毕生夙愿！

40 多年来，黄潮桐从一个意气风发的有为医护工作者，到一个激情洋溢的科研领头雁，再到今天的百姓"手护神"，经过了一路坎坷，留下了一路辉煌。

做第一个吃螃蟹的人

人的一生可以没有辉煌,但不可以没有作为,更不能缺乏斗志与激情。从一开始，黄潮桐就定位自己"人有所向、术有专业、干有所成"。早在 1986 年，还在海南农垦三亚医院时，黄潮桐就因其突出贡献，被海南省授予"海南省新一代建设者"勋章，其仁心仁术享誉海南医学界。

1992年，黄潮桐作为医疗专业优秀人才被引进到东莞厚街医院。当时的厚街医院刚刚完成由公社卫生院向一家初级综合医院的转型，设备简陋、技术落后、人才匮乏，一些难度稍大的手术都要转到市级医院，完全没有条件推进技术创新和医疗科教工作。

刚到厚街医院不久，黄潮桐查房时得知，一名24岁的江西小伙被电锯锯断右手拇指。由于医院缺乏断指再植技术，致使患者右手拇指缺失一节，影响右手美观，也严重影响了患者的心理健康。黄潮桐看在眼里，痛在心里，下决心要为这位患者做拇指再造手术。然而，黄潮桐初来乍到，一没有可以依赖的助手与设备，二没有可资借鉴的案例与技术，加之断指血管和神经呈纵横交错的损伤，要做到血管和神经的吻合，难度非常大。困难面前勇者胜。没有硬件上的优势，但黄潮桐有医院领导支持这个坚强的后盾，有一股锲而不舍的精神和韧劲。他从医院挑选几名年轻骨干，夜以继日地看片子，想办法，最后决定从患者右髂骨取材作指骨，从右臂移植皮瓣作皮肤，使患者残缺近百天的拇指成功再造。当时有媒体进行了报道，这一手术被市科研和卫生系统定为东莞手术再造第一例。

首战告捷，不仅提振了黄潮桐勇攀科研高峰的斗志，更加坚定了医院科教兴院的信心与决心。

但医院毕竟是从公社卫生院发展而来的，科研基础差，底子薄，能认识到"科研"二字意义的人寥寥无几。医务人员也都是些初级医务工作者，每天只埋头看病，偶尔写写医疗体会或简单的医学论文，从未奢望有朝一日去做科研、搞创新。听说医院要大投入、大手笔推进科教工作，各种议论蜂拥而来。有的说，基层医院应该干好"看病打针"这些基础的事，搞不了科研的，即便搞成了也意义不大；有人说，小医院搞科研犹如蚂蚁撼大树，简直就是自不量力；甚至有人讥讽黄潮桐头脑发热，不知道天高地厚，尽干些费力不讨好的事。黄潮桐认为，搞科研就是为了把伤残程度减到最低，把修复工作做到最好，让人民群众有一双健康的手去劳动，我们为何要放弃呢？

黄潮桐决心做厚街医院第一个吃螃蟹的人，从"无字处读书，从无路处开路"，笃定心志，顶住压力，负重前行。

呕心沥血，诠释师道尊严

东莞早期家具、鞋业等劳动密集型企业比较多，手外伤事故多发。有媒体报道，东莞一年有近两万例断指事故，居全省第一。手的肌腱、神经、血管等相比人体其它地方组织细小，手外伤比普通手术难度要大得多。1999年，医院成立了手外科，建立了科研的基础平台。黄潮桐成为手外科的拓荒者。

有一个黄潮桐用来教育学生的典型案例。

那是黄潮桐到厚街医院不久，一次他出差外地，刚走到半路就被一个紧急电话追了回来。原来，一名患者遭遇车祸，左腿的骨头从膝关节碎到了髋骨。患者黄先生听医生说要截肢，说你们要截肢的话，干脆直接给我一刀算了！

匆匆赶回的黄潮桐认真检查了伤者情况，作出伤情疹断：骨头碎，但软组织状况较好，大血管没有受到损伤，有修复的希望。于是，他力排众议，通过拼接手术保全了患者的伤腿。如今，患者黄先生不但能正常走路，还能进行一些简单的体育运动。

黄潮桐常常告诫弟子："真正有了切肤之痛，才明白一个医生的贡献有多大。"在学生李敬矿眼中，老师虽然德高望重，但从不故步自封，虽然头发渐白，但"点子"常有常新。他对于初始诊断记录、各种化验结果、用药情况跟踪，都认真把关，毫不含糊。每次查房他都要花上近两个小时，对年轻医生问话直陈要害。遇到工作疏漏，他就板着面孔训话，令弟子们大气不敢出；走出病房，又像慈父一样，帮他们订盒饭。弟子们既敬畏他的"凶"，更敬畏他的爱。每次黄潮桐查房，身边总跟着弟子一大群，跟着他问病情、出诊断、摸情况，病区里一圈兜下来，获益匪浅。

桃李不言，下自成蹊。近10年播桃种李，黄潮桐培养硕士研究生共5名，培养了近20名手外科专家，绝大多数已成为医院手外科队伍中的中坚力量。

用心打造科研团队

一枝独秀不是春，百花齐放春满园。黄潮桐从当年潜心科研开始，就有了自己的一个心愿：建立东莞一流的手外科科研团队。

在院领导支持下，黄潮桐从全院近 200 名医务工作者中海选 5 名青年医务骨干组成自己的科研小组。这些科研成员基层临床工作经验丰富，但对科研的认知不足，黄潮桐便设法将他们送去市人民医院、中山医学院、南方医院等上级医院跟班进修，甚至直接参与这些医院的课题研究。黄潮桐请来中山医科大学资深教授朱家恺、南方医科大学教授中国工程院钟世镇院士担任医院科研顾问，指导医院开展科研工作。

2003 年，他带领科研团队经过近半年的选题可行性论证，确立了《PDLLA 混合壳聚糖加 b-FGF 可吸收髓内钉内固定的实验与临床研究》这一课题，并在当年顺利通过了广东省医学专家的评定，成功获得广东省科研项目立项，实现了东莞医院科研省级项目立项零的突破。

要研究可以被人体吸收的内固定钉，从配方到原材料购买，制模和钉的制作成型，力学测定，是一个十分复杂的过程。黄潮桐在紧张的临床工作之余，每月抽出 1 周时间带领科研团队到广州进行动物实验。为了争取时间和进度，大家每天要进行 20 多只大白兔实验，长时间、超负荷在显微镜下和手术台上工作。2007 年 3 月 15 日，省、市科委在厚街医院隆重举行课题鉴定会议，由黄潮桐主持的《PDLLA 混合壳聚糖自制髓内钉固定骨折实验与临床研究》受到鉴定委员会的一致好评，成功通过鉴定，并荣获 2007 年度东莞市科技成果二等奖。医院因此成为广东省人体生物组织工程学会临床基地，黄潮桐主管的显微外科也成为广东省创伤救治中心重点专科。

大胆首创，开创国际学界先河

医学大家吴孟然有句名言：一把刀，救活一个人；一套理论，却能挽回千万条生命。

2004 年 1 月 10 日，厚街医院犹如过节般迎来空前喜讯——医院一次性鉴定了 3 个科研课题，黄潮桐全程参与的"手指纵形离断与再植方法研究"与"大剂量尿激酶在断肢（指）再植溶栓的临床应用"两项科研成果双双通过市科学技术局的鉴定，分别达到国内和省内先进水平，填补了医院建院 45 年来科研成果的空白，其中"手指纵形离断的分型与再植方法研究"获得市科技成果二等奖，"大剂量尿激酶在断肢（指）

再植溶栓的临床应用"获得市科技成果三等奖。

上课题，出成果，相对于厚街医院和黄潮桐的科研团队来说，已司空见惯。让东莞医学界沸腾的是：黄潮桐带领的科研团队首次在国际医学界提出了手指纵形离断的诊断名称，其《手指冠状面纵形离断的分型与再植研究》论文也将以英文版的形式在国外 SCI 杂志发表。在这之前，手外伤对断指分型均以横断面离断为参照，分为完全性断指和不完全性断指。临床医生遇到指体沿冠状面或矢状面离断的病例，往往诊断为指体劈裂伤，并按指体缺损伤来给予治疗，或做皮瓣修复或进行简单原位缝合，待坏死组织界限明确后行二次植皮或皮瓣修复术，严重影响手指伸、屈功能。

然而，家具与鞋机等机器伤害的手并不是传统意义上的手部伤害，有的工人的手随着皮料一起卷进了机器，手背很容易被机器削下来。这种类型的损伤当时在全国其它地方很少见。黄潮桐将这些案例拿到全国学术会议上讨论，并区别传统断指定义，大胆将指体沿冠状面、矢状面离断的病例命名为纵形断指。中国工程院院士、著名解剖学专家钟世镇院士对该诊断命名十分赞赏，评价说：过去教科书和专著中没有记载和报道的手指纵形离断新类型终于出现了，这很有理论意义和推广的价值。

面对各项荣誉，黄潮桐从不喜形于色。在接受东莞电视台采访时，黄潮桐真情地说："我搞科研不是为了出头。在临床上碰到问题，就必须去深钻细究。从我一涉足科研工作，就没想到过退缩，必须坚持不懈地往前走。"

开山破路，拟造第一只"虚拟手"

如何正确掌握纵断面手部解剖学和纵切的机制，成为缝合手术的关键。如果能在实施纵形断指再植手术之前，详细了解手是如何被机器损伤，受伤的部位和程度、吻合的先后次序等等问题，就更有把握。黄潮桐想到了一个新点子：既然电脑数字化这么发达，何不运用数字化虚拟工具，模拟患者受伤情况，增加手术的可视度与成功率呢？黄潮桐大胆将手外科研究工作向医疗的前瞻性、信息化领域延伸，创造性地提出手外伤数字化"虚拟手"研究，着力打造医学界第一只"虚拟手"。

所谓"虚拟手"，就是通过计算机三维图像重建技术，将临床常用的二维图像转化为三维图像，在数字化人体中针对临床专科的需求，把结构复杂、功能重大、诊治要求精确的手的主要解剖结构建立数字化可视化模型，为临床治疗方案的制定、手术的相关操作等提供科学依据。这个课题开拓了医学研究的新视野，一经提出便成为医学领域研究热点中的热点，并被纳入市医疗卫生单位科技计划拟重点资助项目，填补了国际国内一项空白，并获得了两项国家专利。该项目荣获 2011 年东莞市科技进步成果一等奖和 2012 年广东省科技成果进步三等奖。

黄潮桐带着学生几乎走遍了厚街镇内与医院有联系的皮料厂、鞋材厂、模具厂等手外伤事故高发工厂，接触手外伤患者或机器操作人员达600 多人次，搜集并记录手部损伤的相关研究资料达 10 余万字。目前，该课题已完成 3 例手标本。在电脑演示中，我们清晰地看到了"虚拟手"的骨骼、关节及动脉，图像十分逼真。还可以透过三维空间摄像处理，清楚看到手掌的肌肉、血管、骨骼甚至是指端的神经末梢。"虚拟手"研制成功后，医生在动手术之前，就可以先在虚拟手上"开刀"，手外伤与断指再植等许多手术都可以先在电脑里模拟完成，提前预知一些情况，有效提高手术成功率。

肝胆春秋 30 年，黄潮桐把责任与热爱作为不断前行的原动力。也就是他的这份责任与热爱，改写了手外科史上一项又一项记录：第一个做手指再植术；完成第一例完整的拇指再造；第一个在基层医院开展动物实验；2005 年成为广东医学院硕士研究生导师，带出第一位"莞产"研究生，也是全国第一个乡镇医院培养的硕士研究生。他带领团队首创的"纵形离断"、"虚拟手"等科学研究，应用到临床医疗实践，极大地减轻了病人痛苦，提高了手术成功率，帮助近千例患者恢复了手部健康，赢得了社会的广泛赞誉。他成为了患者心目中名符其实的"手护神"，先后获评市科普工作先进个人、镇敬业奉献道德模等近 10 项表彰。他的事迹也被《广州日报》、《新快报》、《广东卫生报》等媒体报道。

40 年孜孜不倦的追求和卧薪尝胆的砥砺，成就了黄潮桐及其科研团队在手外科领域的学术地位。年近花甲的黄潮桐没有陶醉，也没有止步。他深知前面的路途漫长修远，依然醉心于医学科研，决心为数字外科医学更高领域的临床与科教事业奉献毕生！（唐成之／图文）

用汗水育出荔枝品牌之果

——记厚街大迳荔枝合作社社长黄志强

"只要思想不滑坡，办法总比困难多。"用这话形容黄志强再贴切不过。从下定决心种植荔枝，任何困难都没能阻挡他前进的脚步。提高产量，培育新品种，成立合作社，走品牌化发展道路，既成就了自己，也成就了他人。

荔枝是岭南佳果，色、香、味俱全，有"果王"之称。在东莞这座制造业名城中，还有大片绿油油的荔枝林，东莞镇的一些村落，还沿续古老的农业种植传统。厚街的大迳社区便是其中之一。

在大迳社区，有一个荔枝种植能手，他就是厚街荔枝合作社的社长黄志强，也是当地有名的"果王"。在2011年东莞名优荔枝展示推介会上，黄志强被评为"东莞市十大荔枝种植能手"，在厚街镇大迳社区举办的首届荔枝品评节上，他新培育的荔枝品种竞拍到2000元/斤的天价，市场价500元/斤还供不应求。

坚定信念种荔枝

黄志强，厚街大迳人，出生于上世纪70年代初。看似不善言谈的他，只要一说起荔枝种植，便头头是道、滔滔不绝。笔者采访他时正值4月荔枝开花季节，为了两个月之后的丰收，他丝毫不敢怠慢，每天都要做很多工作。"荔枝种植很辛苦，但苦中有乐。"黄志强憨厚地笑着说。

小时候，黄志强的父亲在生产队教书。后来，生产队解体，分产到户的时候，他父亲开垦了一块荒地种植荔枝树。在当时的大迳村，种荔枝的人很少。小时候，黄志强便喜欢跟在父亲身后，在荔枝树下穿梭嬉戏。他喜欢荔枝叶间洒落的碎银一样的阳光，喜欢荔枝树开出细细的嫩黄花蕊引来蜂蝶飞舞，更喜欢荔枝成熟时，鳞斑状突起的紫红色果皮里面的半透明凝脂状果肉，香甜味美。

学生时代，懂事的黄志强每逢节假日便帮助父亲打理荔枝树，偶尔同学叫他出去玩，他都说没有时间。同学们便开玩笑说：你这个"果王"，搞那些东西干啥呢。次数多了，黄志强"果王"的外号就渐渐叫开了。

1988年，黄志强高中毕业。因为家里穷，他没有再上大学。当时村里面一些工厂陆续创办，黄志强便想到出去打工。他买了一辆自行车，每天骑着车到处上工厂找活。最后，他在一家制衣厂谋得了一份裁缝的工作。

1992年，黄志强的父亲种的荔枝碰上好时机。物以稀为贵，那年的荔枝50元/斤是很正常的价格，市场严重缺货时甚至炒到了200元/斤。那时黄志强一个月工资也才200块，工作又累。这引发了他的憧憬：原来种荔枝还是有前途的，要是有一片自己的果园，多好！

有了这个想法后，黄志强便辞去制衣厂的工作，与父亲商量开垦一片山林来种荔枝树。但由于当时果农缺乏种植技术，荔枝收成不稳定，价格浮动也很大，父亲并不支持他的这一想法。但黄志强性格倔强，自己认定的事别人怎么说也无济于事。第二天，他便自己扛着一把锄头，进山开荒种树去了。

因为当时经济还不发达，地方政府也在想办法搞活经济，号召大家开荒种植，不仅不收土地租金，而且还大力支持。就这样，黄志强开辟出了一片果园。

按荔枝的生长期，树苗种下去得 3 年后才能结果。而且荔枝种植的每一个环节都不能马虎。"做果农很辛苦，果子都是在汗水中长出来的。"黄志强感慨地说。

1992 年因为荔枝树少，整个珠江三角洲都没有产出多少荔枝。但发现这一生财之路的不止黄志强一个，仿佛一夜间，东莞许多地方的山头冒出了连片的荔枝林。供不应求的局面渐渐被打破，荔枝价格逐年下跌。那时也没有技术管理，荔枝都是一年丰收一年歉收，到 1998 年，他们终于迎来了前所未有的一场丰收，但因为产量大增，价格大跌，每斤荔枝才 2 至 3 元，最后一算帐，并没有赚到钱。

探索荔枝增产技术

一些村民觉得自讨苦吃，对种荔枝产生了动摇，同村一村民竟将自家的 20 亩荔枝园以低廉的价格转租给了外地人，更多的村民干脆直接将荔枝园丢荒，又重新进入工厂。黄志强本也想做别的行业，但又一想，自己摸爬滚打几年，已经积累了一些经验。加上自己从小热爱荔枝，领导和亲朋也鼓励他，几番思量后，黄志强重振信心，继续管理好果园。

以前大迳村流传一个说法，叫"穷人种荔枝，荔枝种穷人"。说的就是种植荔枝需要好的技术，因为那时候种植荔枝没有技术，产量不高，导致人们生活变穷。为了提高荔枝的品质和产量，经过长期摸索，他了解到桂味荔枝树由于花卉长得太长，影响结果量。2001 年，他决定自己做实验，通过药水来控制桂味荔枝的花卉长度。他买回药水，在桂味荔枝花卉长到一定长度的时候，开始打药控制。由于药水比例没掌控好，药水浓度太高，打下去以后，长出来的花蕊都枯萎掉了。但一些幸存下来的花卉却达到了预期效果，后来结出的果实也很理想。

路子虽然对了，但 3 百多棵荔枝树的花卉几乎全部枯萎，一年的收成就这样打了水漂，损失达十几万元。

第二年，他严格控制药水浓度，先拿几颗做实验，打下去看效果如何，通过观察发现效果好再全面打药。这一次实验很成功，当年荔枝获得丰收。一些果农纷纷前来取经，他毫不保留，将这项技术悉数传授。

现在，几乎全社区的荔园都推广了这项技术。从那时起，大迳村的荔枝几乎年年丰收。

改变低价现状，培育荔枝新品种

果树歉收令人忧，荔枝丰产有时却让人愁。2005 年，因为丰收荔枝价格暴跌，最低时只卖到八毛钱一斤，扣除成本后一年的辛苦基本白费。

"自从那年以后，我就想这荔枝怎么这么便宜呢，以前卖十几块钱一斤，怎么这两年价格掉得那么厉害，想来想去，觉得搞这个看不到前途，真的要亏本了。"他下定决心培育荔枝新品种，并渐渐有了品牌意识。

2006 年，黄志强选了几棵树采用嫁接技术，开始了新品种的探索。经过精心选择，他共培育了 3 个新品种。按荔枝的生长期，杂交后的荔枝树需 3 年才能结果。2010 年，他实验的几棵荔枝终于结出了果实。其中有两棵是他用当时最好的优质品种桂味和糯米糍杂交成功的。黄志强很激动。他小心地剥开红艳的荔枝皮，里面的果肉冰清玉洁，让人颇为心动。"这个荔枝这么冰清玉洁，就叫它冰荔吧！"便是名噪一时的冰荔。

这种荔枝皮色红艳，个头比糯米糍稍小，但更好看，里面的肉质更加鲜嫩可口，果实成熟期也比一般荔枝提前一个星期。但是两棵树的产量非常少，第一次只收获了 10 来斤。冰荔是当时他培育的新品种中最喜爱的一个，他舍不得卖，便分给大家品尝。

就在那年的 6 月 28 日，东莞市举行首届品荔大赛，他本想带着冰荔、桂味和糯米糍参加，但由于冰荔已经吃完，只好带着桂味和糯米糍参赛。在那次品荔大赛上，他培育的桂味荔枝获得了一等奖。

获奖以后，黄志强"果王"的称号更响亮了。得奖的第二天，市面上的桂味荔枝销量便大幅上升，这让黄志强体会到了什么叫做品牌效应。

2011 年，黄志强的两棵冰荔树产量上升，每棵有二三十斤产量，这批冰荔正式上市。这次，他赶上了大迳社区举办的首届荔枝品评节。当时有 200 多户果农参加，展示的荔枝品种包括桂味、糯米糍等 10 多种。黄自强想，这么好吃的冰荔，应该可以卖 100 元。转念又想，100 元不够吸引眼球，索性定到 500 元。

冰荔一亮相，果然引来众人注目。人们还是第一次看到红得如此美艳的荔枝，甚至有人怀疑："这个荔枝是不是用红药水打过的？"

待疑问解除后，不得不对冰荔另眼相看。在荔枝竞投环节中，有位台湾老板叫出"我出 2000 元！"引得现场一片轰动。

"一斤荔枝卖 2000 元，真是大开眼界了。"不少果农和客户议论纷纷。这次天价拍卖，使黄志强和他推出的新品种冰荔成了推介会上最耀眼的明星，数十家媒体争相报道。6 年精心付出终于没有白费。

喜事接踵而至。2011 年东莞名优荔枝展示推介会上，黄志强被评为"东莞市十大荔枝种植能手"，当年所产的冰荔，很快订购一空。

冰荔的成功，使黄志强喜不自禁，他又重新培育了 30 棵冰荔树。冰荔的成功，也引来了华南农业大学教授李建国老师的关注，他对冰荔这个品种很是赞赏。

走品牌化道路，成立荔枝专业合作社

大迳盛产荔枝，种植面积达 8000 余亩，8 成农民有自己的果园，近年来年销量更是达到了 8000 担。如此巨大的市场潜力，让黄志强萌生出了做大做强的决心。在社区领导的因势利导下，2011 年 3 月，大迳桂冠荔枝专业合作社应运而生，黄志强被推选为首任社长。

大迳组建荔枝专业合作社后，将全村 8000 余亩荔枝园分给 80 多户社员，全面进行精细化统筹管理，对外打出了"大迳荔枝"的整体品牌。从此，黄志强除了管理自家的果园，也成了全社区果农的技术顾问。他悉心指导，规范管理。哪个环节要环割，哪个环节要打什么药，要施什么肥，他都编辑成短信，群发到各家果农的手机上，果农有什么技术上的困惑，他也悉心讲解，并利用现代通讯对果农跟踪到位。

大迳原有一家果农，因为缺少经验，几乎年年亏损，自加入荔枝专业合作社后，他接受了黄志强的技术指导，第一年荔枝便获得大丰收，盈利十几万元。

黄志强还每年请来华南农业大学的相关教授过来，给社区的果农讲课。由于技术提高，荔枝产量一年比一年好。

这两年，大迳的荔枝出了名，销售空间大了，订单多了，价格也上涨了。为了使荔枝合作社路越走越宽，黄志强还在不断地研发新品种，开发新市场，让农户真正得到品牌的实惠。他带领社区的果农们，进行无公害生产，有机种植，在管理、规范荔枝种植户上继续努力。

2012年，中国荔枝研究中心、华南农业大学科研基地进驻大迳荔枝合作社。今年3月，广东省荔枝龙眼协会示范基地在黄志强的果园中挂牌成立。大迳荔枝已经声名在外，依托市农业科学研究中心提供的技术支持，黄志强也将脚踏实地，在品牌化、产业化道路上走得更长更远。（蓝紫／图文）

远赴非洲做志愿者的白衣天使

——记厚街医院内儿科护士长解琼

她尽心尽力，将病人当做自己的亲人。她因为工作优秀，被选拔为中国青年志愿者海外服务计划塞舌尔项目医护人员——她就是厚街医院内儿科护士长解琼。

她身上没有太多的矜持，更没有矫揉造作。舒展的笑容和优雅的举止，不会让人怀疑她的全部生活就是"患者的代言人、患儿与家长的教育者、康复与预防的指导者、合作与协调者等多重角色"。因为，这是她一生的功课。她曾经参加志愿者赴非洲岛国塞舌尔援助一年，受到当地人的赞誉。

她说，"儿科护理工作有一种沉甸甸的分量。因为，这份工作蕴含的是温情和爱心，这里的每位护理人员心中都延续着一个家庭的期望——我们有责任让每个生命在阳光下健康成长。"

儿时立志，救死扶伤

走进厚街人民医院内儿科病房，相比其他病房，这里洋溢着更多的暖意：充满童趣的病房布置、医护人员注射时鼓励的微笑、患儿"咿呀呀"伸出小手往解琼怀里钻的温馨画面……身为护士长，解琼带领科室的护士，每日重复着备药、注射、量体温、贴敷等护理工作，全心全意为幼小的孩子们除去病痛。

虽然体态娇小，也没有惊人之貌，但初见解琼，我们仿佛从她那灿烂的笑颜中，感受到健康成长的幸福。她的美是一种怡然之态，是一种由内而外的气质。只要在护士站出现，她绝对不容许自己失去笑颜。无论是在儿科病房巡房，还是与孩子们的家人一起交流，解琼始终是这些患儿与家长们眼中温柔、美丽焦点。然而她的故事，却简单、坚韧、纯粹得几乎像童话一般。

解琼是一位娴静文雅，明眸善睐的女性。她给人的印象，首先是一个耐性极好的人，然后她是个思维敏捷、对任何事可以冷静判断并给出建议的人。

"我从小到大一直很听话，性格含蓄内敛，自我感觉为人比较善良单纯，上学时尽管十分努力，成绩还是达不到优异，这就让我对自己要求非常严格。"解琼说，"走上工作岗位以后，自己喜欢帮助别人，把病人的利益放在第一位。最有成就感的事情，就是得到领导和同事们的肯定，看到病人的笑容。"

解琼出生于河南信阳，是家中独女，有一个宠爱她的外婆，但是外婆身体一直不好。60岁那年，因为一口痰堵住气管，尽管大家进行了抢救，却没能挽留住外婆的生命。外婆突然离世，对解琼的打击很大，也为她日后从事护理工作埋下了种子。"一切都发生得很突然，外婆突然从座位上栽倒了，我还以为她晕倒了。我觉得她不应该那么早走，如果有很好的治疗和护理或许能救得了她。"高考填报志愿时，她放弃曾经向往的中文专业，义无反顾地选择了医科大学。

2004年于新乡医学院毕业后，解琼南下广东求职，应聘来到厚街医院。先后从事急诊科、妇产科、CCU、感染科、内科、外科、ICU、儿科等多个科室的临床护理工作。横跨多个科室的锻炼和学习，让她全方位掌握了护理知识和技能，并顺利实现从护士到护士长的角色转变。

解琼曾连年获得"东莞市优秀护士"、"巾帼建功先进个人"、"东莞市青年岗位能手"、"广东省五星志愿者"、"东莞市优秀青年"、"厚街镇巾帼十杰"等光荣称号。

不同的岗位，同样的奉献

在厚街医院上班后，解琼最先轮岗到的科室是急诊科。急诊科是医院最重要的窗口之一，有急、忙、杂等特点。"少女时代很喜欢看影视作品中关于急诊科的故事，觉得故事中的医生和护士，那么绝妙地配合，做事果断，具有魅力，让我羡慕不已。没想到多年后我也有幸成为一名急诊科护士，从开始的手忙脚乱到有条不紊，这才真正体会到想做好一名急诊科的护士并非那么简单！"

在急诊科工作收获了不可多得的经验和知识，为解琼以后的工作打下了坚实基础，也使她更快进入角色。2004年底，厚街镇的一家工厂发生火灾，数十名工厂员工在大火中被烧伤。厚街医院启动了应急预案，解琼临危受命，在最短的时间内将近30名烧伤者全部转送入院，并有序地分流转移到各科室。

在CCU护理期间，有一位老人已病入膏肓，意识不清，家属也无暇在老人身边照顾。解琼了解情况后，主动提出照顾这位老人，坚持每天晚上都守护在老人身边，常常一守就是一个通宵。她说："我始终告诉自己，无论是怎样的患者，都要给予最好的护理、最好的服务以及最真诚的爱心。"

在传染科工作期间，因为长时间照顾一个水痘患者，她自己也得了水痘。烧了几天，怕过多影响工作，就晚上自己在家输液，因为对利巴韦林药物过敏，造成了浮肿的后果。

在儿科护理工作期间，解琼更是以高质量的服务送走了无数个患者。2009年1月，女儿只有5个月大时解琼就上班了。那时正值病人高峰期，为了更好地工作，她放弃了哺乳假期。因为长时间断奶，奶水逐渐减少，女儿的抵抗力减弱，腹泻了半个月。2010年底去非洲时，女儿才2岁，父母都快60岁了，本想回来之后再好好补偿他们。但回国后，她被任命为护士长，工作压力更大了。

"看到患儿被病痛折磨，我心里很难受。我也有孩子，只是这么多年，总觉得亏欠家人的太多了。"说着话，解琼默默地背转身去。

视病如己，演绎医者美丽人生

"凡有请召，不以昼夜寒暑远近亲疏，富贵贫贱，闻命即赴。视彼之疾，举切吾身，药必用真，财无过望，推诚拯救，勿惮其劳，冥冥之中，自有神佑。"这是元代曾世荣在《活幼心书》一书中关于医德修养的论述。作为一名护士，不但需要有精湛的技术，更需要有良好的医德修养。解琼一直都在不懈地努力着。

急患者所急，想患者所想，是解琼一贯的工作作风。"有问题，找解琼！"这几乎成了儿科患者家属的口头禅。病房里，随处可见解琼忙碌的身影：为病人答疑，与家属沟通，替病人分忧。无论是出院还是没出院的病人，在他们需要帮助的时候，解琼总是乐此不疲。这一切源于她对病人的耐心，源于它的专业精神，更源于病人的信任。

"在急诊科工作时，经常遇到没有家属的人员，有的患者衣衫褴褛，甚至身无分文，非常可怜，我在家里找些旧衣服给他们穿，打饭给他们吃。所以有时候这些无家可归的人经常还会回到科室，虽然非常无奈。我还是会帮助他们。"解琼说。

视病如己，用爱心对待每一位患者，无论再忙再累；言传身教，用真心感化每一个人，哪怕点点滴滴；解琼用她质朴的品质感化着身边的每一个人，演绎着她的"美丽人生"。

强化基本功，攻克护理难题

初到儿科，解琼认识到为患儿服务，必须要有一套过硬的本领。

静脉穿刺是护士的基本技能。但刚参加工作的护士，扎成人的静脉血管都未必能一次成功，小儿的头皮静脉则更叫人抓狂。而且儿科脱水病人多，血管总是扁扁的，看不见摸不着。为了加强基本功，解琼潜心钻研，掌握了每条血管的位置，一周后就能独立上班。每天下班后，她就主动到科室收治患者，积累经验，终于练出一套打头皮针的好功夫。在老护士长兰静的培养下，她很快做了带教组长，并带出一批批优秀的护士。

有天半夜，她被电话铃吵醒。"科室来了一名病情危重的儿童！""我马上就来！"她一跃而起，顾不自己犯着感冒，匆匆赶到护士站。这位患儿正处于休克状态，值班护士怎么也扎不进血管。时间就是生命！她迅速接过针头准确地刺入静脉，接上了点滴。

繁忙工作之余，解琼积极参与医院开展的各种新护理技术项目学习。针对小儿输液外渗发生率高这一临床难题，她查阅书籍文献，结合临床实际，用马铃薯切成薄片，敷于外渗处，临床效果明显。她还挤出时间总结工作经验和护理体会，撰写论文。她的《多种方法治疗小儿输液外渗的原理及应用》发表在省级杂志，得到同行的认可。

"工作中，我常常和同事们交流。我说，不管在外面受到什么委屈，一踏进儿科的门，看到病人，我都会马上愉快起来，很多同事还认为我说笑，人家都说家才是避风的港湾，快乐的摇篮，你倒好，把受委屈的地方当成幸福的源泉。确实，我喜欢工作的成就感，我喜欢孩子的笑容，我喜欢和儿科的同事相处，所以儿科有很多患者经常生病住院找我护理。很多孩子是我看着、护理着长大的。"解琼说。

平凡中，成就最美护士长

走进解琼所在的内儿科，难得见到惊心动魄的抢救场面，更多的是她和护士们怎样配合医生治愈病患。"良好的服务态度，过硬的护理技能"是病患对儿科护理组的评价。

"孩子是父母的宝贝，家长对医护人员要求高，所以儿科的纠纷最多。记得刚任护士长不久，一位父亲因不满意疗效，指着医生叫骂甚至想动手。那时我处理纠纷经验不够，只是挡在医生前面，怕他伤害到她。有一次病人高峰期，一个孩子因为输液外渗，手臂肿胀，当时衣服特别紧，就用剪刀剪开了，家长意见特别大。第二天我给孩子买了新衣服，还教授了一些照护知识，家长非常感激，消除了对我们的不信任，我想这也是管理工作的一大进步吧。"解琼说。

"我一直告诫自己，我们所做的每一件事都是为了病人，所以，我认真对待每一位患者。"她说，"作为一名普通护士，我只需要管理好自己，全力干好自己份内的工作，练好技术，与病人进行有效的沟通就可以了。可作为护士长就要以身作则，真正当好'知心姐姐'，不仅仅要勤快、细心、精心和贴心，还要我和我的护理姐妹们团结一心。"

科室是一个家，医护是一个团队，医护关系协调好，管理制度才能切实有效地得到执行与贯彻。厚街医院内儿科护理组的年轻护士在科护士长解琼的以身作则和有效管理下，通过护理骨干、高年护士的"传"、"帮"、"带"，形成了一个团结友爱的护理集体。2012 年解琼被评为先进护士长，所在科室被评为先进集体。

护理工作不像人们认为的那样，只是婆婆妈妈伺候人的"高级保姆"，而是一门集医学基础学、护理学、伦理学、心理学、美学于一体的学科。常言说："三分治疗，七分护理"。医生的医术再高明，如护理欠当，病人想尽快康复是不可能的。

作为儿科的一名护士长，解琼时刻心系每一位被病魔侵蚀的孩子，对病人及家属全心全意的付出爱心、耐心和细心。新病人入院时，她总会带着家长和患儿去熟悉病房的环境，消除他们对病室的陌生感。每天在病房超负荷的工作量已经让她身心俱疲，但她还利用自己的业余时间积极的搜集患儿的信息。白天上班没时间和家属联系，她就在下班后或是晚上与他们联系，接受他们的咨询，甚至经常半夜接到咨询电话，即便如此，她仍耐心地对家属做出指导。她默默地付出，赢得了家属和患儿的敬爱，多次收到来自家属的卡片、锦旗、感谢信，被家属称为"对小孩最具亲和力"的护士长……。

她说："我孩子也生病，我能深刻体会孩子的孤独和无助。所以，我会站在孩子们的立场，尽量让他们感到温暖。"

援助塞舌尔，造福他乡人

"尽己所能，帮助他人，不计报酬，践行志愿精神，弘扬中华文化，增进中塞友好，服务塞舌尔发展，为建设和谐世界贡献力量！"参加中国青年志愿者援助非洲塞舌尔共和国行动出发前的誓言，尚在解琼耳畔回响。

2010 年中国（东莞）青年志愿者海外服务计划塞舌尔项目快要决定参加名单时，才发现还缺一个重要角色——儿科护士。解琼临危受命，毫不犹豫地收拾行囊参加到这个队伍，成为了 15 名队员中仅有的 2 名医护队员之一。

　　翻开自己的《援非护士日记》，解琼早已没有什么出国的兴趣和新鲜感，倒是异国他乡生活的种种不便和孤独寂寞还映在脑海里。她至今还清楚地记得，2010年12月20日，是她到塞舌尔正式报到的日子，她被安排到手术室工作。这对解琼是一个挑战，首先她没有在手术室工作的经验，其次语言生疏。工作中只有她一个中国人，期间努力学习语言，熟悉医院工作流程是她的主要任务。在逐渐适应了新的工作环境，熟悉同事的相貌以及他们拗口的称呼后，她的工作才进入正轨。

　　2011年1月31日，解琼通过护理部的面试，被安排到儿科工作。因只懂得部分英语，所以在执行医嘱时不能和病人家属很好沟通，家属虽然接受但都会带着怀疑的眼光。但她毕竟在东莞厚街医院儿科工作了5年，通过过硬的专业知识，加上经常对他们进行健康教育，他们渐渐认可并接纳了解琼。

　　儿科收治病人高峰期，病床加至走廊，每天工作8小时，下午2点半才能回到驻地吃午饭。但病房繁忙需要加班时，无论是节假日还是用餐时，解琼都会顶着烈日赶回科室，马上投入工作，这让当地护士们非常感动。

　　塞舌尔医护人员虽然对待病人和善，但在医护实践上毕竟跟我国有一定的差距。解琼娴熟的穿刺技巧，让她为塞舌尔患儿减轻了痛苦，护士们亦认可了她的技术，经常请她攻克穿刺难题，她也向她们传授了小儿头皮穿刺技巧。患儿家属见到她都会喊出她的名字跟她打招呼，竖起拇指说"good"。经她护理过的一个危重患儿，病情好转，家属每次遇到问题都会找中国护士解决，这让她很欣慰。塞舌尔的孩子很可爱，父母很信赖医生护士，经常把孩子一个人留在医院，去忙自己的事情，她也经常帮忙照看，给孩子换尿布，喂牛奶，哄睡觉，为不能活动的患儿喂饭，收拾大小便，指导骨科术后患儿的活动。鉴于哮喘和糖尿病发病率非常高，解琼专门查找相关资料，为病人及家属讲解疾病的防治知识……

　　"在遥远的非洲，我慢慢适应了环境，积累了一定的工作经验，也获得了一些切身的体会，为塞舌尔人民做一些实事。"解琼说，"能够看到孩子们童真的笑脸，能够看到家长们欣慰的笑脸，自己由衷地开心。"

追梦人

　　2011 年 5 月，在英语交流和技术运用得以较大提高之后，解琼获得塞舌尔注册护士资格证，正式成为塞舌尔护士。7 月份进入新生儿监护室工作。经过 3 天的适应期，并掌握仪器的操作和呼吸机管道安装后，她开始单独排班，分管床位，书写交班报告和护理记录，请求护士们使用英语交班（她们都习惯用克里奥语交流），并主动要求床边口头交班。虽然有些英语用词不当，但基本能阐述病情，她们也不会在乎。期间，指导母乳喂养和沐浴知识，开展新生儿抚触。和护士们讨论并引入国内研究的新项目——液体外渗的护理方法，得到肯定。

　　解琼和当地护士配合，护理了大量常见病、多发病，而且会诊了呼吸衰竭、心力衰竭、肺透明膜病、重症高胆红素血症、严重感染和中毒等儿科重症。她播撒的一片关爱，在遥远的异乡，让一个个面临枯萎的花朵重新绽放。（蒋楠／图文）

愿赌不服输的大迳姑娘

——记李氏食品饮料实业有限公司总经理李东晓

她敢闯敢拼，打破固有观念，收购行业公司，建立了属于自己、属于家乡的矿泉水品牌——大迳山泉。心怀善念，她对生于斯长于斯的家乡满怀感情，设立基金帮助老人，建立幼儿园。她就是大迳山泉的创始人——李东晓。

短发、深色衣裤、快人快语，言谈衣着都有点爽朗，甚至连她办公室里的陈设和基本色调，都是粗线条和有沉降感的深色；她信佛，这种信仰使她在精神气质上，透出淡定和女性应有的温和；她的人生跌宕起伏，充满波折，但凭着豁达的心态，执著的精神，她始终风雨无阻，一路向前。她就是大迳姑娘，李氏食品饮料实业有限公司总经理李东晓。

愿赌不服输：大迳姑娘勇闯商海

李东晓是土生土长的厚街大迳人。她从小受父母宠爱，受宠的孩子一般天性活泼、任性。上小学二年级时，李东晓学会了开车，心中不免兴奋，逮住机会就把车开出去兜，结果撞了车，心里非常害怕。父亲并没有责骂她，却要她自己赚钱修车。对于一个小学二年级的小女生，赚钱无疑是个很大的难题，但没有难倒她。她发动一群同学去割鱼草卖给养鱼户，忙碌了一个下午，赚了 13 元。这点钱虽然远远不够修车，却让她品尝到了付出和收获的乐趣，以及赚钱的诱惑力。这是李东晓赚的第一笔钱。

李东晓有过多种职业经历。大学快毕业那年，许多同学都在为就业操心，到处投简历，李东晓却一心想做生意。经过一番波折，她跟同学合伙开了时装店和士多店，服装店采用高标准中低消费，士多店采用快销自选式销售。短短一年，她们的店铺资产提升了 30 倍，并且服装店承接了很多企业订购的厂服、专用服装等，生意越做越大。与此同时，李东晓还担任了家族公司的财务总监一职，每天睁开眼就要审阅全国各地卖场的销售报告，分析商品的销售动向，调动资源等，非常忙碌。那时候，李家的家族公司运营还不够成熟。每当从某个城市撤柜，损失都很大，李东晓的心情也很低落，彻夜思考如何改进营销和管理，尽可能减少失误。因此公司新开拓卖场时，李东晓都会参考众多数据进行各方面的考量，各种产品都必须经过多方面评议，挑选后才能上架。经过一年艰辛的努力，公司开始盈利，并逐渐在全国各地有了名气。在打理家族企业的过程中，虽然每天都有做不完的工作，感到疲惫和压力，但从这些经历中，李东晓逐渐摸索总结出了商业运营和企业管理的经验。对于一个企业家而言，这是金钱买不到的财富。

2003 年，李东晓从公司的运营中，发现供应商经常供货不足，市场一度脱销，供销矛盾很突出。为解决销售瓶颈问题，她创办了东莞市京泽实业有限公司，一度曾把实单远销至美国、台湾等地，但由于后来公司搬迁和运作经验不足等原因，公司最终还是在 2005 年宣告结束。

回乡发展：创办大迳山泉水品牌

2009 年春节，李东晓回家过年时，偶然看到距大迳村不远的山峦中，常年有一股清泉涌动，萌生了办山泉水公司的想法，一来可推动大迳村的经济发展，二来也可创建自己的品牌。

在大迳村委会领导的支持下，2010年5月，李东晓创办了李氏食品饮料实业有限公司，以家乡"大迳"命名，推出了厚街人自己的山泉水品牌——大迳山泉水。

为了生产出各种指标均达标的放心水，在生产技术和生产工艺上，李东晓引进台湾最先进的全自动天然山泉水生产系统。选取天然优质的山泉水源，仅做最小限度的、必要的物理处理，保存了水中钾、钙、钠、镁、偏硅酸等对人体有益的天然矿物元素。虽然解决了生产问题，但销售却很难一下子推进。

刚开始，大迳山泉这个新品牌并没有多少人知道。在厚街，大家都知道大迳是小村，也知道"大迳荔枝"是村里特产，但是并不知道大迳山泉。没有知名度市场销售就困难。当时东莞全市约有饮用水水厂一百来家，企业生存不易。由于开办新厂前期投入很大，短短几个月，李东晓的水厂就亏损了几十万元。在这种情况下，改变市场策略，寻求渠道创新迫在眉睫。

大量分析市场及行业状况后，李东晓产生了品牌收购、占领固有市场的想法。她力排众议，大胆收购了几个老品牌，并且改进了销售方式，取得了良好效果。短短一年，大迳山泉达到了同业经营8年的销售成绩。

如今，大迳山泉水已成为业内知名品牌，销量和品牌覆盖面稳步提升。谈到大迳山泉水今后的发展，李东晓说，"大迳山泉"将跟随营销主流，坚持走直销之路，但必须要有强烈的企业危机感，因为这是推动企业发展和革新的动力。

情寄桑梓：创办大迳幼儿园

李东晓是个情寄桑梓、热心公益事业的企业家。对于生于斯，长于斯的家乡。李东晓始终饱含感情。她看到一些老人家生活比较艰苦，便从公司抽取1%的利润直接给社区设立基金，作为老人们的生活补贴，希望帮助改善他们的生活。

大迳村位于厚街镇东部，紧靠大岭山森林公园，这里绿水青山，自然环境得天独厚。但是多年来，由于经济落后等原因，村里连一所正规的幼儿园都没有。李东晓经常看到村里有的孩子到了上幼儿园的年龄，却整天在街边玩泥沙。很多村民不得不把孩子们送到其他村幼儿园，更多的村民则因交通不便，没法让适龄孩子得到应有的学前教育。这种境况让李东晓既感慨又难受，她决定投资创办一所正规的幼儿园。2004年9月，在运作公司之余，李东晓投资创办了大迳第一所幼儿园——大迳幼儿园。幼儿园办起来后，村里的孩子们终于可以在家门口入园了，连附近村里的孩子都被吸引过来了，解决了孩子的学前教育问题。

参悟人生：不折不挠

回顾自己这10多年来的创业经历，李东晓感慨良多。创业难，女性创业更难。但女性往往比男性更具毅力和不折不挠的精神。

采访中，笔者半开玩笑地问她：假如挣到一个亿，你怎么花？李东晓笑着说："我从来没有想过这个问题，但一个人有了钱之后，亿和百万只是数字的区别。我不太喜欢假如，更不喜欢说一些我做不到的。有些公益事业就算没钱也可以去做，只是捐多少的问题。"

她说，每个人的心态都不一样。对于年收入过百万的人来说，亿的概念可能是很模糊的，而真正有亿万资产的人，他们可能从来不会回答类似的问题，脚踏实地做事才是根本！钱只是衣食住行的必需品，而不是事业或其他的象征。在大多数女人心目中，家庭可能是第一重要的，一个成功的女人，不仅要拥有事业，同时家庭也要照顾好，这样才称得上真正的成功。什么叫幸福家庭，那就是当你下班累了回家时，还有一盏灯在等着你，有一个人轻轻地对你说一句："你回来了，赶紧吃点东西休息一下。"

李东晓喜欢日本企业家稻盛和夫的一句话：无限勤谨、无限严谨、无限忠诚！她还是个佛教徒，但她信佛不完全是为了精神上的寄托，更重要的是，信仰使她能更从容、淡定地看待自己所拥有的一切。她是一个与时俱进的企业家，有不折不挠的创业精神和对人生事业的坚定，会带领她的大迳山泉走得更快、更远。（赵原／图文）

劈山引水造福乡梓

——记厚街新围村村民李福明

一人引水，万人受惠；一人义举，百人跟随。为了了却父亲心中的心愿，为了让生活工业区之中的父老乡亲们喝上清凉的山泉，他花费上百万引下山泉，却一直免费为乡亲们提供山泉水。他就是——厚街新围村村民李福明。

细心的人会发现，在厚街新围和大迳交界处有这样一个地方：每天中午和黄昏时分，这里总会排着一条长长的队伍。再细看队伍中的人们，会发现每个人手上都提着一两个水桶。一抬头，就能看见不远处有几个水龙头正流淌出一股股清泉。取水的既有附近的村民和工业区的务工人员，也有商业老板，小轿车停靠于一旁，煞是惹眼。

究竟是什么水让如此多的人慕名而来？细问之下，才发现这股清泉背后隐藏着一个感人的故事，而这个故事的主人公便是现任厚街镇新围村村长李福明。

劈山引水圆父梦

人迹稀少时，走到水龙头前，轻轻弯下腰，掬一捧清水入口，丝丝清爽之感顿时沁人心脾。再直起身子，沿水管的方向朝远处望去，会看见一座青山矗立于眼前。这座山便是大岭山，山脚下的股股清泉便引自大岭山之巅。大岭山海拔有 500 多米，因了这样的高度，山脚山顶完全是不同的世界。酷暑时分，需要带两床被子上去，才能在山顶住一晚。而当初李福明劈山引水之时，他和一帮工友在山顶住了 3 个多月，到了寒冬时分，山顶更是异常寒冷。

每每与人谈起劈山引水之事，李福明便会提起他的父亲。

李福明的父亲是老一辈的革命干部，出生于上个世纪 20 年代，有着老一辈人的质朴与善良。随着工业化进程的加快，各种各样的工厂早已遍布新围村的各个角落，一些环境污染问题也因此滋生。

2006 年的一天，李福明年近九旬的父亲忽然对他说，"要是能把大岭山上的水引下来就好了，也算是做了一件大好事"。这句话让李福明牢牢记在心里。从山上引出清泉不仅仅能够完成父亲的夙愿，也有利于解决因工业用水污染导致村里地下水质变坏的难题。

说干就干，但李福明很快就遇到了资金上的困难。李福明起初以为只要二三十万就足够了，但真实情况比他想象的要艰难得多。泉水在山的另一边，要想把水引流下山，他们必须翻越山巅，抵达山的另一边。凿一条直通山的另一头的人工长渠是一个巨大工程，况且山上巨石众多。从村里到山的那一边，蜿蜒的山路加起来差不多有 6000 多米的距离。

面对巨大的资金缺口，李福明有些犯难了。年近 5 旬的李福明是做客运大巴生意的，几十年来靠着改革开放的大好机遇过上了令人羡慕的富裕生活。家里虽然经济状况尚可，但面对如此大的经济支出李福明还是有很大压力。每每心中闪现放弃的念头时，李福明便会想起父亲期盼的眼神。他咬紧牙关，发誓一定要了却父亲的心愿。

为了解决资金上的困难，李福明一咬牙卖掉了一台大巴，换来 80 万。为了劈山凿沟，李福明聘请了 50 多个工人，白天和工友们一起上山开凿，临近中午他独自下山把饭菜运上来。有时工人们想吃糖水，李福明又独自一人跑下山去买。一上一下，李福明经常累得气喘吁吁。

起初工程进展得还比较顺利，但到了山腰，巨石众多，劈山引水工程顿时慢了下来。为了掘开这些坚硬的石头，李福明带领工人日夜奋战，好几次险些从这些大石头上跌下来。几次内心挣扎，李福明最终还是坚持了下来。他带领工人住在山顶。大岭山海拔500多米，冬夜异常寒冷。更有甚者，山上天气变幻莫测，经常电闪雷鸣。

经过大半年的埋头苦干，李福明终于迎来了泉水贯通的这一天。这是一个特别的日子，正好大年三十，当身旁响起噼里啪啦的鞭炮声时，李福明正忙碌着。山泉沿着管道自山顶奔流而下，流淌到山脚。当无数村民提着水桶来到水龙头前，响起阵阵欢呼。李福明欣慰不已，急忙跑下山，把父亲从房间里搀扶出来，端给他一碗山泉水。父亲接住，缓缓喝下，一抹笑容在沟壑纵横的脸上荡漾开来。

不取分毫，优质水利百姓

引水工程告成的消息传开后，众人兴奋不已。村民以及附近工厂里的员工都愿提着水桶来取水。

大岭山的山泉水质到底如何呢？带着这个问题，李福明将泉水送去市质检部门进行检测。检测结果很快出来了：大岭山泉水达到了国家一级饮用水标准。为了得到更权威的检测，李福明还花了一万多块钱把山泉带到香港去检测。检测结果同样让质检部门感到十分惊讶，各种指标数都十分靠前，专家们感慨很多年没见到过这么好的水了。

几番检测下来，李福明终于放心，村子周边前来取水的人更多了。新围村附近有一个海逸豪庭楼盘。海逸豪庭楼盘地处厚街横岗湖畔，占地7000余亩，由李嘉诚集团子公司和记黄埔开发。由于李嘉诚是海逸豪庭的老板，隔三岔五会过来住几天。每次过来，李嘉诚都会让工作人员带进口水过来。新围村有几个村民在海逸豪庭做保姆厨师，见他们带过来的水也不过如此，便向其推荐大岭山泉水。起初李嘉诚还不相信，试过之后啧啧称赞。

虽然引水工程花费上百万，但李福明一直向村民免费提供山泉水。免费也给李福明带来了许多麻烦。村里有许多卖纯净水为生的小商贩，自从李福明劈山引水以来，生意便日渐清冷。从大岭山引流而下的水质好，又免费，这样影响到了村里桶装水的销售。由于触碰到了一些商户的利益，山泉水水管经常被人戳断。李福明只好带领几个朋友隔山差五到山上巡查一番，一见到水管断裂便马上抢修。过了些时日，那些商贩见大势已去，也就作罢。

有一次，李福明看见一个村民开着一辆商务车，带着几十个水桶过来取水。村民见了李福明，面露尴尬之色。李福明问他一次为何要装这么多水，对方回答说是几个朋友托他带的。李福明一笑置之，没再多问，提醒他不要影响水的正常供给就好。其实明眼人知道，这人不过是为了倒卖水，挣几百块水钱。

2008年，新围村重新进行选举，在村民推荐下，李福明被选为村干部。

2009年年底，李福明年逾九旬的父亲一脸安详地离开了人世。李福明站在山脚，望着哗哗流淌的山泉，眼前时常浮现父亲的音容笑貌。

一人引水，万人受惠；一人义举，百人跟随。李福明说他还会一如既往地做好事，为村里的父老乡亲谋幸福。（周齐林／图文）

质朴风雅的"农民书画家"

——记新围社区李胜年

　　在厚街新围社区有这样一位老人，他同时具备文人的风骨与农民的品性。面对生活的苦难，他不曾屈服，没有放弃对书画的执着。他就是村民眼中的农民书画家——李胜年。

　　2010年4月18日，由厚街文广中心主办的书画展正如火如荼地进行。现场人潮涌动，盛况空前。百余幅书画精品杂陈其间，蜿蜒成一条美轮美奂的艺术长廊。

　　长廊中有大气磅礴的云涛山水，亦有闲情逸致的田园小品；有生机盎然的花鸟鱼禽，亦有挥洒自在的泼墨写意。笔墨间流淌着山川田园的意趣与憨真，丹青里诠释着人生命途的豁达与洒脱。

　　与以往书画展大相径庭的是，展场上前来捧场的除文艺界和新闻界的朋友外，鲜有珠光宝气的贵妇绅士，反倒是有许多村民在其间驻足流连。他们惬意地欣赏着每一幅作品，脸上洋溢着灿烂的笑容。

追梦人

原来这是厚街特意为"农民艺术家"李胜年举办的专场书画展，这些村民正是李胜年老家新围大迳村的父老乡亲。

命运波折的人生

《吕览》有云：始生之者，天也；有养成者，人也。人的容貌如同林中的红叶，生而迥异，非旦夕可改；然高古典雅的格调则得益于后天的浸染与熏陶，可以后天养成，如孔子所云："性相近也，习相远也。"

李胜年约摸60开外的年纪，看上去其貌不扬。清癯的脸上布满皱纹，像纵横交错的阡陌，但目光炯炯，坦荡赤诚，透露着质朴、宽厚和文士特有的风雅。

中国的文士向来热衷于"人生若只如初见"的奇妙体验，素未谋面的人突然清晰地倒映在眼眸中，随后渐次深入地了解，发现朴实无华的外表下面，隐藏着一股岩浆喷涌般的激情，演绎着一段非比寻常的故事。

世界有时如此平淡，不起微澜，有时却又潜藏着让人惊惧的惊涛骇浪。人们总是喜欢被一种出乎意表所感染，可以是执着、坚强，亦或其他任何能够激发潜能的精神。

李胜年用他单薄的身躯承受了生活给予他的苦难与磨砺，如今这些苦难已经化为财富，让他在追求艺术的漫漫长路上愈挫愈勇，执着追寻。

用李胜年自己的话来说，上帝让他体验了地狱般的屈辱与苦难，也让他领略了天堂般的快乐与富庶。他的坚韧、达观以及始终对生活充满美好理想的性格，成就了他的艺术梦想。

听李胜年娓娓讲述他的故事，就如同翻开一本装帧极其朴素而又蕴藉丰富的书。他不是华丽的情歌，而是回味绵长的民间小调，质朴间自有风雅长存。

李胜年的老家厚街新围村，是个纯客家人聚居的村子。村民们有着客家人特有的勤劳与坚韧。李胜年父亲是当地颇具声望的医生，母亲是一名优秀的护士。这样的条件，在新围村，算得上殷实人家。

与许多怀揣梦想的年轻人一样，打小李胜年就没有承袭父母衣钵的兴趣，他的爱好主要集中在书画方面。

上小学时，数学课上他总是听不进，于是勾下头，在桌子底下涂涂画画，被逮个正着。老师正待发怒，却一眼瞥见他画的惟妙惟肖的花鸟，高高举起的教鞭舍不得落下。

李胜年的伯父是一位画家，也是小胜年的启蒙老师。平日里，只要伯父作画，小胜年总会猫在一旁，着了魔似地看着，问这问那。伯父看到侄儿和自己趣味相投，很是高兴，不失时机的加以鼓励与点拨。伯父的潜移默化与悉心指点，让李胜年打下了比较扎实的素描功底，也为天资聪慧的李胜年开启了五彩斑斓的书画梦想。

60年代初期，在贫脊落后的农村，生活如同一支单调乏味的老歌，呕哑嘲哳，了无生气。偶尔能看一场新潮的电影已经是村民们最大的奢望。

那时，初中毕业的李胜年是村里首屈一指的文化人。他不但会画画、懂些乐器，还会编唱客家山歌。看到村里闭塞沉闷，便组织村里的年轻后生、姑娘们聚在一起唱山歌，后来还自编自导自演剧目，除了在本村上演，还应邀到兄弟村去公演。有的村民在本村看了嫌不过瘾，特意走村串户到别村去看。那时的李胜年俨然成为全村的骄傲。

正当李胜年憧憬美好未来，打算振翅高翔时，一场始料未及的十年浩劫让他的父亲遭受牢狱之灾。因为家中的"海外关系"，当时在村里做小学老师的李胜年也受到牵连，年纪轻轻的他被莫名其妙地抓进监狱，饱受了种种非人折磨。

父子两人同时锒铛入狱，旁人不可避免的误会与歧视让他百口莫辩，李胜年最终默默承受了这不公正的一切。为了不让孩子幼小的心灵遭受阴影，李胜年不得已忍痛将年幼的女儿送到别处寄养。那一天，在女儿撕心裂肺的哭喊声中，他清晰地听见自己的梦想像泡沫般支离破碎的声音。

整整10年，历史最终站到了正义的一边，几经周折，李胜年平反出狱，但是他的父亲却没能等到这一天。晴天霹雳让李胜年痛心疾首，泪如雨下。

李胜年的父亲李凤球医术精湛，德高望重，远近闻名，得知他英年早逝后，当地居民自发组织缅怀活动。一位知名人士著文悼念，满怀悲痛的说："李凤球医生的一生正如他身上的白大褂一样，洁白得一尘不染，而又像仙鹤一样鹤顶鲜红。"

视画如命墨如魂

司马迁《报任安书》云："盖西伯拘而演《周易》；仲尼厄而作《春秋》；屈原放逐，乃赋《离骚》；左丘失明，厥有《国语》；孙子膑脚，《兵法》修列；不韦迁蜀，世传《吕览》；韩非囚秦，《说难》、《孤愤》；《诗》三百篇，大抵圣贤发愤之所为作也。"

世界上最值得敬重的英雄不是一生顺途、青云直上的天才，而是历经千难万险，始终不改初衷；受尽人间冷暖，依然坚持不懈的战士。他们可能风餐露宿，可能沦落街头，可能颠沛一生，可能流离失所。但这一切都无碍于让他们成为大写的人，成为被人铭记的英雄。

李胜年是执着的，作为命运的战士，他也曾畏缩过，但他最终勇敢的执起剑戟，收获了命运的馈赠。

生活的艰辛、命途的坎坷并没有击败他，即使在一家老小靠几亩薄田和一家小杂货店维持生计的日子里。他始终保持着对艺术的痴狂。生活稍有起色后，李胜年埋藏了近 10 年的梦想种子再次破茧而出。

李胜年对书画的痴迷，是旁人难以理喻的。人们对他的评价是：视画如命，视墨如魂。

那时，家里的小杂货店每隔旬余就要进一次货，每次李胜年到东莞进货时，总是南辕北辙地转到卖书画纸品的街上，流连忘返，直到天黑才蹬着三轮车回到家里，买回大包小包的书画笔墨。

妻子看见这样的情景，委屈地躲到一旁嘤嘤哭泣。李胜年这才想起，自己只顾去书画店闲逛，竟把进货的正事忘了个精光，只好夹着买来的书画笔墨心虚地躲进书房。

虽说李胜年痴迷艺术近乎执拗，甚至我行我素，但他对妻子却满怀深情。他们曾经在最困难的年月里经历了患难与共的考验，尤其是当他身陷囹圄之时，是妻子的不离不弃让整个家延续下来。

虽然心中明白妻子的委屈，但只要一看见书画笔墨，李胜年总是管不住自己的老毛病。妻子无计可施，干脆每次进货都自己跟着或临时派个孩子跟着，免得他"痴癫"又犯。

即使防范如此严密，李胜年的痴迷依然不曾稍减。有一次他在收藏店铺看到国画大师关山月的一本画册，当即被深深吸引，但是画册高昂的价格却让他有些犯难。他在这家店铺徘徊了好几天，最终还是心一横用进货的钱偷偷买下了画册。

后来生命中偶遇的两位贵人改变了李胜年的命运，他们就是厚街工商所的所长周仔和一位台湾老板，他们的帮助让之前一贫如洗的农民华丽转身，成为一位旗下拥有近千工人的工厂老板。

然而李胜年志不在此，在经济上大翻身之后，他急流勇退，独居兰谷。他将企业移交给了两个儿子经营，自己则一心沉浸于瀚墨之中。或许是这种与世无争的环境的熏陶，他更加如痴如狂，笔耕不辍了。

尽管李胜年沉浸在书画的世界中，看上去不谙世事，然而现实中他却常怀一颗赤子之心。

从他办企业时起，就帮助过无数非亲非故的打工者。许多流落到街边掏垃圾桶的男孩女孩，都被他救助回来，帮助安排工作，解决吃住，李胜年时常与他们促膝谈心，慰藉他们漂泊的心灵。

有位爱好文学的打工者，受到了李胜年的多年资助和关爱。当他身无分文，连老婆都讨不上时，李胜年慷慨地资助他，让他回老家成家立业，解除老父母的忡忡忧心。

非但如此，即使是自己的仇人，李胜年也能够以德报怨。当年李家父子落难时，一位兴风作浪的小头目年老后贫困潦倒，儿子死后连下葬的钱都没有。李胜年得知后，连夜送了一笔钱给老人，老人羞愧得老泪纵横。

有人问李胜年，为什么要帮助那么多素不相识的人，甚至是自己的仇人？李胜年憨厚一笑："爱心是做人的根本，这也是庄稼人的本分。"

庾信文章老更成

李胜年有种与生俱来的平民情结。他不是科班出身，也不在意自己的书画能否登上大雅之堂。如同白居易每成一诗必让山中老妪吟诵一样，李胜年也有自己的追求，他希望自己的作品能够被朝夕相对的村民欣赏。

从前新围村的老房子里，几乎有一半以上的人家挂有李胜年的作品。尤其是过年的时候，家里贴有李胜年的画或书法，那个年都过得特别喜庆。在李胜年书画展上，很多书画作品下方都带有收藏人的印章，他们当中有老师，有当年的同窗好友，也有企业家，更多的则是与他同根同族的村民们。每每谈及这些，两鬓霜染的老人总是笑得很开心。

新围村委会和远近一些学校数十年来一直珍藏着他的书画作品，他成了村民们的骄傲，也成为李胜年引以为豪的事。他说自己是农民艺术家，他的艺术源泉来源于这片芬芳的土地，如果艺术之花是风雅的，那么滋润风雅的正是最质朴的乡土。

古人眼中，天纵英才自是一种天籁般的通透，然而毕竟缺乏岁月的积淀，与之霄壤之别的大器晚成似乎更近于人道合一的至境。

"庾信文章老更成，凌云剑笔意纵横。"贵重的器皿必须经过长期的磨砺与锻造，方能够绽放出暗淡红尘的绝世芳华，恰如《三国志》中崔琰所言："此所谓大器晚成者也，终必远至。"

李胜年正是这样一位大器晚成，大音希声的传奇人物。他的视野遍及各派，涉猎广博。就书体而言，正、草、篆、隶皆擅，尤工草、隶；画作更是笔意纵横，伏流婉转，别有一种雅致气度。

2010年结集出版的《生命——李胜年书画作品集》，辑录了他的许多书法精品，风靡一时，洛阳为之纸贵。

他的行书，取法先贤大德，旁通曲引，泛滥诸家，别出一家之意。行书对联，虽拘泥古人，而峭厉方劲过之，已具个人风貌。结体跌宕敧侧，时出新致，字之大小长短，疏密斜正，极富姿态。用笔则深厚雄奇，锐利方折，精神外映，风采焕发，颇具阳刚之美。其笔下毛泽东词，气势充沛，圆满浑厚，当为个中精品。

他的隶书也是个性鲜明、风貌独具。其书得益于汉碑、木简和金文。结构雄健驰荡，纵逸率真，用笔奔放而具藏锋之妙，字形错落生动而无浮滑之感。他的波磔、轻重、长短，富于变化。撇的收笔常重顿而迅翻，落笔捷而有力，具备高度的技巧性。

较之于书，李胜年的画亦堪称一绝，其中以意笔花鸟最负时誉。造型简练，笔墨凝重，一鸟一鱼一世界，一花一叶一乾坤，用情深挚，生意盎然。他重视学习前人之长，转益多师。服膺八大、赵之谦、吴昌硕、齐白石；亦注重在现实生活中去观察、写生，其近期新作"池塘群蛙"，颇有闲敲棋子落灯花的闲情逸致，沉静淡泊、冲和缜密。

老当益壮显本色

如今，已过"花甲"之年的李胜年，本可舒舒服服地安享晚年，但他却整日忙碌，不肯荒度片刻闲暇。除了在家中教授学生外，他还兼任村里学校的美术顾问。

每天早晨准时起床，与老朋友们一起喝早茶，也时常与文朋画友一起出去旅游，体悟自然，师法自然。更多的时间依然是钻进他的"醉墨斋"，苦心孤诣地钻研书画技艺。

除了痴迷书画，李胜年还喜欢捣腾些土古董、旧疙瘩之类的玩意，在他眼里，很多不起眼的东西都成了宝贝。当然，他的收藏也常有惊人之作，其中就有一幅鲁迅先生的真迹，经过专家鉴定是鲁迅先生1935年在上海写的一幅书法作品，内容为《教授杂咏四首》中的前二首。作品笔法娴熟，别具一格。

与此同时，他还是个文痴，平日热心社会活动的他，每当夜里或雨天，灵感一来，便静静地坐在书斋里涂鸦。

在他的笔下，故乡的一草一木，一人一景，恬淡的烟景，往昔的岁月，都清泉般汩汩流淌着，那么清新，那么恬静，那么饱含深情，回味隽永。

村里面的人对这位老人的敬重自不待言，就连村里的小孩也对这位"老顽童"爷爷依恋万分，因为他是孩子们的"开心果"——平时如果孩子们受了委屈，哭得泪雨滂沱、鼻涕涟涟时，只要李胜年一看到，便会随手从兜里掏出纸和笔，三两下变法戏似地画出一只鸟儿或一朵花儿，逗得孩子们破涕为笑，缠着他也要画上几笔。

如果不是走进李胜年的内心世界，谁也不敢相信，那样一位其貌不扬、身单力薄的文弱儒生，竟然有如此的胸襟和满腔柔情。他同时具备了文人的风骨与农民的品性，面对生活的苦难和惊涛骇浪，仿佛山脊风口的劲松，毅力惊人，虽然长年饱经风霜，枝杆虬曲，却百折不挠，顽强地生长着，弥漫着醉人的翠绿与松香。

他不奢求功名利禄，不追求锦衣玉食，只想做一个热爱生活并且将这一份对生活的热爱传递给别人的普通人。他总是如此，风雅着，质朴着，本色的诗画，本色的为人。

追梦人

　　艺术在民间，艺术在心中。质朴的风雅正是对这位已过耳顺之年的老人最贴切的人生写照。

　　子曰："其为人也，发愤忘食，乐以忘忧，不知老之将至云尔。"两鬓霜染的老人依然在为艺术孜孜以求。

　　兴许，是对艺术的痴迷使李胜年忘却了人世间太多的纷争与繁杂，让他寻求到精神的支点和内心的宁静；更或许，只有历经磨砺才能吐露芳菲，才能真正地寻找到生命的原色。（李钊／图文）

绿色家园的守护者

——记厚街镇护林员李运来

在农村人不断涌入城市的今天，有一群护林人心系大山，日复一日地早出晚归，巡山防火。他们不畏生活艰辛，守卫林海，无怨无悔。李运来正是这群绿色家园守护者中的一员。

"树木是家园的庇护者和守望者。树木是大自然的灿烂表情和知心朋友。所以，我爱树——我爱挺拔伟岸的钻天杨，我爱虬曲如龙的千年古樟，我爱秀气坚韧的古槐，我爱婀娜苗条的椰树，我爱繁盛得像小岛一样的榕树，我爱扎根岩缝、立于万仞绝壁之上的黄山松……我觉得一棵树就像一个人，自有其灵气、气质和精神。"我曾经在一篇散文里这样写到树木，写到家园，写到家园里的守望者。

今天我要采写的这位普通劳动者，就是厚街镇在岗时间最长的护林员李运来。20余年来，他甘与大山为伴，惟愿绿树常青，在护林岗位上20年如一日，多次被厚街镇评为先进个人。

自愿护林，心系大山

1958年李运来出生在厚街镇新围村。他的家乡处于大岭山森林公园脚下，地方偏僻，生活艰苦，正是这种艰苦的生活环境磨练了李运来吃苦耐劳的个性。上世纪 90 年代初，厚街镇开始组建森林防护队伍，李运来被聘为镇里的一名护林员，因为他憨厚务实、极具责任感和吃苦耐劳的精神，最后镇里一致同意吸收李运来同志为护林员。

山峦浑厚，草木华滋，雄秀相和，奇幽并储，大岭山森林公园处处透着原生态之魅力。李运来所管护的是大岭山森林公园（新围范围）、龙潭水库那些山和荔枝树，现有森林面积 7000 多亩，地域宽阔，沿线长，又有很多风光景点、休闲农庄、山间道路贯穿其中，旅游休闲和过往车辆行人多，森林防火防盗难度较大。守护好大岭山森林公园林区森林防火工作，是李运来心里的第一大事。

李运来成为护林员后，镇里每月召开护林员会议，围绕着"要我护林，还是我要护林"的讨论，以及对大岭山森林公园林区山林生态地位重要性的明确认识，进一步地明确护林员"绿色使者"的神圣职责，他经常牺牲自己个人休息时间，穿行在山间，保一方森林平安。由于大岭山森林公园林区沿线长达几十公里，为此，李运来利用自己是本地人的便利，经常在各种场合进行森林安全教育，教育村民不得偷、盗树木，携火种进山，进山打猎，不得烧荔枝柴火积肥等野外用火行为，严防森林火灾发生。有次妻子生病住院，因为正值防火关键时期，李运来在医院只陪住了一夜即返回岗位。

大岭山森林公园的山路小道崎岖坎坷，但对于李运来来说却是驾轻就熟。20 多年来，他至少有一半时间是在这座山里度过的。大岭山森林公园的每一寸土地，几乎都留下了他的脚印，一天走 30 公里，20 年下来，就是 20 多万公里。

时光匆匆，20 年像风一样悄然飘逝，大岭山森林公园里，曾经的曲折山路变成了宽敞的水泥马路。李运来参加护林时正值青春壮年，现在已是年近花甲。山里那些羸弱瘦小的树苗，在李运来的眼皮底下，悄悄地茁壮成长为参天大树。

巡山防火，不留死角

大岭山森林公园林区，由于林区里风光景点、休闲农庄和荔枝林园较多，防火责任重。李运来责任心很强，不管防火责任如何重，他都能想方设法完成任务，确保森林安全。

大岭山森林公园入口处，悬挂着森林防火宣传横幅，路边设立防火宣传牌，岩石上书写防火标语……李运来到每个村进行面对面森林防火宣传，把防火责任落实到每一个细节上。他利用自己与村民熟悉的优势，制止野外用火无数次，并妥善处理了好几起棘手的野外用火事件。

每天早上出门，李运来总是带一把铁锹，这是他几十年的习惯。

日复一日，年复一年，他在绿色、幽静的大岭山森林公园里，以双脚为笔，以真情为纸，以汗水为灵感，以山川大地为主题，写下了一首首感情充沛的诗歌。

守望绿海，无怨无悔

生在大岭山脚下，又担负森林防护工作，李运来对这片山林有独特的感情，在别人看来这里是休闲、旅游的好地方，而在他的心中，这里却是他成长、工作的伙伴，是他最为熟悉的朋友。

李运来说，现在山上有了宽敞的水泥马路，他换上了摩托车，不再依靠双脚去丈量每一寸土地，工作轻松多了。

过去生活困难时，山里主要以种松树为主，周边村民偷伐树木是看管的老大难。现在倒了松树，全部改种荔枝，家家户户都种了几百棵，有的种了几千棵。现在森林防火是护林员头疼的问题。一是防火期长，自年头到年尾，丝毫马虎不得；二是面积大，人手少；三是进山通道多，森林旅游给防火带来了很大难度；四是林中过去历史遗留的坟墓多，当地有烧纸钱的习俗，容易引发火灾；五是秋冬季节，有些果农在山上烧荔枝柴，一旦疏忽，后果不堪设想。有一年，一位村民上坟烧纸引发火情，因护林员及时发现并采取妥当措施才未酿发森林火灾。还有一次，一处连绵几百亩的荔枝林被一个烟头点燃，幸亏扑救及时才未带来灾难。只有在下雨的时候，护林员才能放松一下。

"好日子还在后头"

张抗抗在《城市的标识》中写道："拥挤熙攘，高楼林立的城市中，惟有属于那个城市的树，如高扬的旗帜和火炬，从迷途的暗处闪现出来，为我们引领通往故乡的交叉小径。"也许有一天，树将成为城市的灵魂，用汁液和绿荫滋润着城市中芸芸众生干涸的心灵。这将是钢筋水泥之外的另一种宏伟的建筑和心灵的图景。

李运来就是绿色的使者，诗意家园的守望者！尽管工作艰难，但是李运来始终相信，好日子还在后头——

他说，"森林公园那边停车场的地方，原来是我们的田地、耕地。以前全村5百多人都是靠这几百亩田地。现在变化很大，很美，很多人来这里游玩。"

是的，我们的家园变得越来越靓丽了。南国明珠厚街镇，在充分发挥大岭山森林公园其社会性、生态性特点的同时，最大限度地发掘其经济效益，大力调整产业结构，充分发挥公园的森林土地资源优势，加快发展旅游休闲和绿色产业，争取各种林业政策，吸引社会资金投入，对林木资源"严防死守"，保护和美化并驾齐驱，力促原始风貌和人工养护的有机统一，让宝贵的森林资源在大岭山生生不息，实现公园经济发展、生态良好、生活富裕的战略目标。

我们要感谢像李运来一样勤勉、尽责的护林员们——正因为有了你们的看护，我们的生活和环境才有了更多的宁静和美好。（祝成明／图文）

在角色转换中追赶梦想

——记厚街美林家私董事长林国扬

他曾两度为国家领导人下榻的宾馆做家具。在家具行业做得风生水起，接着又玩起了美食，与大家分享潮州菜。他这一生，始终伴随自己的兴趣，努力做自己喜欢的事情。他就是美林家私董事长——林国杨。

他是一位传奇人物，年轻时是下放知青，当过香港无线电视台记者、乐团职业歌手，做过国际贸易，热爱收藏，喜欢书法，游遍欧洲各国，历经风雨，最后在东莞厚街扎根。他从一个家具门外汉到为国家领导人下榻宾馆做家具，现在又"玩"起了美食，将潮州菜发扬光大。他就是美林家私董事长林国扬。

从职业歌手到记者再到家具老板

"东方家具之都"厚街有众多家具企业，产品远销欧美。美林家具就是其中的佼佼者。在厚街兴业家具广场二楼的美林家具卖场，林国扬热情接受了笔者采访。

追梦人

　　年轻时在香港乐团做职业歌手的他，怎么也没有想到日后自己会做家具。1977 年，林国扬和朋友组建乐团，成为香港乐团职业歌手。乐团演出编制分拉弦、弹拨、吹管及敲击四个乐器组别，其中包括传统和新改革的多种乐器。林国扬在其中游刃有余。对于兴趣广泛的他来说，艺术更能表达他内心的激情。但是，年轻的林国扬内心仍不安份，他对新的领域充满向往。

　　1980 年，林国扬相继在香港《晶报》、《明报》以及无线电视台做记者。这为他积累了不少人脉。1984 年，经常采访的林国扬发现不少商机，于是辞去记者工作开始做国际贸易，很快挣了第一桶金。但林国扬想要创造一片属于自己的天地，他告诉自己必须做实业。

　　他去欧洲旅行，流连于文艺复兴世界之中；他来往于港台之间，与朋友一同寻找自己的人生；他频繁出入于广州春交会、秋交会，每年两场，连续 11 年。回顾这段岁月，有不少愉快的时光。直到改革开放的春风吹遍大江南北，林国扬和几个台湾朋友才决定办家具厂。

　　"早年和港台的朋友往来广东，认识一个做音箱的朋友，当时要采购木材，我也跟着去。"凡事爱琢磨的林国扬发现选购木材也有这么大的学问，这为他日后办家具厂埋下了伏笔。

　　从东北到海南，林国扬考察了很多地方，最初打算在牡丹江办厂，但最终选择了厚街。"厚街这边交通方便，离香港近，信息也发达。原材料、机器采购都很方便。"1994 年，林国扬看准了厚街家具产业的发展潜力，在宝塘创办了第一家工厂，开始了他在厚街 19 年的历程。

　　"当时是和两位台湾朋友一起办厂，前期工作刚完成，两位合伙人回台湾去了，我这个外行只有硬着头皮办下去。"克服重重困难，林国扬建起了家具厂，把产品定位为高档古典风格。这源于他的欧洲旅行以及对中国古典文化深厚的情缘。不过，刚开始生意并不顺利。"开始几年都亏本，亏了好几百万，日子过得非常苦。但是，我还是坚持下来。到 1997 年，生意开始变好，一是行业景气了，二是工人技术成熟了，三是客户资源慢慢积累起来了。"

　　林国扬不仅做老板，还做设计师，碰到技术难关，亲自跑到意大利请教师傅。对产品质量拿出当年采购木材的钻研劲，经过几年的努力，推出中国风格的欧式家具,深受消费者欢迎。美林家具也开始名声远播,不少人找上门来要求做美林的经销商。林国扬的理念是,要质不要量。不能因为有人找上门来要货,就以次充好,因为质量才是企业生存的基石。

为国家领导人下榻宾馆做家具

"产品品质才是最有效的营销手段"。在第24届东莞名家具展期间,林国扬接受媒体专访时脱口而出。2010年可以说是家具行业黄金十年的节点,也正因为如此,不少品牌展开了"红海"的撕杀,疯狂地打广告。面对媒体提问,林国扬表示了担忧。他说,对于企业而言,最有效的宣传手法不是疯狂地打广告,也不是搞促销,而是把握好产品的品质,用产品说话。

林国扬对美林家有着这样的底气,是因为他做了两件比接五星级酒店工程还牛的事——为两代国家领导人做家具。

2003年春天,时任中共中央总书记的江泽民,将来广东出席九运会开幕式,省委接待办正在为江主席将下榻的珠岛宾馆一号楼挑选家具。省家具协会的领导考察了珠三角几十家企业,林国扬的美林家具进入候选名单,省政府领导亲自把关后,最终确定了美林家具。定下家具款式后,林国扬面临的第一道难关就是工期太紧。"才45天,怎能不急?"

珠岛宾馆曾接待过国家一、二、三代领导人及多国元首、总统,有"广东钓鱼台"的美誉。一号楼是毛主席当年住过的地方,一些毛主席用过的家具需要翻新重做。例如脸盆架,已经腐朽,需要重新制作。当林国扬从广州把这些可以当作文物的家具带回厂里量尺寸时,他小心翼翼。一大清早就把师傅叫过来放模子,马上开工。经过45天奋斗,林国扬终于将家具做好,得到了省领导的肯定。

2007年,省政府有关负责人又找到他。原来,时任中共中央总书记胡锦涛来广东视察,省委接待办邀请林国扬为胡书记下榻的珠岛宾馆制作全套家具。

两度受邀为国家领导人生产家具,林国扬已成为公认的行业精英,美林家具也成为行业的佼佼者。他并没有用这些大做宣传,但消息不胫而走,一时模仿跟风者无数。林国扬觉得很无奈,不过,产品还是靠质量,质量不是模仿出来的，因为从设计到采购原材料，再到加工出货，都凝聚了林国扬的心血。"就像同样的菜，厨师不同味道就差很远"。林国扬说。

热爱生活开办美林食府

谈起电子商务，年近古稀的林国扬眼里闪烁着光亮，他对新的领域充满了好奇。"产品的定位，掌舵人的智慧是企业的核心竞争力。"林国扬如是说。在他看来，马云的创新、务实也正是自己的坐标，而把产品做精、做细，把美林家具做成具有中国特色的自主品牌才是他的人生目标。

"像马云，不管是做人还是做事，总是走在前面。讲话很实用，对空洞的理论不感兴趣。"林国扬说。"我在公司开会，一般不用太长时间，开会就是解决问题，不讲大道理。一个问题解决了，下一个问题。你问我问题也一样，不能同样的问题问几次，或是一次问几个问题。"马云也说过类似的话："我大愚若智，其实很笨，脑子这么小，只能一个一个想问题，你连提3个问题，我就消化不了。"

在公司，员工都以"我在美林"而自豪。林国扬说："我喜欢人性化管理。中国是人情社会，情感很重要。收入好，心情好，跟着老板有奔头。"为员工谋福利，解决员工困难，这是企业管理的要素之一。但是，解决员工家庭困难，这样的老板并不多。10年前，公司有位员工老婆生病了，开刀没钱，林国扬当即给了5万。那时的五万不是小数目，这位员工感动不已，跟着林国扬干到现在。

谈到自己的家庭，林国扬说："顾此失彼。"显然他对自己没有太多时间陪伴家人有些愧疚。对于孩子的将来，林国扬说："小孩也不喜欢这行，我也没有打算让孩子来接班。家具从设计到生产都是细活，做这行不在车间三五年是不行的。"林国扬又谈起了产品设计、工艺制造等细节，此时他显得不像一个老板，倒像一位技术师傅，把笔者当成了他的徒弟。

采访时林国扬接到一个客户的电话，他询问对方工艺技术、机器设备、环保证书等是否具备，"要把好质量关，我会亲自去看的。"

家具业做得顺风顺水，林国扬又"玩"起了美食。2009 年，他在厚街镇开了一家独具特色的美林食府。"做美食不是为了挣钱，只是个爱好。年轻时在香港无线电视台介绍美食，我特别喜欢潮州菜，好的东西总要拿出来给大家分享，这是一种乐趣。潮州菜也是中国一大菜系，需要发扬光大，让更多人品尝。另外公司有很多老员工，让他们去管，也是一个好的归宿。做些私房菜，方便会会朋友，积累一些人脉，有些生意就在那里谈成的。"（池沫树／图文）

不待扬鞭自奋蹄

——记中级盲人按摩师林志标

"天行健，君子以自强不息。"只要有一颗不放弃、不服输的心，在黑暗中也能活出精彩。他是林志标，因先天视力障碍不能求学，但条条大路通罗马，他在省级残运会田径项上创造了佳绩，又在盲人按摩上开拓了自己的事业。

2002 年，他在广东省第三届残运会上夺得 200 米、400 米、800 米 3 枚金牌。退役后，先后辗转广州、深圳、佛山、东莞等地从事盲人按摩工作，以顽强的信念与惊人的毅力克服了常人难以想象的困难与挫折，不懈努力，书写了不一样的精彩。他就是林志标，一个年轻的 80 后。

赛道上，见证飞一般的精彩

林志标于 1986 年生于一个贫苦农民家庭。作为长子的他，从小就十分懂事，总是尽自己最大的努力，帮父母分担一些家务活，并照顾弟弟、妹妹。由于属于先天性视弱，到了适学年龄，眼看同龄的孩子都入学了，他却不能上学。父母看在眼里，急在心里，求学愿望强烈的他，坚决要求上学读书，于是他和弟弟，一起进入了学校。他虽然看不见，但是每次上课都十分认真，遇到听不懂的问题，总是默默记在心里，下了课或放学后请教老师。小学毕业后，由于家庭经济拮据，懂事的他毅然放弃了学业，他跟父母说要出来赚钱，供弟弟妹妹读书。

上天是公平的，当一扇窗关闭，总有另外一扇窗为他打开。2002年，东莞市选拔残疾人运动员备战第三届省残运会，他毅然报名参加了。报名时，体校老师看他个子并不高，但回答问题声音宏亮，精神抖擞，就让他进了市残疾人运动队，成为一名田径运动员。

田径训练离不开高强度的系统训练，既需要体力，更需要耐心，而对于一位盲人选手来说，还面临如何突破自我心理障碍的考验。开始训练时，他总是摔跤、跌倒，跑一圈有时要摔几跤，这样几天训练下来，心中存在的那份热情开始慢慢减弱。眼看比赛日子临近，而训练成绩却始终不理想。一次教练找到他，语重心长地对他说："志标，我们可是代表市残联去参加省残运会啊，出不了成绩，没法向全市人民交待啊。"听了教练的话，他深感自己肩上的重担，又重新燃起了信心，别人训练8小时，他往往还要多加2小时，一圈又一圈，跌倒了再爬起来。他开始了200米、400米、800米更为刻苦的训练。他逐渐克服了怕摔的心理障碍，训练成绩有了较大幅度的提升，也逐渐摸索出了一些行之有效的训练方法。在长达半年的训练中，他不知流了多少汗，有时累得实在不行了，就稍微休息下，喝口水调整一下。

就这样，他最终站在了第三届省残运会田径赛场上。在比赛中他奋勇当先，一举夺得了200米、400米、800米3枚金牌，当脖子上挂着3枚金灿灿的奖牌时，他感到了无比的光荣与自豪，所有的苦与累，在那一刻都成为了过眼云烟。回到东莞后，选手们受到了市领导的接见，他作为获奖代表发表了获奖感言，家乡的父老乡亲都夸赞他"林志标，好样的"。

学习盲人按摩技术

走下领奖台，一切从零开始。林志标心里清楚，运动员是吃青春饭的，自己必须掌握一门过硬的技术，这样才能确保自己衣食无忧。通过与当地政府部门沟通，他开始学习盲人按摩，从此走上一条艰辛而漫长的学艺路。

按摩是一门技术活，刚开始在广州跟着师傅学，着实是吃了不少的苦。那时盲人按摩十分兴盛，师傅一般都带好几个徒弟，所以师傅在教学中并不那么尽心尽力，还有的忍受不了师傅的严厉放弃转行了，可林志标没有。不论师傅怎样严厉，他总是虚心、谦和地面对。正是凭着这股韧劲，他一点点地掌握了盲人按摩技术，而师傅也为他的真诚所打动，毫无保留地把技术传授给了他。他暗下决心，一定要好好地回报社会，服务社会。

漂泊路上，坚守不屈的信念

掌握一门技术，等于有了自立的资本。经朋友介绍，他来到了佛山、深圳、广州等地，开始从事盲人按摩。打工过程中，他受到过苛刻老板的欺凌，也遭到过同行的排挤，更有顾客的无理刁难。有一次，有位顾客喝了酒来按摩。由于林志标手法重了点，这位客人向店主投诉了林志标，尽管他知道自己并非有意为之，但也只好选择忍受。这样的事他碰到过很多次。

2007年，在外漂泊了近5年的林志标回到家乡东莞，继续按摩工作。5年的磨砺，使他懂得了社会的复杂多样，深刻体会到生活的艰辛与不易。与5年前相比，此时的林志标更加成熟，更加自信了。

脚踏实地，坚信未来不是梦

通过5年的艰辛探索，林志标的按摩技术达到了相当高的程度，不管是手法还是基本的医理知识，他都十分到位。可他仍不满足。后来，通过残联等部门的帮助，他报名参加了市劳动局等相关单位组织的盲人按摩技师职业资格考试。对于盲人按摩技师来说，获得国家认可的职业资格证书，不仅仅是对自己技术的一种认可，同时也能给自己的工作带来很多便利。通过认真系统的学习，他以优异成绩通过了高级按摩技师考评，顺利拿到了高级按摩师资格证书。

如今，林志标带有七八个徒弟，也积累了一大批忠实而稳定客户，有的还是在莞工作的外国顾客。与老外接触多了，他还学会了一些简单的日常交际英语。有次，一位老客户来店里按摩，因为事先没有预约，刚好那天轮到林志标休息，店主打电话让他回来。这位客户得知他外出后，问清他的地点，硬是开车将他载了回来。

现在，每天工作结束后，他都要通过电脑给自己充充电。他始终信奉：学习改变人生，学习提高人生。尽管他上网也聊天，看小说，但更多地是学习专业知识，还有时政新闻以及时尚、科技动态。他希望通过学习，使自己离这个社会、这个时代近些，再近些，感知社会的发展与变化，不至于落伍。

他希望自己以后开一个按摩店，将自己的技术传授给更多的盲人群体。他说如果有机会的话，他还会再次转型，尝试按摩以外的工作，为社会做出更大的贡献，从而实现自我人生价值。（周齐林／图文）

寻求人生的一次次突围

——记晗之阳服饰辅料有限公司董事长刘占胜

> 他从一个货车司机转行做鞋材贸易，突如其来的"9·11"事件，使得他的事业一蹶不振。他转行做内衣行业，开创了属于自己的一片新天地，联合其它公司创建了自己的品牌"安慕芬"。他就是永不言败的刘占胜。

已是不惑之年的刘占胜，经历过一次次人生的突围，每一次突围对他来说都是艰难的面对，也是机会的开端……

从货车司机到鞋材老板

一切要从 2000 年说起。

2000 年初，刘占胜初来广东，那时候的他接近"而立"之年，但还只是个货车司机，每天在深圳盐田港开大货车，忙个不停，看不到未来。

命运的安排恰如时钟一般，到达一个钟点，便会指向不同的方向。不多久，他的一个来自东莞厚街的朋友找上他，希望刘占胜能和他一起做些生意。机遇就这样降临在刘占胜的面前。

刘占胜拿着自己攒下的几千块钱到了东莞，租下一室一厅的房子，成立东莞市晗之阳服饰辅料有限公司，做起了鞋材贸易。

对于刘占胜来说，这一切都是新的。为了熟悉业务，刘占胜经常跑到新华书店浏览相关书籍，不懂就慢慢学。他还不停地去翻阅黄页，查看客户信息。一个个地筛选，一个个地联系，不怕被拒绝，尽可能地联系每一个潜在的客户。打了无数个电话后，刘占胜终于迎来了他的第一个客户。这给了他很大的信心。他马不停蹄地赶到了客户那里，终于谈成了第一笔订单。这笔订单虽然只有区区几万元，但对于刚刚创业的刘占胜来说，是一笔不小的数目，同时也意味着，他开张了！

刘占胜遇到困难总是选择积极应对，快速解决。有次为了争取订单，刘占胜几乎跑遍了厚街大大小小的家具厂，就是为找到一种PVC条适合做家具的封边。刘占胜回忆说："当时找得好苦，一家家地问，中午人家下班，我们只好随便在路边买点东西吃，吃完就躺在海月公园，看着表，等别人下午上班。"就这样，付出终有回报，公司慢慢运转起来，生意越做越好。

但好景不长，美国"9·11事件"给刘占胜的鞋材生意画上了一个休止符。

从鞋材到内衣行业的突围

就在绝望的时刻，一个好消息传来。他太太的一个朋友在台湾工厂上班，做女性内衣带子，用的就是用德国巴斯夫材料做成的TPU带子，而这些材料，刘占胜也能生产。刘占胜决定，从鞋材行业转战内衣行业。

在刘占胜的努力下，公司运转不错。同时，他也接到了一笔过百万的大单，他临时招人，同时赶紧购买机器，工厂一下子激增到80人。初尝甜头的刘占胜很兴奋，准备在这一行业大展拳脚。

工厂跑业务、拿材料主要靠刘占胜。由于超负荷劳动，他的体重从140斤降到了110斤。在多年打拼下，他的事业蒸蒸日上，得到了跨越式发展。他的公司规模一扩再扩，从以前的小作坊迁至南五驰生工业区，厂房面积达到1万多平方米，同时在南海开设了模具厂。

2009年金融危机给刘占胜的公司带来很大影响，订单急剧滑落，以前能接到几百万的大订单，现在最大的订单也超不过一百万。如果再这么继续下去的话，刘占胜将面临着工厂裁员，规模缩减的危险。

已经将公司从小作坊做到了大工厂，刘占胜不甘心缩减规模。但若不缩减规模，就必须有新的产品。经过不断思考，刘占胜得出的答案是创立自己的品牌，转战内销。

自主品牌已成为加工贸易企业转战内销能否成功的一个重要分水岭。部分资金实力比较雄厚的企业一掷万金，打造自有品牌。然而，加工贸易企业规模普遍不大，转战国内市场基本上是摸着石头过河，独立打造新品牌的风险不言而喻。但另一方面，企业如果没有品牌又极难撬动内销市场，更不可能增加产品的利润值。这一切，刘占胜都很清楚。

刘占胜想起以前跟梦芭莎做贴牌的经历。梦芭莎并没有自己的工厂，全部产品都是在外面请人做代工，然后贴牌自己销售。他认识的几家服装企业也各有自己的风格，是不是也可以组合起来一起做一个品牌呢？这个新的想法就是"企业联盟"——把一些有关联的企业联合在一起，共同打造品牌，这样可以省去共同巨额投入，大大降低风险。

企业联盟，打造品牌

2011年6月，刘占胜联合4家公司共同创业，建立自己的品牌。这4家公司分别是无缝内衣的深圳企业、做内裤的中山企业、做美体内衣的佛山企业以及一家东莞的电子商务公司。大家各自拿出一部分资金，共同组建了广东莱多实业有限公司。

为什么要选择这样几家公司呢？因为一个工厂不可能生产出这么多系列产品。如果是几家企业组合起来，各自发挥优势，拿出符合品牌定位的产品来，更加有利于这个品牌的发展。比如，客户需要美体的，但我却需要另外采购，这样不但价格高，而且还需要拿现金去供应商那里提货。而如果我的合作工厂可以生产，那么可以长期供货，价钱也便宜，而且付款通常是月结，企业压力会小很多。同时，有电商公司进入，还能在网上推出我们的品牌。

"互联网时代，我们不能只在线下，而忽略网络这一重大平台。像天猫商城、京东商城等都可以借用来打造自己的品牌。"刘占胜说。

在和合作伙伴们一起商讨后，他们创立了一个全新的品牌——安慕芬。这是"安莉芳"、"爱慕"、"黛安芬"等耳熟能详的内衣品牌的结合体。当你看到"安慕芬"的时候，你也许会想起它是一个内衣品牌。

"安慕芬"一上市就给消费者一个内衣品牌的潜在形象，这个名称是刘占胜等人根据行业属性，组合业内数个一线品牌的名称而来。

这一次，刘占胜又成功了！

"安慕芬" 2012 年 3 月面市，首先选择在天猫亮相。刘占胜说，目前，"安慕芬"主要走电子商务渠道，这个渠道比自己做贴牌加工时的利润高出 30% 以上。而且，由于操作模式并不复杂，现在还没有遇到太大的品牌管理问题。

刘占胜新成立的莱多实业主要致力于打造新品牌，同时，原有的晗之阳服饰的加工贸易业务也还在照常运转。加工贸易企业和品牌企业独立运作又互为补充和支撑，开始"双轨"运行，这一局面是刘占胜当初没有想到的。

刘占胜打算今后竭尽全力打造属于自己的品牌，他的探索模式也会成为更多企业的选择。

刘占胜，你真行！（李云龙／文）

搞活社区文化的热心人

——记白濠娱乐社副社长卢成枝

他是第一个响应成立厚街白濠社区
娱乐社的骨干。他无私奉献，号召社员
们齐心协力，克服困难，将娱乐社办得
有声有色。他爱社如家，带领成员们斩
获奖项无数，他就是白濠娱乐社副社长
卢成枝。

卢成枝是上世纪 60 年代文艺宣传队的骨干分子，一名多才多艺的热
血青年；他还曾经是家具行业的风云人物，在厚街白濠竖起了"合时家
私店"的招牌，并壮大发展为"业成"家具公司。如今他 5 个子女均已
成家立业，自己却闲不下来，带头把白濠社区文化搞得有声有色，名声
远扬，被镇内其他社区，甚至长安、东城、虎门等镇区邀请演出，成为
推动社区文化蓬勃发展的一个典范。

重拾爱好，成立社区娱乐社

社区文化是通行于一个社区范围之内的特定的文化现象。它包括社

区内的人们的信仰、价值观、行为规范、历史传统、风俗习惯、生活方式、地方语言和特定象征等。社区文化的成立和开展，并非想象得那么简单、随意。谈起当年成立白濠社区娱乐社面临的困难，卢成枝紧蹙了一下眉毛，又轻轻摆了一下头，绽开那种招牌式的笑容，仿佛从问题的出现到解决不过就是眉头的一舒一展之间。是的，成立之初，没有人员、设备，甚至连排练、演出的场地都没有。那是 2009 年，从 3 月份开始筹备，整整 4 个多月，经过不断动员、组织，终于在 7 月正式成立了娱乐社。资金由所有成员自己掏腰包解决。因为自己做生意积累了一些家底，卢成枝第一次就赞助了 3 万元用于购买设施、设备、办公硬件等，其他成员也纷纷量力捐助。

好不容易把娱乐社搭起来了，可是没有专业指导老师。村委会也明白娱乐社的作用，可毕竟在社区开展，难度很大，当时抱着观望态度。不过村委领导同时也发话，只要这个娱乐社开展得好，一定会申请资金用于发展娱乐社，并且把白濠广场一侧的舞台腾给他们。于是，卢成枝等人在村委领导的激励和号召下，卯足了一股劲，准备大干一番。

反映白濠村改革开放前后变化的第一个节目《歌颂白濠村》一炮打响，在社区反响热烈。卢成枝他们排练更起劲了，队伍也不断壮大，村委也给了 4 万多元购买音响设备和乐器，并提供舞台旁的一个房间作为娱乐社办公室，还特地辟出一间练唱室供他们练习。为了不影响居民休息，练唱室还安装了隔音玻璃。

自编、自导、自演

自从娱乐社成立后，卢成枝把所有心思都扑了上去。节目的类型包括舞蹈、小品、粤曲、相声等。为了使节目既有教育意义，又有娱乐性，卢成枝主动担当起了"编剧"。他到处搜集现实生活中的典型事例，然后进行加工、改编。他先口头转述给村委的一名文员记录下来。为了照顾到本地老人，他还弄成粤语版。

谈起节目的编排，卢成枝娓娓道来。如有个小品节目叫《时髦阿婆》，讲述的是这样一个故事：有一天，一位穿着打扮比较时尚的阿婆走在大街上，不料遭到了劫匪抢劫，背包被抢走了。当时，旁边有间时装店叫"阿强时装店"，店主夫妇亲眼目睹了阿婆被抢的经过。阿婆向他们求救，但他们并不理会，俨然一副"各人自扫门前雪，休管他人瓦上霜"的嘴脸。令劫匪大跌眼镜的是，劫匪打开抢来的背包一看，只有一些简单的物品，并不值钱，于是掉头回来打劫阿强时装店。这个故事不但具有观赏性，而且具有非常现实的教育意义，可谓一针见血地指出了人心冷漠的社会问题。

如果说《时髦阿婆》的演出让人拍手称赞，那么后来的《赌棍》不但让卢成枝这位"主演"获得专业演员的认可，还造成了很大的轰动效应，被公安部门当作警钟，唤醒那些执迷不悟的赌徒。它讲述某人积蓄了一些钱财，但是深陷赌博泥淖无法自拔，最后倾家荡产、妻离子散。这个故事取材于实际案例，同时也基于娱乐社成立之初，一些村民在无聊之时喜欢三五成群打麻将，形成了一股不健康的风气。自从《赌棍》成功演出后，以前喜欢打麻将的人几乎都戒掉了，没事就到娱乐社看排练听唱曲。

为了迎接今年的国庆节，卢成枝排练了《抗英英雄》这一节目。因主张严禁鸦片、抵抗西方侵略，坚决维护中国主权和民族利益而深受敬仰的林则徐可谓家喻户晓，也让东莞虎门扬名世界。情节以虎门口耳相传的林则徐家事为版本，通过刻画林则徐兄弟不畏外国列强的威胁和恐吓，争先恐后投入抗英的行列，还原了林则徐生动的民族英雄形象。这样，民族英雄的形象不再是孤立的。片面的，而是从多角度去展现。

紧扣时代脉搏，创作更具时代性、观赏性、教育性的作品，是白濠娱乐社一以贯之的做法。正是因为这种眼光和可贵的坚持，才使得娱乐社赢得了越来越多的市民赞誉。甚至在排练节目的时候，都会被市民围观。为了不被打扰，卢成枝想出一个办法，在舞台前安装一米多高的自动滑门，观众可以在台下看，又不影响到台上的排练，一举两得。

完善制度，促进发展

随着娱乐社的不断发展，规章制度也建立起来，明确了职位和人员分工。现在娱乐社共设立了 7 个管理层，分别有社长、副社长、会计、出纳等等。娱乐社每个月都会在《财务收支表》上公开收支情况，让每一个成员都清楚资金的来源和流向，增加了收支的透明性。娱乐社还设立会员制，采取自愿参加和个别挑选相结合的方法招收会员，每名参加者须缴纳会员费，所收费用有专人管理，建账公布，主要用于聘请师傅教授社员唱粤剧、跳舞及日常运作。娱乐社每年年底还会召开总结会议，对一年来娱乐社所做的工作、演出、成绩总结回顾，并布置来年工作。

白濠社区娱乐社的演出得到了村委会、文化站的高度认可，也被电视台、报纸等新闻媒体争相报道。附近社区请他们去交流演出，连长安、东城、虎门等地的社区也都邀请他们前去表演。

卢成枝带领娱乐社自编、自演的节目获得不少奖。2010 年编排的小品《你妈我妈都是咱妈》参加"爱我厚街"厚街镇群众文艺作品征集活动，荣获一等奖，2011 年参加厚街社区舞蹈比赛荣获一等奖，2011 年参加东莞市第五届老年人文化艺术节获得优秀奖……这些成绩的取得，离不开娱乐社全体成员的共同努力，也离不开卢成枝台前、幕后的指挥、协调。谈起这些成绩，卢成枝一脸的自豪和激动。

娱乐社不但丰富了市民的业余生活，还锻炼了身体。有几个患风湿病的老人，每到梅雨季节、冬季来临，都会被病痛折磨。自从参加舞蹈排练后，只有短短的几个月，病痛就减轻了许多。现在越来越多的市民前来参与，尤其是娱乐社的广场舞项目，只要不刮风下雨，总有许多男女老少积极参与。

团结一致，爱社如家

如果说无私奉献是卢成枝高尚的品质，那么，务实勤劳、追求完美就是他的个性。

走进娱乐社的设备室，道具很齐全，有些是自己动手制作的。广州举办亚运会时，他们排练了一个庆贺节目，可是从市场买来的火炬只有拳头那么大，无法让台下观众看清，卢成枝灵机一动，将水糕桶和硬纸板组合而成一把气派、漂亮的大火炬，火炬头安装一盏小灯，用红纸一罩，按下开关，风一吹，像突溜溜的火苗一样栩栩如生。还有举重用的杠铃，放大的羽毛球拍等等，每一件道具都凝聚了卢成枝的心血和智慧。其实，他的创新意识和动手能力创业时就显示出来了。上世纪 70 年代，卢成枝在深圳专门给人做木工，当时看到很多人从香港捡来破旧、丢弃的家具当作宝贝一样摆放在家里。他灵光一闪，不如学习人家的技术自己制作家具。1981 年初，凭着 480 元的启动资金，他创办了家具厂，尝到了家具行业的"头啖汤"。随着生意越做越大，他从国外买来先进的机器设备，请人前来调试，投入生产，并成立了"业成家具有限公司"，总部设在香港，生意做到了日本、新加坡、马来西亚、澳大利亚等国家。因为生意做得好，他的事迹还被《经济时报》、《南方日报》、《东莞日报》等多家媒体报道，村委会还专门给他做了一本创业故事的书籍。

卢成枝组建白濠村娱乐社的目的，是想通过文艺表演增强社区的文化氛围，提倡健康的生活方式，既娱乐自己又健康村民。他还准备从附近的工厂、学校、企业单位吸纳一部分年轻人、新莞人，把社区文化提升一个台阶。（陈亚伟／图文）

得失苦乐皆随缘

——记广东省书法家协会会员鲁家武

纷繁尘域中，真正的宝藏蕴藉在生活的最深处。他一生钟爱书法，率真而随性地以书法为人生坐标的中心，凭着一股荆楚汉子的大气、正气和豪气，不断迈向新的高度，他就是广东省书法家协会会员鲁家武。

走进厚街医院鲁家武的办公室，一股墨香迎面扑来，墙壁上挂着一幅《鲁家武书法作品选辑》，那典雅秀丽、擒纵有度、刚柔相济的字体之间，力透纸背。

40多岁的鲁家武，已经写了30多年的书法。对鲁家武来说，人生就像横撇竖捺几个笔画，不同组合不同体验，他很享受这些生命符码带给他的快感。

在他的眼中，翰墨喷洒出的每一个文字都是充满生命的，它们从书者心里生发，抻纸濡墨，搦管挥毫，尽情舞动着天地万物的灵性与力量。

从小就是书法迷

鲁家武的青少年时代是在素有"七省孔道"之称的湖北省公安县度过的，家乡芬芳甜润的气息和温馨苦寒的烙印，始终盘桓于他的记忆之中。也正是这些记忆，成为他学习书法的契机。

鲁家武生在一户普通农家，犁耧锄耙的家中全无半点墨香。虽然只有小学文凭，但幼时的笔墨情缘，让他数十年如一日，至今仍孜孜以求地研习书法。用他自己的话说，就是"书法人生，其实就是书写人生——每个人写字的风格、体式，都是其性格、行事风格、人生态度的最好表证。"

他7岁失怙，本来清贫的家境雪上加霜。但他的母亲依然含辛茹苦供他上学。"小时候最喜欢跟着到处走走看看，不为贪玩，只是为了能看看街上那些门市牌匾上的字。"看到喜欢的牌匾，鲁家武能仰着脸在人家门市前发呆半天。上学后，最喜欢的就是写字，不管是铅笔、毛笔、粉笔，无论是在纸上、黑板上写字，他都喜欢。甚至吃饭时，都会蹲在地上，一手端碗一手在地上划拉。

从小学三年级开始，学校就开设了写字课，学写毛笔字。"我小时候很调皮，写字让我变得认真、耐心。我可以用泥巴拼画，用粉笔在各种柜子、门板上画小动物和花草。"鲁家武除了写得一手好字，还能让黑板报花样不断翻新，画些插图、人物剪影，装饰一些小花小草等，教师经常夸赞，同学们更是羡慕不已，都带着敬佩的眼光看他。

回想当年，鲁家武说："那时我就开始对字着迷，感觉字不是呆呆地印在纸上的，它们会动、会说话，好看的字我每次都会看很久。我不但爱看字，更爱写字。"功课之余，同学们把正反两面都用过的本子专门给他搜集来供他临字、描字，他也知道这些纸片来之不易，从不浪费。先写大字，字里行间再填小字，直到写不下为止。

小学毕业后，升上中学的鲁家武只读了3个月便辍学回家务农。繁忙的农活没有浇灭他对书法的一腔热情，他只有一个信念：一定要做生活的强者，一定要用"写字"来改变命运。他边劳动边学习，不管逮到什么书都要仔细阅读。农闲扫地时，他把大扫帚当笔，凌空挥舞；农忙休息时，他则以麻束笔、清水代墨，就在晒谷场上写字，一遍一遍从不厌倦。晒场上的苦功，成就了鲁家武日后力透纸背、入木三分的遒劲笔力。

恩师难忘，书法路上续新篇

引领鲁家武登上书法殿堂的是书法家欧阳前钿先生。"我的老师是个'书痴'，他的全部生命都溶入翰墨之中。真的要感谢老师给我打开了一个世界。"

18岁那年，鲁家武家后院的一园树木准备卖掉，来买树的老张听说他会写字，请他马上写一幅。鲁家武思忖一会儿，登上"烧火"坐的木凳，趴在锅台上写上"行到水穷处，坐看云起时"。老张大加赞赏，向他推荐了欧阳前钿先生。

然而，他的这个拜师学艺的决定遭到了家人激烈反对。家徒四壁、条件拮据，鲁家武练习书法本就遭到亲戚邻里的耻笑，母亲觉得学点什么手艺不好呢，非要学写毛笔字。一直对家里提供帮助的舅舅也不支持他这个想法。但是鲁家武很执拗，甚至准备"绝食"，最后母亲只好同意。

1989年腊月29日，鲁家武好不容易凑了点小礼物去拜师。欧阳老师并不在家，他等了一天也不见回，便住在舅舅家，大年三十天刚蒙蒙亮，鲁家武又去他家等，老师终于回来了。他被这位少年的诚心所感动，决定收他为徒。

欧阳老师开了家工艺美术馆，家境也并不宽裕。鲁家武没有交学费，只是偶尔带些柴米油盐过去供生活所需。获得学习机会的鲁家武非常刻苦用功，一边帮老师在工艺美术馆干活，一边学习书法。

经过系统的专业学习，鲁家武的毛笔字渐渐写得像模像样。虽然老师对鲁家武十分严格，但生活上很关照。他们师徒感情很深，像亲人一样，欧阳老师过世后，他一回老家就去看师母，每年都寄钱给她。

跟随欧阳老师潜心研习书法一年多后，他感觉自己应该出去闯一闯、长长见识，便别师到了荆州。鲁家武在一家广告公司谋得一份做设计的差事。虽说是搞设计，但什么活都得靠手工来完成，因为当时还没有电脑。那时的广告业刚刚起步，所谓广告公司等同于手工作坊。比如做招牌，必须手写美术字、毛笔字，还要手工放大。

"我就是因为字写得漂亮被广告公司相中的。"鲁家武说："最早制作广告牌时，上百平方米的广告牌全靠人工手绘，耗时一周左右。"因此，手绘广告牌从内容到表现形式与现在的喷绘广告牌相比难度要大得多。"当时都是搭起架子找个民工在下面帮忙扶着，仰着头连续写画好多天，很累人。"正是这些工作的历练，让他的书法日趋精进。

苦尽甘来，终显身手

在荆州干了一年多广告设计后，1993年中秋，鲁家武揣着借来的200元钱只身来到东莞，在厚街找到一份临时工。回忆起当初的打工岁月，心情十分沉重。他说那几年确实吃了不少苦。原本打算继续深造书法，但为了生活不得不四处找工。那时的工资只有七八百块钱，只能勉强维持生活。两年后，有人告诉他在电视上看到厚街医院打出广告招聘宣传人员，他决定试试。

厚街医院的这个职位吸引了很多人应聘，竞争之大超出鲁家武的想象。"当时来应聘的有中专的美术老师，还有很多专业人员。"但是最后留下来的只有他和另外一个科班出身的中学美术老师，而这名中学美术老师没有干到一年就被解聘了。

成为厚街医院宣传员后，书法更成了鲁家武的最大寄托。那时，电脑尚未普及，医院的海报、墙报都要手工完成，鲁家武每一样活都干得很出色。

有了固定工作后，他加大了书法练习。他购买了大量碑帖，认真研究古代书法家的字体结构、笔法，并自费订阅《中国书法》、《书法研究》、《书法报》等10余种报刊，同时研读《随园诗话》等书籍。"或许是一种缘分，或许是一份难以割舍的诗书情结，随着岁月的流逝，那种想同笔墨亲近的念头不时袭上心头，我拾起了毛笔，从此，闲暇时学字读书，寻师访友，乐在其中。"

鲁家武的字深受欧阳前铜先生的影响，但他不拘泥于一家，而是博采众长。不管走到哪里，一见到书法作品，他就停下来静静揣摩。他还遍访师友，取长补短，不断丰富自己的艺术语言。在对传统的挖掘上，他主张深入经典，正确地解读古人，追求技法的精湛与意味的隽永，从而搭建自己的书法艺术架构。他在书写过程中，已能娴熟地处理好虚实、收展、疏密、敧正等对立统一的关系，通过艺术构想，生发出优美的韵律，达到张弛有度、气定神闲的书法功力与境界。鲁家武说："在前30年里，

我的生活变化很大，但我唯独对书法的情缘未曾改变。"他没有因别人的怀疑而背弃梦想，而是用纸墨构建大写意的人生画卷。`

每逢过年，鲁家武总是热心为乡亲们义务题写春联，村头巷尾、鸡舍猪圈，随处可见他的手笔。村里的孩子们也纷纷争着来跟他学写字，他总会乐呵呵地手把手相教。他想，如果在自己的带动下小乡村也能处处翰墨飘香、书风兴盛，何其美哉。

诗意勃发，书法更上一层楼

从鲁家武的手札墨迹里，我们感觉得到他那种潇洒恬静、超然世外的境界。

鲁家武不但是一名书法家，更是一位诗人。除了《鲁家武书法作品集》外，他还有一部《止庸堂诗草》正待付梓。其书法作品集给人一种美的享受，细品又耐人回味——这是他30多年来学书练字历程的全面展示，也是他书法艺术成果的一次集中检阅。而读《止庸堂诗草》中的作品，会感受到强烈的人文情怀和沧桑的人生感悟。

鲁家武迷恋格律诗词比书法要晚一些。2003年，他受厚街镇的一个老诗人、书法家方焕文先生的邀请，加入东莞中华诗词学会厚街分会。鲁家武把自己平时写下的一些诗词给前辈们看，获得了他们的肯定。平时写诗词鲁家武都是兴之所至，加入中华诗词协会后，他对自己提出了更高要求，诗艺大进，迄今已有60多篇（首）作品载于省市级报刊杂志及诗词专著。

鲁家武的诗词，形式不拘一格，但共同传达了他的一种人生态度——"得失苦乐皆随缘"，始终将书法和诗词作为修身养性之本。在多年的创作实践中，鲁家武用书法和诗词，构筑起了一座属于自己的精神屋脊。他孜孜不倦地寻找着精神慰藉，不断完善自我塑造。笃爱诗书的人生。（蒋楠／图文）

仰望天空的"追星族"

——记厚街竹溪中学教师莫小军

他叫莫小军，是一名中学老师。从小就怀有一颗天文梦的他，在教学生活之余，利用学校资源，培养同学们对天文的兴趣，并举办各种活动和比赛，推广天文知识。他是一名名符其实的"追星族"——追寻天上的星星。

莫小军是一个另类的"追星族"，当大多数人在追逐歌星、影星等大明星时，莫小军却以抬头的姿势，追寻着天上的星星。

由神话故事引发的天文爱好

出生于韶关的莫小军很小的时候，就爱好天文。

幼时，家住县城的莫小军每逢周末或假期就到乡下奶奶家玩。特别是每年的暑假，他总要在奶奶家度过。乡村的夜晚宁静而悠远。吃完晚饭，在宽阔的晒谷坪上玩耍，村里的长辈经常给莫小军讲牛郎织女等神话故事。看着满天的星星，年幼的莫小军满是好奇，也就是从那时起，他对天文产生了浓厚兴趣。

从奶奶家回来后，莫小军订阅了《天文爱好者》杂志。一看到有趣新奇的天文活动或者天文新闻，他便与父母分享。对于儿子的兴趣，莫小军父母看在眼里，记在心中。

一天，莫小军放学回来，父母亲送给他一个礼物。他打开一看，兴奋地跳了起来，原来是一个双筒望远镜。一个双筒望远镜，那时要两三百块钱，在上世纪80年代末，这相当于父母亲一个月的工资。有了望远镜，小军很是兴奋，兴趣培增，一有空闲便抱着望远镜仰望星空。以前用肉眼观察星空，他只能看到闪烁的星光。现在通过望远镜，他能比较清晰地看见星星，这种直观的感受在他心底掀起了阵阵涟漪。

兴趣是最好的老师。课外，莫小军喜欢去韶关市图书馆借阅一些天文书籍。莫小军家住韶关郊区，从家里去韶关市图书馆需要45分钟车程。小军每次一脸兴奋地骑着自行车前去，傍晚时分归来，丝毫不觉倦怠。80年代的图书馆还属于抽屉式的那种，每次打开抽屉，看着借阅卡上的名字，莫小军才发现很长一段时间只有他一个人一直在借阅天文书籍。后来，过了一段时间，莫小军发现借用天文图书的除了他，还有一个不认识的老师。

韶关市图书馆经常会处理一些旧书，莫小军自然不会放过淘书的机会。每次在旧天文图书前徘徊，他拿起一本又放下一本，来回比较，恨不得全部买走，却又囊中羞涩。最后莫小军看中了一本，当他想买时，身旁一直在挑挑拣拣的一个中年人也选中了这本。两人相视一笑，细聊之下，莫小军才知道原来他就是那位一直借阅天文书籍的县一中的高中老师。

进入高中后，因为彼此都爱好天文，莫小军和这位老师交流多起来，视野也随之拓展。课余时分，爱好天文的他经常会叫同学们去他家楼顶看星星看月亮。一些同学去他家看了几回之后，面对浩瀚的宇宙景观，产生了浓厚的兴趣，被莫小军"拉下水"，也成了忠实的天文爱好者。

高考那年，痴迷天文的莫小军想报考天文专业。当得知南京大学天文系在整个广东省只招一个，思考良久，他选择了放弃，最终考取了华南师范大学计算机系。

追逐天文盛景，举办天文活动

1999 年从华南师范大学毕业后，莫小军回到了韶关北江中学任教。2001 年的这次狮子座流星雨让莫小军印象深刻，至今难以忘怀。狮子座流星雨暴发是 2001 年天象观测的重头戏，也是无数天文爱好者期待的宇宙奇观。那年 11 月 19 日晚上，莫小军第一次看到了如此壮观的宇宙美景。一道道流星在夜空划过，煞是壮观。这次难得一遇的流星雨，让莫小军第一次感受到宇宙的浩瀚，也第一次深感个人的渺小。在母校北江中学任教期间，莫小军依旧痴迷天文，不离不弃。

2006 年，莫小军调到东莞厚街竹溪中学任教。竹溪中学非常重视天文教学，投入很多资金购买了天文教学设备，成立了天文社等学生社团，莫小军的许多天文想法也得以实现。为了培养学生的兴趣，他经常组织学生在天气晴朗的日子观看天象，许多学生也因此成为铁杆的天文爱好者。

木星上的大红斑、火星上的红色光环、太阳黑子以及月球上清晰的环形山，在莫小军的电脑里，这样题材的图片比比皆是。当朋友们在他电脑里看到这些令人震撼的漂亮图片时，他们不知道这些图片都是莫小军一整晚一整晚地与星空相伴收获到的。

到竹溪中学任教后，由于各种高端器材的配备，莫小军对天文摄影的兴趣愈加浓厚，拍摄出的各种高分辨率的图片让身边的朋友很是敬佩。天文摄影是以星座、月、太阳等为拍摄对象的摄影。天文摄影是一种特殊的摄影技术，可记录月亮、行星等遥远的深空天体。天文摄影一般分为固定摄影、追踪摄影和放大摄影。固定摄影是一种简单的摄影方法，追踪摄影则非常专业、比较有难度。追踪摄影如果想拍摄出一张清晰而不拉线的照片，不仅需要足够的曝光时间，更需要高端的仪器来抵消天体的周日视运动。

除了技术上的各种准备，适当的拍摄天气和地点都极为重要。在城市污染日益严重的今天，为了拍摄出好的天文摄影图片，莫小军经常驱车到几百里之外的山村进行拍摄。把望远镜架在乡村空旷的地上。一整夜观测下来，莫小军丝毫不觉得疲惫。

2009 年的日全食是天文界的一场奇观，许多资深天文爱好者都很期待。日全食前一天，为了把握好这次拍摄机会，莫小军收拾好行李，独自背着 20 多公斤重的拍摄器材坐火车前往上海。妻子一直支持莫小军的这一爱好。本来妻子也想一同前往，无奈因身体原因未能成行。上海是这次日全食最好的观测点，为了抓住这次机会，莫小军提前跟上海大学的一位同是天文爱好者的老师联系上了。次日到了上海，莫小军就和这位老师在电脑室里时刻关注着星云天气变化。从白天一直到凌晨两三点，依然阴云密布。莫小军觉得被动等待不是办法，决定驱车往东边余杭方向走。很快他们就上了高速，一路上观察天气变化。到余杭时，天气已经大好。清晨时分，他们下了高速。来不及挑选位置，他们在马路边一个略显宽敞的地方停了下来，摆好望远镜，立刻拍了起来。旁边的一些建筑工人好奇地围过来看。过了没多久，天顿时黑了下来，路灯都亮了起来。人群顿时一阵惊呼。拍摄期间，莫小军惊讶地发现他们对面有几个老外也正借助望远镜正专注地观察。事后经过交流，莫小军才知道这些外国人竟然是一路跟着他们的车过来的。

难得一遇的日全食引来一阵全国天文热潮。莫小军觉得应该抓住这个机会，趁热打铁，开展天文知识普及活动。这一想法很快得到领导的认可和赞赏。

刚到东莞时，莫小军加入了东莞一个天文爱好者群，结识了上百位天文爱好者，这个群后来也逐渐演变为东莞观星会。为了筹办好这次天文知识普及活动，莫小军召集了东莞观星会许多热心的资深天文爱好者。

2009 年 7 月 31 日晚，由东莞市青少年宫主办、东莞观星会承办的东莞首届露天天文活动在科技广场举行。活动引来众多市民参加，东莞日报、东莞时报、东莞电视台等媒体进行了相关报道。活动现场，在繁星闪烁的夜空之下，广场上三五成群，很是热闹。许多市民都是第一次通过望远镜观看夜空，一旁的东莞观星会成员站在市民身旁，耐心地告诉他们怎样操作器材设备，并跟他们讲一些比较基础的天文知识。

这次活动的成功举办使莫小军产生了诸多想法，他觉得天文这个稍微偏冷的兴趣爱好完全可以从小众往大众方向发展。在学校的大力支持下，莫小军开展了一系列天文走进学校活动。

筹拍微电影，从另一个角度解读老人星

作为厚街竹溪中学的信息技术老师，莫小军可谓多才多艺，由他带领学生制作的机器蛇在全国机器人比赛中获得了金奖。机器蛇以及机器人的制作都需要扎实的信息技术作为支撑，莫小军之所以能在天文摄影和信息技术教学工作方面取得了如此骄人的成绩，我想天文摄影和信息技术教学之间肯定有相通之处。

现在莫小军正准备筹拍一部微电影，写剧本、拍摄以及剪辑，这些工作都由他操刀。电影以一个爱好天文的小女孩为主角，讲述小女孩父亲工作太忙，小女孩得不到足够的关心，每天都在孤独中度过。偶然间小女孩独自看电视时看见父亲在马路抢修工程的辛苦场景，理解了父亲，最后小女孩和父亲一起坐在阳台看天空的老人星。剧本读来很是温馨。老人星距离太阳系约 310 光年。亮视星等 -0.72，绝对星等 -5.53，亮度仅次于天狼星，为第二亮星。古人认为它象征长寿，故又名"寿星"。通过这个剧本，学生们对老人星这个名称有了更深入的了解。

在筹拍微电影之余，莫小军正在筹划东莞首届东莞天文摄影大赛，相信这些活动能让更多的人了解天文，对天文产生好奇和兴趣。

从幼时起，几十年过去了，莫小军的天文梦想已融入他的生命，成为精神的支柱。（周齐林／图文）

乡下妹转身装修行业"大姐"

——东莞好百年装饰工程公司总经理庞锦霞

人生是一条不可预知的路，充满了无数可能。从打工妹起家，一路拼搏，她凭借敏锐的判断力，将环保装饰作为立足之本，成功奠定了自己在装饰行业中的地位。她就是好百年装饰工程公司总经理庞锦霞。

庞锦霞喜欢自称"乡下妹"，但她的言谈举止透着企业家的从容、干练，以及成熟女性的知性和优雅，还有见惯世面后的淡定。庞锦霞的办公室在5楼，从这里望出去，外面是厚街最繁华热闹的地段。密集的人流、熙攘的街景、奔驰的车辆，劳世尘网尽收眼底。她的办公室以清新淡雅的绿色为主色调，这是好百年装饰工程公司的"理念色"。在这里，她从一个不谙世事的打工妹，经过10多年的打拼，成为了东莞装修行业的知名企业家。

初入厚街，从打工妹做起

"我高中毕业后，就从安徽农村出来打工，一直在厚街。那时候只想打工挣钱，没有更多的想法。"庞锦霞说。

那年她才 18 岁。

上世纪 90 年代初，制造业在东莞蓬勃发展，吸引了无数异乡青年到这里寻梦。庞锦霞与同村的小姐妹来到厚街，进入一家制鞋厂打工。每天都忙忙碌碌，看不到长长的流水线以外与此完全不同的人生际遇。

回想起当年的打工妹生活，庞锦霞有很多感慨，但记忆最深刻的还是种种艰辛："那时为了加班加点赶单，很少休息，也不觉得累。上班就在工位旁边放着面包和水果，困了就洗把脸，饿了就吃点东西，接着干，一心想的就是多赚钱。上厕所都控制时间，不超过 5 分钟。"

这段经历深深影响了庞锦霞。在她以后的创业中，每当遇到困难时，总会抚今追昔，自我鞭策。

装修被坑，走上二次创业路

1999 年，庞锦霞结束了 6 年打工生涯，离开了工厂。她不甘心把大好青春都扔在工厂里，凑了一笔钱，开了家餐馆。但这次创业并不成功。餐馆在惨淡经营中开了两年。后来刚刚有点起色，又遇上了"非典"。转让了餐馆，庞锦霞买了套住宅，打算过几天闲散的日子，没想到，这却是她进入装饰业的开始。

住宅装修时，正赶上几个朋友也准备装修房子，大家委托庞锦霞联系装修队。但就在支付了装修款、择日开工之时，出了意外，装修队拿到钱款后逃之夭夭了。庞锦霞傻了眼，感到没法向朋友交待。思前想后，她一咬牙，干脆自己动手搞起了装修。

她从来没有接触过这个行业，现在不得不带着几个人做装修，却由此开启了人生和事业的新启航。谈到这段往事，庞锦霞显得很平静，她说："在我装修完自己的房子后，同一小区的一户业主刚买了房子，正在找装修队，以为我是做装修的，跑过来看了我做的装修后说，你帮我把房子装修了吧。我当时也想把前面损失的钱找点回来，就把这活接下了。"

第一次承接装修工程，庞锦霞颇有点赌一把的感觉，事事亲力亲为，不敢马虎，天天跑工地，跑建材市场。做了差不多两个月，完工后一算账，没赚钱，反倒贴了3千多块。但客户很满意。庞锦霞说："尽管我亏了钱，但赚到了经验。"

工程结束后，庞锦霞决定成立一个装修公司，并逐步承揽企事业单位装修工程。

此后几年，庞锦霞凭着她的韧劲、诚信与务实，慢慢使公司在竞争激烈的装饰行业中脱颖而出，并逐步发展壮大。如今，她的东莞市好百年装饰工程公司已拥有厚街、高州、湖南三大分公司，并在2009年达到国家建筑装修装饰工程二级资质。

引进专业设备，立足环保装饰

2011年8月，庞锦霞的好百年装饰公司举行9周年庆典。

自2002年成立公司以来，好百年装饰公司曾经为中国电信东莞分公司、富民集团、驰生集团、嘉华大酒店等一大批企业提供专业服务。凭着这番成就，好百年在装饰行业中，已具有举足轻重的影响力。

在公司成立9周年庆典上，庞锦霞提出了"安全装饰"的理念。她说，"安全装饰就是指施工环保无污染。首先，我们有自己的实验室，可以检测材料的环保指数，因此会选择环保性能好的材料，施工前我们会对材料中的甲醛等有害物质进行清理；施工后，我们会对整个空间进行空气净化。"

在此前，好百年耗巨资购入气相色谱仪、分光光度计、环境氡测量仪、智能化加码辐射仪、电子天平等一批业检测设备，按国家二级室验室标准建立室内空气污染物分析检测实验室，设有物理实验室、化学实验室、分光光度计实验室、电子天平实验室等，从事室内空气质量现场和室内分析等检验。好百年在9年来的实践中不断总结、借鉴国内外的一些室内污染防治经验，运用科学的方法和手段，总结出一套符合东莞实际的室内污染治理方案，并成功地解决室内装修空气污染的这一大难题。目前，好百年是东莞唯一设有室内环境监测实验室的装饰公司，而且是东莞市室内环境污染控制服务中心指定施工单位。

庞锦霞表示，虽然经过各个环节的环保处理，装修的成本会增加8~12 元 / ㎡，但很值得。目前，家庭装修中常见的污染物有甲醛、苯系物等等。如果污染物含量超标，将引起恶心、呕吐、咳嗽、胸闷、甚至肺气肿等疾病，严重的还会致癌促癌。"现在，大多数品牌建材的环保性能已经达到国家标准，但多种建材组合到一起，污染物就会大大超标，这是很多装修业主容易忽略的地方。"

庞锦霞表示，好百年把致力于健康装饰作为立业之本，用五星级的标准来营造更多的温馨幸福之家，把健康带给社会，用最负责、最专业的精神，把好百年打造成华南安全装饰第一品牌。

以人为本，塑造企业文化

企业文化是现代企业发展水平的重要标尺。好百年在不断的扩张中，非常重视企业文化的建设。

庞锦霞对企业文化的理解不仅仅是办份企业内刊、建个图书室或蓝球场那么简单。她认为企业文化就是经营者的文化。什么样的经营者成就什么样的管理理念，什么样的老板打造什么样的企业文化。她说："打个比喻，一个企业，一个部门，平常各做各的，没有发挥大家的长处，就如一盘散沙，营销战还没打，自己内部就先垮了，这样的企业，没有战斗力可言。这在好百年是看不到的。"

好百年充分发挥每一个员工的才华，做到个性化管理，尊重每一个人。"我希望大家在好百年都做得开心、快乐、轻轻松松，让每个人都有发挥的空间。当然，我对员工的要求也很严格，我是一个工作狂，注重细节，做事认真，对人负责。但下班后，我们就是弟兄姐妹，朋友，我从不以老板自居。"

事业与家庭兼顾

庞锦霞说："最大的成功并不是赚了多少钱，而是实现了自身的价值，找到了自己的方向。这些年来，在东莞打拼，经历了太多，我的心态变得很平和，甚至变得得简单而快乐了！"

庞锦霞认为，女人做事业，但也要承担家庭的责任。她说自己尽量做一个称职的母亲和妻子，只要有时间，就会陪孩子和先生，一起逛公园，买孩子喜欢吃的零食，静下来欣赏孩子画画、写字。

在很多朋友眼里，庞锦霞无疑是一位成功女性，但是她对成功却有着不同的理解。在庞锦霞看来，成功没有大小之分，也并非遥不可及，只要你在这个社会上、在生活中，真正找到了自己的位置，找到了实现自己人生价值的方向，并且努力做了，就是成功。

她说她所欣赏的女性，首先是自爱、独立、善良、温柔、懂得爱，其次要爱自己、爱家人、爱他人，并常怀一颗感恩的心。（赵原／图文）

匠心独运的蜡像工艺美术师

——记宏凯艺术品有限公司总经理彭凤郎

他是一位商人，更是一位
艺术家。少年时代即跟随名师
学习蜡像制作技艺，学有所成。
出师后建立了自己的艺术公司。
他就是蜡像艺术家兼凯艺术品
有限公司总经理彭凤郎。

蜡像是一门被称为"立体摄影"的超级写实主义雕塑艺术。蜡像比
一般雕塑更接近人物原型，它所塑造的人物栩栩如生，具有很强的观赏
性，还有还原历史人物的独特功能。彭凤郎就是一位从事蜡像制作工艺
的领军人物。

自15岁开始，彭凤郎便师从台湾工艺大师林健成，学习蜡像制作艺
术。从此，一把刻刀伴随他走过大半个人生。虽然没有武侠世界的刀光
剑影、快意恩仇，却留下许多栩栩如生、惟妙惟肖的艺术佳作。

名师引入蜡像界

上世纪50年代末，彭凤郎出生于台湾省台中市一个普通市民家。因
为家族数代都从事与庙宇有关的工作，小时候，彭凤郎便跟随父辈们出

入他们的工作场地。庙宇建筑非常精美，尤其是建筑图案、雕花和矗立的人物蜡像，让小小年纪的彭凤郎兴趣渐浓。因为常帮父辈们做些力所能及的工作，从小耳濡目染，使彭凤郎在美工、画画方面有着异于常人的天赋。

彭凤郎清楚地记得，初三那年春天，他与蜡像制作结下不解之缘。那天，台湾有名的工艺大师林健成来到学校挑选徒弟，美术老师便把彭凤郎推荐给了他。

林健成老师当场考核彭凤郎之后，当即决定将彭凤郎收为弟子。在征得父母同意后，彭凤郎正式拜蜡像艺术家林建成为师，学做蜡像。那一年，他才15岁。

从此，彭凤郎的生活有了改变。他白天在学校读书，放学后便住在师傅家里，潜心学习蜡像制作。

当时的林健成已是台湾知名的蜡像雕塑家，毕业于国立台湾艺术大学，从事蜡像艺术研究多年，在韩国、新加坡、日本、美国等地都举办过个展。能成为他的弟子，对于爱好美术和雕塑的彭凤郎无疑是一种幸运。

林师傅对弟子的要求十分严格，当他的学徒，除了天赋、良好的美术基础外，还需要有恒心和毅力，需要很强的接受能力。因为蜡像制作是一门综合性极高的手艺，制作者除了要具有较好的绘画基础外，还要懂得医学、雕塑、摄影、化妆、裁缝等各种技艺。

初学时，师傅便把他送到本田汽车修理厂，学习打磨；后来，又把他送去学习理发，因为蜡像上的头发是一根一根沾上去的，沾上去之后还要根据原型修剪头发；同时，想要蜡像与人的肤色一致，就需要上妆，彭凤郎还被师傅送去学习化妆。

对于接受能力极强的彭凤郎来说，学会这些技艺并不难，难的是克服心理的障碍——"恐惧"。因为蜡像制作需要的头发，往往是从葬仪社购买回来的。初学蜡像时，这项任务便落在彭凤郎身上，他得经常帮师傅梳理这些头发。最初接触时，彭凤郎心里直发毛，总感觉手中梳理的毛发很诡异，一种恐惧感弥漫全身。但慢慢地习惯了。同时，他的住所摆着各种蜡像的未成品。有时晚上回来，或者睡梦中醒来一睁开眼，便会看到一具头颅，睁着眼睛，发着蓝光，阴森森的让人不寒而栗。有时是一些肢体，或者是一只手，一条腿，就那样摆着，让人毛骨悚然。当时才十几岁的他，往往吓得晚上睡不着觉，但是，时间一长，也就习惯了。

以前跟着林健成当学徒的人需要 3 年 6 个月才能出师。那时才十几岁的彭凤郎非常珍视这个学习机会，他刻苦努力，加上他良好的天赋和美术基础，很快掌握了这些技艺，成为林健成的得意门生之一。

国父蜡像，最满意的作品

有一次，林师傅带回一个蜡像制作任务，原来是制作国父孙中山的蜡像。这是一项非常重要的工作，大家都很兴奋。师傅将这个任务交给了彭凤郎，让他带着师弟们完成这项工作。

制作蜡像是一项非常复杂的工作，要使得蜡像惟妙惟肖、仿若真人就必须对制作的每一步都精益求精。为了使蜡像的形体和神态都能达到与真人"像"的程度，彭凤郎和同门利用各种关系，从官方、民间等多种渠道，搜集了大量照片，正面的、侧面的、半侧面的、背面的，从各个角度进行研究，对孙中山的身高、体重、肤色、眼耳口鼻等进行研究，最终选取了孙中山在檀香山演讲时的一张照片作为创作的原型。

为了制作出来的蜡像形神兼备，除了研究照片外，彭凤郎还要对孙中山进行全方面的了解，研读各种关于孙中山的文字资料，以揣摩他的体貌特征、生活习惯和动作姿态等。从而使蜡像的姿势、服饰、面部表情，以及人物性格，都惟妙惟肖。彭凤郎在师傅的指导下，经过长达数月的准备后，开始蜡像的工艺制作。

经过彭凤郎和师弟们精细的雕塑，孙中山蜡像原型做出来了，接下来的工艺更加考究细致，蜡像的头部毛发以及眉毛都使用真人毛发，人工一根根地贴植，肤色、上妆，需要精准把握人物的神与形，要能准确捕捉人物的内心世界。师傅把这项艰巨任务交给了彭凤郎。那些天，彭凤郎将整个身心都扑在上面。他曾找来孙中山演讲内容彻夜研读，仔细揣摩孙中山当时的表情。

孙中山蜡像最终圆满地完成。出师至今，彭凤郎已制作了上千个蜡像，在这些作品中，彭凤郎最满意的作品要数孙中山的蜡像，目前该蜡像被台湾中影文化城所收藏。

风雨创业路

彭凤郎高中毕业后考上了艺术学院。毕业后，他开始独自闯荡社会。

师傅曾经这样教导彭凤郎："做任何艺术品，一定要站在审美的高度来看，要学会从日常生活，从每一件事情、人物的每一个动作来发现美、呈现美。"师母也对他说过：要当一个艺术家，你就要有一个心理准备，你不是大好就是大坏，当你将艺术家转为艺术匠这一角色的时候，要能够在保证有收入的同时，还要保有你艺术的天份。"

彭凤郎谨记师傅和师母的教诲，开始创建自己的事业。但现实残酷，人生并非一帆风顺。为了生活，他与朋友一起开了一家陶瓷厂，因为年轻，管理经验不够，陶瓷厂的效益一直不好不坏，他的专长也不能发挥。这使他非常郁闷。

两年之后，他觉得不能再这样下去了，于是关闭了陶瓷厂，去一家树脂工艺品公司打工。在树脂工艺品厂，他从普通员工做起，短短几个月，便晋升成为部门经理。

1987 年，公司拓展业务，准备在泰国开辟新的市场。老板将这个艰巨任务交给了彭凤郎。1987 年至 1991 年，彭凤郎的工作地点转移到了泰国。在泰国，他凭借过硬的技能，使公司业务得以良好发展，创造了丰厚利润。

1991 年，彭凤郎辞去公司职务，与一个归国华侨一起，合伙在泰国开办了一家树脂工艺品厂。他负责技术和业务，而朋友则负责人事、管理和财务。

彭凤郎专注于艺术，业务没少做，产品也获得一致认可，可公司始终未盈利。最初一二年，每次他问起财务状况，合伙人都说还没有做出来，他也没觉得什么，直到有一次，一个客户退货才使他猛然醒悟。

对艺术要求严格的他，每次出货都会严格检验，确保质量之后才将货品发给客户。那次，由于他有事回了台湾，出货便由合伙人把关。合伙人急于出货，将一批次品发给了客户。这件事让他很愤怒，也对合伙人的诚信产生了怀疑。他再三追问财务状况，这才发现所谓公司未曾盈利是一个骗局，这几年的利润几乎全部进了合伙人的腰包。他愤而解除了合同。

所幸彭凤郎的业务并不只在泰国，自92年开始，他就做好了拓展市场的准备，并将眼光描准了内地市场。当时，东莞的改革开放生机勃勃，大量的农村劳动力涌向东莞，也把彭凤郎的眼光吸引到了这里。1993年，他在厚街寮厦进行考察，与当地村委签订了厂房修建合同。1996年，彭凤郎来到东莞厚街，独自创建了宏凯艺品厂。

作品被美国总统收藏

开创宏凯艺品厂后，彭凤郎将蜡像的制作工艺拓展开来，开创各式动物、人像、摆饰、吊饰、相框等精致的工艺品，他一人集设计、开发和业务拓展于一身，产品远销德国、西班牙、美国、英国、日本、台湾等地区。目前是西班牙、英国及德国艺术家所委托的专属限量收藏精品的工艺品厂。

公司发展到现在，有员工400多人。最初几年，公司效益节节上升，但2008年金融危机后，订单受到冲击，至今没有盈利。东莞台湾两地跑，累极了的时候彭凤郎也想过解散工厂，回台湾跟随师傅潜心制作蜡像。但是，一看到工厂里数百双眼睛，这个念头就打消了。平时彭凤郎待员工和蔼亲切，如家人一般，大部分员工都是建厂时就跟着他，都快20年了。他担心这些人失业会造成家庭生活困难。正是这份责任感，使他支撑着工厂的运转，打算与员工将宏凯工艺品厂一直做下去。

即使生意再忙，他依然没有搁下制作蜡像的习惯，一有空就会钻进工作室。他说，一件美的产品，不是只有你自己想象中的美，而是要把它呈现出来，让大家都看到，感受到。在厚街的16年，彭凤郎匠心独运，潜心技艺，作品甚至被美国总统所收藏。"这是美国一个设计家，受布什总统的委托设计印第安人服装，赠送给这些族人，每人一个，我做了2000对，包括布什总统和他的内阁官员各收藏一个。"

35年来，彭凤郎用刻刀精心雕琢艺术理想；35年来，时间的刻刀，却在他脸上刻出了岁月的沧桑。（蓝紫／图文）

播种在希望的跑道上

——记厚街中学原副校长任洪文

他是一位人民教师，在平凡的岗位上默默奉献，引领众多体育艺术考生走向升学之路。他是学生眼中的好老师，是同事眼中的好领导。他就是厚街中学原副校长任洪文。

"当一辈子人民教师，真好！"这是他发自内心的感慨。

1975 年 8 月，大学一毕业，他就成为了一名人民教师。1993 年 8 月，他来到厚街这片热土，创造了厚街中学体育高考的神话。2010 年 10 月，他退休后又被厚街中学返聘。他一辈子都在教书育人。

广东省南粤优秀教师、广东省优秀体育校长、全国贯彻《学校体育工作条例》先进个人等荣誉，就是对他爱岗敬业的最好诠释。

他就是任洪文，江西丰城人，东莞市厚街中学副校长。

体育教学让人很充实

1993 年 8 月，任洪文告别江西革命老区来到厚街。之前，他是江西省宜春学院的一名中层领导，同时兼任体育系的乒乓球教学工作，采用的是小班教学，每周两节课，工作轻松、自由，生活优越。他觉得这样的生活太平淡无奇了，应该接受更多的挑战，于是来到了厚街中学。

从高校教育转型到中学教育，他开始有些不适应，工作和生活压力都很大。他适时调整心态，没过多久便适应了新的环境。

体育教学很辛苦，但他从不拈轻怕重。生源素质良莠不齐，但他从不放弃任何一个学生。每天清晨，他早早就给煤渣铺就的田径跑道洒过一遍水，为学生创造一个较为舒适的训练环境。课间操、体育课、体育专项训练，从早晨至傍晚，有时还要上晚修。他还利用双休日和节假日，对学生进行体育加训。认真备课已成为他的职业习惯，尽管对课堂教学已是烂熟于心，游刃有余，但他并没有一丝懈怠，仍然和年轻教师一起学做新广播体操，规范地教给学生。在课堂教学中，他始终与学生在一起，不管日晒还是雨淋，都坚持上好每一节课，不厌其烦地示范讲解技术和知识。他既注重学生身体素质提升，又加强学生的德育教育，既让学生学会学习，又让他们懂得做人的道理。他教过的学生都说："我在任老师身上不仅学到了技术与知识，更重要的是学会了怎样做人。"他对同事以诚相待，与他们通力合作，探讨教学方法，提高教学水平。任洪文感慨地说："体育教学工作虽然很累，但很充实。"

厚街中学一位教师对笔者说："任老师不仅有渊博的知识，更重要的是他还有独特的人格魅力，这个魅力表现在'三真'上，即做学问真实，对学生真心，对教学真诚。"

创造厚中体育高考神话

1994年体育高考，厚街中学尚未实现零的突破。时任校长苏皓培找任洪文谈话，将今后的体育高考训练交给了他。

任洪文深感责任重大，认真分析了当时东莞及厚中的体育现状。当时，整个东莞市的体育高考成绩都不太理想，更不用说厚中了。经过深思熟虑，他做了一个出人意料的决定——重回宜春学院取经。在那里待了一个星期，收获颇丰，对如何开展体育高考训练有了一定的感悟，增加了信心。取经回来，他针对体育高考的素质考试和专项考试，制订了一套系统的高三阶段体育高考训练计划。

新的学期开始了，任洪文全身心地投入到了体育高考的备考工作中。选拔好苗子是要做的第一件事。他认真查阅了全部学生档案，挖掘出了王松胜、陈伟光、方炯华3名较有潜力的学生，并立即通过班主任与他们沟通，但结果让任洪文很失望，因为这3名学生的文化课基础还不错，且对参加体育高考信心不足，因此不想参加体育训练。但任洪文没有放弃，而是考虑如何做通他们的思想工作。他先从文化课老师那里了解情况，又主动家访，了解他们的家庭情况。通过深入了解，他心里有了底。

一天，任洪文邀请这3位学生来到办公室谈心，先跟他们拉起家常，谈人生理想，聊体育趣事，很是轻松愉快。见时机成熟，便对他们3人承诺："参加体育高考，也是多给自己一个机会，跟我一起训练，既可以提升体育成绩，又不会影响你们的文化课学习。"3位学生被他的真诚感动了，说："我们先跟您试着练。"

训练之初，一切还算顺利。但是，随着体育训练的难度加大，学生出现了思想包袱，情绪波动很大。面对这种情况，任洪文不是责罚，而是和学生谈心，打消顾虑，一起探讨解决的办法。通过细致的工作，学生的情绪得以稳定，又重新回到训练的正轨上。

有次训练，任洪文发现王松胜胃不舒服，便及时与家长沟通，提醒注意调配饮食。这让王松胜很感动，训练更加刻苦了。

随着体育高考的临近，体育训练的强度加大了。为了争取更多的训练时间，任洪文常利用节假日进行加训。为了更快地达到训练目标，他因人而异，争取在专项考试中拿到高分。他还亲自出资带领学生到广州体院参观学习，同时请该院老师来校协助训练武术、体操，请宜春学院培养出来后来到中山市工作的体操老师来校进行辅导，深受学生的欢迎。

付出终有回报。1995年东莞市共有3名学生考取了体育本科，而他们正是任洪文所带的3名学生（王松胜、陈伟光、方炯华）。厚街中学体育高考一炮打响。之后，厚街中学报考体育的人数逐年上升。在任洪文的带领下，厚街中学连续4年95%以上的体育考生都上了本科线，创造了厚中体育高考的神话。

凝心聚力乐奉献，励精图治铸品牌

体育高考突破后，王少锋校长又让任洪文负责主抓音乐、美术等艺术高考工作。任洪文欣然接受任务，决定大干一场，争取将厚中打造成"体育艺术教育"的特色品牌学校。他认为要取得成功，一要组建一支体育艺术高考的团队，二要改善体育艺术的训练器材等硬件设备，三要成班建制进行教学。

12年来，厚街中学体育艺术高考团队逐年壮大，体育艺术硬件设备逐年改善，成班建制逐年形成规模。目前，厚街中学已有专业术科教师19人，1个有400米塑胶跑道的运动场，场馆设备齐全，有1栋艺术楼，5间艺术功能室，30多部钢琴，40多部数码钢琴，艺术类教学器材设备也应有尽有。从2009年开始就有2个美术班、1个音乐班、1个体育班，从2009年至2011年体育艺术高考本科录取人数分别达86人、88人和90人，2012年体育艺术高考突破瓶颈，本科录取132人。体育艺术教育已成为厚街中学的特色品牌。

励精图治，春华秋实。在任洪文的领跑下，厚街中学体艺工作成绩斐然。多年来厚中田径队参加东莞市运动会和东莞市中学生田径运动会基本上都能保持团体总分和奖牌数前4名的成绩。厚中田径队曾代表东莞市参加广东省中学生田径运动会，男、女排球队多次荣获东莞市第一名，其中男子排球队2次、女子排球队4次代表东莞市中学生参加广东省中学生排球赛。2006年男子排球队荣获广东省中学生排球赛第七名，女子排球队荣获广东省中学生排球赛第五名。厚中男、女毽球队参加东莞市比赛成绩喜人，其中男子毽球队4次代表东莞市参加广东省中学生运动会和广东省中学生毽球比赛，最好成绩荣获广东省第五名。厚中男、女篮球队每年参加东莞市中学生篮球比赛，成绩突出，其中女子篮球队代表东莞市参加广东省运动会和广东省中学生运动会，2次进入广东省前三名，3次参加全国篮球城市比赛，2次进入前八名。厚中每年组织美术、音乐特长生参加省、市的各项比赛，都取得理想的成绩。1998年至2010年，任洪文先后被聘为东莞市中小学体育卫生教研会的常务理事和会长。

厚街中学体艺成绩屡创佳绩，好评如潮，得到了省、市有关领导及兄弟学校的高度评价，引起了省内同行们的强烈关注，珠三角地区很多兄弟学校慕名前来参观学习。东莞市体育高考教研会多次在厚街中学举办。

面对累累硕果，任洪文谦虚地说："成绩不是我一个人的，领导的重视与支持，同事的合作与奉献，家长的配合与拥护，学生的刻苦与拼搏，所有这些凝成沉甸甸的果实。"

勤奋实干甘为牛

1998 年开始，任洪文担任副校长，除负责体育、艺术高考外，还负责学校后勤、工会、安全、卫生等工作。

兵法有云：兵马未动，粮草先行。任洪文深知搞好后勤工作是学校提高教育教学质量的坚实后盾，责任重大。保证食品卫生安全尤其重要。任洪文一是对所采购的每批货物安排专人负责进行检查验收，凡不合格者一律作退货处理，并定期向学校报告。二是对货物来源和质量（出产日期、是否含有违禁物质等）进行了严格的规定。三是经常下到基层了解情况，妥善处理问题，及时向师生反馈信息。

厚街中学教师游欢重病住院。在住院的 4 年里，任洪文多次到医院探望，给予游老师及其家属精神上的鼓励和支持，经济上也尽量给予帮助。这让游老师及其家属感动不已。他还帮助解决同行子女的就学和就业问题，亲自带队慰问退休教师。

任洪文自始至终都与高考的师生们奋战在一起。有一次，任洪文到广州开会，在会场上拿到了一些高考资料。开完会后，他当天把资料送回校，深夜又返回广州，这让奋考师生很是感动。他还经常在下班后参加体艺班的训练和活动，关心学生的学习和生活。每年体艺高考，任洪文都亲自带队参加，保障信息渠道的畅通，做好高考工作的协调。很多兄弟学校的术科教师都说，很少见到像厚中这么重视术科教学工作的学校、领导。

优质服务型的后勤管理为厚街中学开创了教育教学大发展的新局面，迎来了欣欣向荣的新气象。任洪文领导的后勤团队的管理工作受到了上级领导和全校师生的好评。

厚中办公室主任胡建胜说："任校长对教育、对学生的这份情怀，对教职员工的关心，值得我们学习。"厚中学生周冠忠说："任校长就像严父一样，对我们的学习要求非常高，而在生活方面，又无微不至地照顾。"

老骥伏枥，奉献余热

2010年10月，任洪文已年届退休。他和爱人商量好准备安享晚年。一些民办学校得知他将退休的消息，纷纷通过有关部门和熟人邀请他出来工作。其中东莞市教育局有关同志推荐任洪文到东莞市篮球学校，多所民办学校邀请任洪文担任行政领导，给出的待遇都不错。

临退休前，厚街中学王少锋校长找任洪文谈心，推心置腹地说："老任，我已听闻有些学校想聘你，但我还是很希望你留下来继续协助学校工作，按有关规定，学校每月只能发3200元的工资给你，福利待遇肯定不如民办学校好，你能考虑一下吗？"任洪文当即表态说："我对厚中很有感情，学校既然需要我发挥余热，钱多钱少不是问题。"就这样，任洪文留在了厚街中学，继续贡献他的光和热。

任洪文深有感触地说："对于我的家人，我很内疚。一直以来，陪她们的时间总是太少。我的女儿很少关心她，但她从小就很懂事，学习很努力，考上了理想的大学。我的太太亏欠她很多，本想等退休后好好陪陪她。很感谢她们理解、支持我的工作，我觉得自己是一个幸福的人。"

在任洪文看来，学校是他的精神家园，人民教师是他自豪的职业。现在，作为教育战线上一名老兵的任洪文，依然情系校园，躬耕于厚街这片热土，以新的姿态，以实际行动去践行他的人生诺言。任洪文感慨地说："我对厚街中学是有感情的，我怀着一颗感恩的心在学校工作，我在厚街中学呆一天，就要努力为她多做一份贡献。"（朱海棠／图文）

铿锵玫瑰的职场跨越路

——记嘉华酒店集团副总经理施墨妮

人生路上充满了各种可能，需要我们去选择。有些人选择安稳，有些人则热衷于挑战。嘉华酒店集团副总经理施墨妮就是这样一个喜欢勇于挑战自我的人。

"哲学就是怀着一种乡愁的冲动到处去寻找家园"，诗人诺瓦利斯如是说。从稚嫩的大学毕业生到如今成熟的酒店高层管理者，施墨妮用了17年的时间实现了一次又一次的跨越。用施墨妮的酒店哲学来说，是一个寻找家和自我的过程。

坐落在车水马龙、人头攒动的厚街商业圈中心，厚街酒店的美景似一抹清蓝，为喧嚣的都市带来一种如家园般恬静安逸的闲适。在这个阳光和煦的下午，我们坐在嘉华酒店集团副总经理施墨妮的对面，看着她眼角眉梢的几分明媚，几份刚毅，听她为我们讲述她与酒店为伴、乐享人生的故事。

结缘酒店管理

施墨妮娓娓道来她起起落落的人生，那种坚定而超然的语气，似乎讲述的不是自己的故事，而是一种酒店哲学。

施墨妮出生于广州，家境优越，堪称书香门第。她从小喜欢阅读，形成了她既古道热肠又不乏柔情的独特个性。

从贵州大学酒店管理专业毕业后，恰逢东莞第一家五星级酒店——银城酒店招聘，她便来到了东莞。没想到这次偶然的应聘改变了她的人生轨迹，从此踏入了酒店行业。"多年的酒店生涯，让我幸运地见证了东莞酒店的兴衰成败。"施墨妮说。

由于系科班出身，银城酒店领导把施墨妮安排在营销部门。凭借一股女性独特的豪气，她快速褪去了学生时代的青涩，愈来愈大方得体，待人接物也自成风范。

"银城酒店有一套完整的培训方案，有能力将一个没有从业经验的人，培养成优秀的酒店管理者。"她说。

在银城酒店一干就是10多年，经历了酒店所有的部门，这种工作上的不断变动使得施墨妮的工作能力得到了迅速提升。她的一个客户在伟易达做高管，得知她做过多年酒店，很有经验，就极力劝说她辞掉工作，到伟易达会所上班。

施墨妮心动了。在银城酒店工作多年，她已经驾轻就熟。但她更喜欢挑战性的工作："毕竟自己还很年轻，跟社会接触较少，何不试一试？"

很多人不理解施墨妮的选择：放弃风光无限的银城酒店，转而接手伟易达的一个后勤部门。但施墨妮自有主张："在银城做了多年，一套机制很成熟了，成功的冲动就没了。只要相信自己的能力，在一个陌生的环境里，也许反而能实现自己的想法。"

带着这样的想法，施墨妮去了伟易达。她把满头长发剪成了寸发，表明了她开始一份新工作的决心。初试牛刀，成功策划伟易达10周年庆典，令刮目相看。尽管如此，她很快感觉到这份工作不能彰显她的重要性，加之往返厚街和寮步之间，经常坐公交不方便，而且缺乏安全感。因此，在伟易达工作1年多后，她再次回到银城酒店，继续担任营销部主管。

"当时有很多酒店向我抛出橄榄枝，但我还是选择回银城酒店。我在这家酒店的几乎所有部门上过班，对酒店整个系统的管理运作很熟悉，对自己选择的方向还是很有信心的。"施墨妮说。

参与筹建索菲特御景湾酒店

有一次，施墨妮带朋友去东城索菲特御景湾酒店面试，不料奥地利总经理一眼看中了她，当即决定录用，并委任为销售副总监，负责协作筹备新酒店。这对她来说，是事业上的一个转折，也将是一个很好的开始。

筹建东莞首家外资国际品牌大酒店，这是一件很有意义的事情。"可以说，我亲自参与了索菲特御景湾酒店从筹建到步入正轨的全过程。"施墨妮说。"刚到御景湾酒店的时候，到处一片狼藉，幸好业主已经开始动工。我要做的就是对装修质量、进度的把控，酒店用品、设施、设备的进场，人员的招聘、培训，开业前的宣传、会员的发展等等，这些必须按部就班地完成。"

在索菲特工作的 8 年里，施墨妮有 7 个春节是在酒店度过的。她接待过的国内外政要、商界精英，都对她的服务相当满意，她的上司更是对她赏识有加。

成功转型：职业经理人

在索菲特御景湾酒店干了 8 年，施墨妮的事业走到了十字路口：做了多年的营销，事业也算顺风顺水，自己却越发清闲起来，每天的工作就是批文件和接待重要客人。"我厌倦了这种一成不变的生活，想给自己找个继续奋斗的支点。"此时，嘉华酒店集团向施墨妮发来邀请，请她担任市场销售总监，负责协助厚街国际大酒店的筹备和日常运营。2010 年 10 月，施墨妮离开索菲特御景湾酒店，在嘉华酒店集团开始了新的人生历程。

她一到任，便开始分析酒店的优、劣势，详细算出酒店的投资预算、规模、定位、每天的营业额以及利润、投资回报率等，迅速投入到新的角色里。

在家人朋友的鼓励和支持下，施墨妮凭着自己丰厚的管理知识和干练的做事风格，以及积累多年的客户资源，奇迹般地完成了从普通管理者向职业经理人的转型，完成了从国有企业、外资企业到民营企业的工作历练。厚街国际大酒店如期开业，特色的美味佳肴加上细致入微的服务，受到了宾客的交口称赞。

施墨妮擅长综合分析，继而抓住重点寻求突破。她多次成功地策划了脍炙人口的大型主题营销活动。她说："惊喜体验并非着眼于服务或者商品本身，而是通过从客户的角度设身处地地考虑客户的感受，人性化地提供他们所需的服务，制造震撼的惊喜，这样才能吸引更多的消费群体。"

作为一个拥有近 20 年国际酒店管理经验的职业经理人，她认为，优秀经理人的才能，特别是个人的威信或影响力，比职位高低和薪金、福利的多寡来说重要许多。"这才是真正促使人们发挥最大潜力，实现目标的'魔杖'。"

展望未来，继续前行

老子《道德经》第六十章有云，"治大国，若烹小鲜"，意即管理庞大国家也要如同烹饪小鱼一样，讲究对用火的把握，不可翻煎过度。对施墨妮来说，管理酒店亦是如此。就任嘉华酒店集团副总经理后，她细致地对待酒店的各项战略规划、宣传推广及日常营运工作。

"成功的职业经理人要塑造自己独特的风格，注意确立及调整自己的威信与魅力，其形象应该是完整的、丰满的。要做到与众不同，品质超人，完成自身生命价值的突破，就如蚕蛹变蛾、凤凰涅槃一般。"施墨妮说。

对于施墨妮来说，职场的起起落落，事业的跌宕起伏，每一次转型都是一次心灵的历练，是人生的一个新起点。"我很庆幸找到了优秀的合作伙伴，使得自己有时间和精力去学习知识，总领全局，开阔眼界，积累人脉。"展望未来，她显得更加从容、自信。

"人在酒店的作为，就是心在世界的位置。"在施墨妮看来，酒店同样是一个寻找家和自我的过程。奋斗了这么多年，她把她最好的青春年华都献给了酒店。"我现在觉得最开心的一件事，就是一边看着女儿挂满墙壁的奖状，一边数我自己的荣誉证书！"

"我发现酒店的确是理想工作场所，这里就是个浓缩的社会，在这个小社会中，可以学到很多做人做事的道理。我个人比较喜欢策划工作，出谋划策是强项，酒店的营销推广经常需要别出心裁的创意，以此来拉动利润增长，这一点上非常符合我个人的兴趣爱好。加上酒店接触各式各样的人物，需要广泛的知识面，对于喜欢阅读的我，可以随心所欲地跟各地客人交流。"施墨妮说。

采访结束后，看到施墨妮在酒店大堂那光可照人的地板上缓缓走过，我们倏然发现，在酒店工作的时间久了，她的模样和气质会变得像她所追求的哲学一样，身上闪着微光，却不会耀眼地张扬。

嘉宝主演并获奥斯卡奖的电影《上海大酒店》里有这么一句名言："人们又来了，人们又走了，从来不变的，是酒店依旧。"恐怕，对于像施墨妮这样一直在酒店工作的人来说，对这句话体会笃深，也更加意味悠长。（梦仙／图文）

绘出"生命的色彩"

——记中国国画家协会会员唐俊林

"离家愈远，故土情结愈近"。他扎根厚街，怀抱着对故乡的无限思念，对东北山水、雪原的无限眷恋，居于陋室，潜心绘画。他就是国画家唐俊林。

"我不在乎笔下的色彩，我要的是一种'生命的色彩'。"这是一次有趣的艺术对话。对话的时间定在傍晚。

夕阳西下，夏日的灼热尚未散去，在厚街一个欧式家具专卖店的门楼里，我见到了画家唐俊林先生。他给我的印象，并非传说中一位"胡子拉碴不修边幅，甚至有些邋遢"的特立独行的艺术家，而更像是一位缀满漂泊者触须的行吟诗人。在与唐俊林的深入交谈中，我感受到了他性情的平和与技艺的宽博；感受到了他的从容大度，元气淋漓。

黑土地，遥远的故乡

"绘画只是表达内心世界的宣泄口之一。或许，正是对生活的眷恋与执著的追求，给我带来了强劲的绘画动力和丰富的题材。"他凝视着远方，眼神里没有丝毫的造作，流露的是一种坦然与平和。这种内心的沉静，是大风大浪之后的安谧，是生命没有空白的恬淡，是无欲无求的从容，是不卑不亢的自我关照。

"我是长期生活、工作在黑龙江的画家，那片土地滋润了我的绘画艺术，我深爱着这片神奇的黑土，广阔的湿地与白桦林。"

"这片土地带给人们那份远离都市纷扰的安宁、自爱与高贵的感动，创造出一种平静开阔、舒心畅快的画境，抚慰人们越来越烦躁不安的心绪"……

听唐俊林讲述，仿佛那片土地是属于他的，但他又不在那里。

唐俊林身上透着一种行吟诗人的气质。作为隐逸之士淡泊、率真的个性，以及无意间流露出的乡愁情结，都是诗人的显著特征。但这些还不是全部，尽管诗人的气质配上惊人的绘画天赋，足以使他的山水画比同龄人走得更远。

在对话中，我们发现，与他关联最多的词汇为：漂泊、求索、行走、回归。无论身在何方，东北、故乡，始终牵绊于他梦中的笔下——那里的松涛葱郁苍莽，那里的河流清澈蜿蜒，那里的岩壁嶙峋奇绝，那里的雪原一望无际。追寻唐俊林的行走足迹，再读他的画，一股田园气息扑面而来。虽有书卷气，但更多的是自然质朴的清新之气，表现了人对自然的挚爱与敬畏，展现了人与自然和谐、愉悦的合一之境。让人感同身受的是乡土情结、百味人生，富有哲理的"出发即回归"的思考——这似乎预示着他骨子里的某些非画家气质。

与唐俊林对话，倾听他娓娓讲述岁月故事，观赏他泼墨创作艺术作品，我们逐渐走进这位低调的山水画家的艺术人生。

大字报，绘画的开始

唐俊林坎坷的艺术人生像是一本让人欲罢不能的连环画。但凡熟识他的人都觉得，他为艺术而生，是一个为艺术舍得放下一切的人。

接近"耳顺"之年的唐俊林，祖籍山东，出生在中国最东最北的省份黑龙江。儿时的雪原情结如今已跃然在他的画纸上，他不时沉浸在对童年的追思之中。

5 岁那年，唐俊林坐上一辆火车，随父来到大兴安岭密林深处一个叫牙克石的地方。一下火车不见往来旅客，只见一群穿着灰棉袄灰棉裤的人在装车卸车。后来得知，这群人是服刑劳改犯。原来，牙克石属地既是砍伐大王雄踞之所，也是罪徒囚犯流放之地。

唐俊林的父亲当时在制材厂上班，职责是"打更"，夜间要看护巡守，白天才能下班休息。

"小时候读书不用功，也不知道自己有没有天赋，拿了老师丢下的粉笔就画，那时候没有什么读物，就两本书，一本是如何画铅笔画，一本是如何画蜡笔画。"唐俊林上小学时遇上文革，他的信笔涂鸦派上了"用武之地"，大字报上老师让写什么就写什么，偶尔还加些自创的图画，深受老师们的喜爱。一些下放的优秀老师，如中学语文老师、现为中国书法家协会副主席的林岫，以及后来成为著名钢琴教授的王康等，都曾是他的老师，唐俊林现在还擅长唱歌、弹钢琴。

国画，偶然间的际遇

17 岁那年，唐俊林成了一名当时年龄最小的铁道巡道工。每逢飘雪的日子，他总要穿越铁路，在山边流连几个小时，观看雪花飘落白桦林的图画。在那如镜的山中，呈现万千气象。

当了 1 年多巡道工后，唐俊林成了一名代课教师。在一间工棚里，他走上了用毛糙的木板钉起的一张讲台，教 6 名孩子学习文化知识。这些孩子都是铁道职工的子女，他们来自不同地方，年龄也不同，因此，家长们嘱托他给孩子代课并照顾他们。昏暗的教室让唐俊林几乎贴在黑板上写板书。下雪天则最让人头痛，他需要不断变换桌椅的排列组合，让孩子们幸免于坐在漏斗般的屋顶下。他说："我当时很高兴能为这些孩子代课，如果没有老师，将影响他们一生。"

代课 1 年后，唐俊林的美术才华被领导发现，又调入塔河铁路中学教美术、画漫画。在铁路中学，他一边带领同学们勤工俭学、垦地养猪，一边拜学校的高中老师为师，学习美术和手风琴。恢复高考后，唐俊林顺利考入哈尔滨师范大学艺术系，1979 年毕业后，他被分配到铁路一中任美术老师，一教就是 10 年，后又转调铁路教师进修学校任教一年，还是担任美术老师。

"我是用心来教书的。"唐俊林说,"那时我想,我这辈子要做的,就是一直站在讲台上。后来因为绘画让我一改初衷,走下讲台。但在厚街,我又找到了重回讲台上的感觉,虽然这只是一间艺术培训机构。"

一次偶然改变了唐俊林的人生经历。1989年,他带着学生们用树皮、羽毛等做的粘贴画去北京参展时,看到了中央美术学院徐悲鸿画室的招生简章。唐俊林凭自己的绘画成绩(当时他已经出版了4本书,其中2本是为哥哥唐俊珊的书配的插图),于1990年进入中央美术学院徐悲鸿画室学习,成为第六期国画班学员。这也是该画室招生的最后一期。在徐悲鸿画室期间,唐俊林结识了范曾、徐悲鸿夫人廖静文、徐悲鸿之子徐庆平等多位高手名家。最让唐俊林引以为荣的是,他办成了两件事:历时5年,成功策划举办"徐悲鸿诞辰100周年巡回展系列活动和在俄罗斯举办了"徐悲鸿作品展"。

"人之学如渴而饮河海,大饮则大盈,小饮则小盈。"对生活与艺术美的渴求,让唐俊林始终保持着求学与创作的激情。结束徐悲鸿画室的学习后,唐俊林又到北京画院高级研修班深造,师从北京画院教授李可染的弟子王文芳先生。这位德才兼备的老师认为唐俊林很有艺术才华,特别器重他。经过教导,唐俊林进步神速。有了扎实的笔墨功底和不俗的线条表现功力后,唐俊林步入了一个崭新的国画领域。他发现国画的黑白虚实,皴染勾勒所引发的艺术效果,用来表现他深爱的东北山水真是恰到好处。

经过北京多年"取经",唐俊林眼界大开,功力大增。

沉淀,行万里路的追寻

"我为什么喜欢画白桦林,包括我画西北的雪、山、树,因为它们更纯净,我试图通过这些画,让自己的心灵真正纯净下来。"唐俊林说,"我的画里有强烈的田园诗性,貌似江南风光却是北方的神韵,因为我感觉离家愈远,故土情结愈近"……

擅画山水者,胸中自有丘壑。为了积累创作素材,唐俊林用了30多年时间观察写生,足迹遍及青藏高原、塞北江南、巴蜀山水……他孤身只影，就像一位游僧，选胜登临，捕捉一路旖旎的风景。宏大的山水、风物体验、对话和吸收，也是对他意志、气概的锤炼。

在行走途中，唐俊林创作了大量人与大自然和谐相处的作品。对于他而言，艺术不但是一种连续不断的自我觉察，同时也是持续不断地放下自我之后的解脱。可以说，对生活的提炼以及对艺术的思考决定了他的创作之路，也很自然地造就了他的艺术理想——最大限度地发掘、描绘北方风物纯朴自然的独特形态和气质，以景寄情、托物言志，充分表现北方意境不同于其他地方的"新"和"神"，从而激发人们对北方壮美风景的自然之美的沉醉与神往。

南漂，定居工业重镇厚街

正当唐俊林事业如日中天、家庭和美的时候，他所作的一个决定几乎让所有人大跌眼镜——放弃扎根多年的那片土地，兀自"南漂"。

2003年，唐俊林毅然离开故乡来到了东莞厚街。初到厚街，由于人生地不熟，加上家人、朋友的不理解，可谓困苦备尝。然而，不管生活多么艰难，商战多么激烈，唐俊林从来没有放弃过对艺术精神的坚守，于陋室之中，箪食瓢饮，挥毫山水，淡泊名利，一度成了一个"被遗忘的人"。直到中央电视台《写意人生》摄制组来到东莞，在颇有复古风韵的下桥联大红木家私城，为久居东莞的他，拍摄了一期人物专辑——这是东莞画家首次由CCTV拍摄的个人专辑，唐俊林的画家之名才不胫而走。

来到东莞，看似必然，其实不易。改革开放后，唐俊林离开了大学毕业后工作的学校，去海南任《海南开发报》美术编辑，后来又回东北重新做回老师，接着又辗转福建，在美神成人中等学校任教2年，又去了全国自由画家最活跃的地方厦门乌石铺，但因其商业味太浓，不适宜发展艺术，几个月后他又回到了东北。就这样一波三折，直到2003年才落脚东莞，这一呆就是10年。

采访过程中，唐俊林工工整整地在我的采访本上写下了一个人的名字——卢汉洪，他说这个人是他在厚街遇到的一个贵人。唐俊林来厚街后，由于初来乍到，这里的居民对他很陌生，加上炎热的天气以及生活上的种种不适应，让他吃了不少苦头。但是随着了解的逐渐深入，他竟然爱上了这个工业重镇，并与当地画家和居民们建立了深厚的友谊。

与卢汉洪结缘，缘于一盘象棋。一天，唐俊林在一家餐馆吃饭，卢汉洪碰巧路过，餐馆老板一见，便介绍他俩认识。夏日的午后，街上热浪袭人，行人稀少，但餐馆门前却人气十足——一把凉伞下，两人对弈，众人围观。

卢汉洪是白濠村的老书记，曾经当过兵，首长是东北人，得知唐俊林来自东北后，倍感亲切。两个棋迷多次对弈后，更加深了了解。卢汉洪对唐俊林说："你象棋下得好，脑子一定好使，去学校当个老师如何？"唐俊林说："我是个画画的，找个能够画画的地方就行了。""这个简单，去我家画就行了！"卢汉洪爽朗一笑。唐俊林的生活与创作很快就有了着落，在卢汉洪家一住就是5年，直到在博艺培训机构找到正式工作后才搬离。

如今，唐俊林依然身居陋室。都市的喧嚣透过紧闭的玻璃窗穿刺进来，他始终保持淡然的心境——他认为唯一能够使人超越现实的就只有痛苦和孤独。除参加一些讲学、培训外，其余时间他都潜心绘画。他说："我笔下的一切似乎在运动和旋转，充满了激情和生命力。"

在厚街，唐俊林即便身居陋室也甘之如饴，从而被艺术批评家列为最不商业化的画家。虽然日子过得清贫，但他现在不卖画，不搞商业活动，一味潜心创作。曾经有一位富商想用8万买下他的作品《草原放歌》，被他婉拒。唐俊林保留了作为艺术家的那种天然的清高，他认为："艺术与商业的结合充满悲哀，商业化运作是艺术腐朽的开始。"能在这个浮躁与奢华的时代，平静而坚定地固守自己的一方净土，需要经得起大风大浪的定力。可见唐俊林拥有足够淡泊与退守的心态。

不卖画的画家怎么生存？唐俊林带有自虐意味的生存方式，让我想起了唐寅"立石丛卉图"画幅中的自题："杂卉烂春色，孤峰积雨痕。譬若古贞士，终身伴菜根。"

"天地在心，画以载道"。在几十年的绘画生涯中，虽然身处一个多元文化撞击下的时代，唐俊林始终对自己有准确的定位。意趣天真、落笔传神的绘画风格，表现普通人的艺术取向，自他开始绘画生涯以来

追梦人

就没有过多的改变，诚如他自己所言："如同我的记忆，我总是在做着相同的事。"

"经过多年的摸索，唐俊林颇得水墨画的用笔之道，加上他较高的艺术感悟能力和对东北、对故乡各种特色景物的奇思妙想，他的作品蕴意深刻、独树一帜。"唐俊林身边的朋友说："画格是人格的投影。在如今这个功利盛行的时代，他代表了画风淳朴的一个时代，他传承了国画的正脉，泰然自若、真实忘我，现实中已经很难找到具备这种艺术气质的画家了。"（蒋楠／图文）

土生土长的平民发明家

——记厚街双岗社区万广明

　　他只有小学文化，却独揽14项国家专利。他热衷创作古诗词，迷恋戏曲，对中医养生亦颇有研究。他就是厚街双岗社区的一位土生土长的平民发明家万广明。

　　万广明自幼爱动脑筋，对新鲜事物始终保持一颗好奇心，小到玩具、大至拖拉机，都会细心观察，弄明白其中的原理。这使得他具有发明家与生俱来的气质。

热衷发明，破解难题

　　6岁那年，万广明看到市工艺出口公司请来的技术员在研究破草机。那破草机每次只能穿进一条草破开，年幼的他心想：这种破草机还不及人工快，算什么机械，等我长大了，定要研究出比人工快几倍的破草机！

　　1977年，生产队的水草种植实行承包责任制，这时他听说珠江口的龙穴岛有破草机制，他忙携二弟一起赶赴龙穴岛参观。到了龙穴岛，方知破草机原是同宗兄弟万全有发明的，兄弟俩喜出望外。经万全有的介绍，万广明对制造人力破草机信心倍增。时任双岗村治保主任詹咸听说万广明要研制破草机，非常支持，介绍了在县农机修理厂的车床工人詹贺墩给他认识，詹贺墩帮他完成了铣齿轮的制作。

尽管当时万全有劝他不能制造人力的，一定要电力才行。但万广明考虑到本地供电紧缺，制造人力机械更符合实际。由于取材困难，他利用铁套配合水泥铸成一个惯性飞轮，利用飞轮的惯性保持转速，用脚踏、三角坑形大皮带轮带动小皮带轮进行增速传动，再在木架上配个坐枕，破起草来一次可以穿进六、七条，比人工快了 3 至 4 倍。市工艺出口公司的林连发得知后，由公司给万广明拨了 130 元的资助费。

当时的农械厂早前曾派人到龙穴岛学习，制作过一批破草机，但破出来的草总是不到尾就离刀（断尾）了，所以没有推广使用。他们认为，可能是龙穴岛的水草比较粗壮，所以不断尾。事实并非如此。

万广明制作的人力破草机破对很细小的水草都能破得很完整，为此农械厂的人百思不得其解。万广明解释说，他的破草机充分利用了 3 点成一线的原理，只要是前后送草轮与刀片成一线，草就不会在中途偏刀了。

万广明的人力破草机研制成功后，很快被各乡仿制，并整批生产，厚街八一农机厂也大量生产。为了省力，后来仿制的破草机都改为电动。为了能随时搬动，按草农要求又配置了小型柴油机，使用机动运转，一台机可代替 10 人的工作量。有了机械破草，涌口村至白濠村共有数百人到长安、夏岗甚至深圳宝安一带从事加工水草服务收取加工费。一时间，破草机就成为当时厚街草农加工收入的主要机械，不少人积攒起了一笔可观的加工费，并利用这些收入办起了家具厂。

1981 年，万广明想下海经商，产生了制作一艘小机动席仔艇的念头。他买来一只旧艇，准备将它改造为尖头艇。于是，请来一位熟悉修船艇的的老师傅帮助修艇。当师傅得知万广明要安装小型柴油机，连连摇头说没有做过机动艇，干了一天就执意辞工走了。没办法，他与二弟只好硬着头皮接着干起来。过了 10 多天，平头艇终于改为尖头艇，但如何装配机动设备呢？万广明虽善于模仿，然而发动机带动水轮的数据却不知如何计算，水叶轮配小了，行驶速度肯定不理想，配大了，水叶轮的叶片过大，会超负荷，容易损坏柴油机。他见双岗村十队的机船泊在河边，待水退潮后，用尺量出水叶轮的尺寸，然后再找驶船者咨询发动机的马力大小。他用面积乘转速的计算方式得出正确比例的数据，然后把定好的尺寸拿到沙田农械厂请铁匠加工，又另请沙田先锋渔业队的车床工加工传动轴、皮带轮等。经过如此复杂而繁琐的安装调试，机动艇终于试航成功了。

发明种植新技术

自从东引运河引进淡水后，减少了咸水进入，严重影响了水草的正常生长，而竹、塑料席等产品逐渐代替了水草产品。1983 年左右，水草田全面引种香蕉，开挖鱼塘养鱼。这时的万广明承包了两亩多香蕉，还别出心裁地在新蕉地里种了西瓜。当时，不少人泼冷水说东莞这地方种不成西瓜的。万广明认为这话没科学根据，于是跑去书店买来有关种植西瓜的书籍，细心阅读起来。他发现书中有"西瓜授粉后促使结果，并且加快生长"之语，遂决定人工授粉。人工授粉后，奇迹出现了，西瓜不仅结果成功，且一天比一天长势喜人，二十五、六天就长成六、七斤重的西瓜，再经过合理施肥，西瓜特别清甜。他分析认为，以前这里的西瓜不能结果，究其原因是这一带原本大片草区，缺少蜂蝶授粉，所以很难结成瓜果。

1989 年，万广明又到虎门白沙承包了 13 亩田种植香蕉。他利用新蕉田间种西红柿，这也是一次大胆创新。在西红柿开花期间，他用自制的助长素来促使生长，将适量的葡萄糖、尿素、人尿、叶面宝等成份混入水中，每天早上 7~9 点，将绽放的花朵泡入助长素中片刻后提起，以便让花朵吸收养分。第二天到地里观察，西红柿的花朵明显结果，如纽扣般大小，再过一天，小果实已增大 3 倍。

在虎门镇区中心市场上质量最好、果实大且味道鲜美的西红柿，就数万广明的了。素有"种菜之村"的白沙村菜农都对他竖起了拇指。

发明生产器械：获得第一个国家专利

万广明获得的第一个国家专利是施药器。对香蕉而言，除了台风、洪水等自然灾害，虫害（主要是蛀心虫）也是一大灾害。虽然每年只在香蕉顶部施放 3 次农药，但是，每次都要用凳子垫高登上去施放。如何避免这一麻烦，他尝试将一个装农药的瓶子倒放，把瓶底挖开当做加药口，在瓶盖上开个小孔，当做排放口，配上锄头形的小圆铁，一端挡住排放口，小圆铁另一端弯成曲柄，曲柄尾部配上橡皮筋，曲柄拉向一边时，下面的扁状锄头离开排放口。瓶子用竹竿支撑着，在竹竿手柄处做个开关，通过一条铁丝控制瓶子上的小圆铁曲柄，按动开关时使小圆铁摆动，同时使扁状锄头离开排放口，形成开启，开启时粉状药物随之而下，之后松开开关，即可关闭排放口。就这样，万广明成功的制造出了施药器。

我国的专利法 1985 年已经实施，因有破草机的教训，万广明决定把这个施药器申请专利。一年后，他获得了自己的第一个国家专利权。

获得国家专利后，万广明的发明更是一发不可收拾。在白沙种植香蕉的第二年，是东莞农业走向工业化的高速发展期。万广明十分留意科技信息，购买了一个制作白乳胶的配方，在蕉田中反复试验。同时，他还利用晚上的时间读完中医函授大专班，领取了毕业证书。

白沙村收回香蕉田后，他回到家里继续研究白乳胶。由于没有学过化学，他便请了一位专业师傅辅导，并按照师傅传授的理论，到广州一机械厂订做了一台小反应釜。由于缺乏经验，产品多次失败。功夫不负有心人，白乳胶终于成功投产，只可惜资金所限，竞争又十分激烈，生意难以扩展。从 1995 年至 2009 年，万广明成功申请到了滤水器、反冲式滤水器、冲厕水箱、多功能组合床等多项国家专利。

2004 年，万广明做一种强力白乳胶，需要加入一种特殊原料。此原料虽不属易燃物品，但是腐蚀性极强，铁质吸管耐腐蚀性较强，但由于安监局禁用，只好改用塑料吸液器，而塑料容易被酸性腐蚀，50 元一支的吸液管仅用两次就报废了。制出安全价廉的吸液器方为上策。他用一截稍大的不锈钢管做成两隔作为吸液的泵头，形成两道止回门。而活塞和止回门都用耐腐蚀的 PP 塑料做成（凡与不锈钢管磨擦的部件都用 PP 塑料配置），结果试验成功了。

第一个吸液器研制成功后，经大半年使用未见异常。万广明心想：这个产品太好用了，可给化工和家具厂带来方便，于是申请到了专利。此专利问世后，引起诸多媒体关注，还被香港专利博览会评为金奖。为了让化工行业能用上这款产品，万广明说干就干。他起初做了一小批向五金店试销，不少店主见他的产品好用、安全，但使用寿命长，顾客购买次数少，因此积极性不高。见此情形，他心想通过五金店推广有一定困难，于是打算直接通过客户。万广明说："吸液器虽然利润并不多，但是常有远方客户寻踪而来，我感到满足了。"

独揽 14 项国家专利

万广明除了喜爱发明创造外，也是粤艺爱好者，于 1976 年参加了双岗宣传队，是村里文艺骨干。

万广明是乐社成员，不但担任主角，还承担大量演前工作。每年春节期间，布装舞台时需在台顶吊挂绳索，这促使他产生了制造自动装置的念头。

2007 年，双岗村建造舞台时，万广明建议在新舞台设计装置一套手动幕景升降器。此装置灵活轻便，使用时先将竿降低，将前幕挂上去，升高就可灵活开启或闭合前幕，仅须几分钟即可布置好。其余 3 套横直帘升降器装布时也同样便捷。同时，万广明兼顾了舞台口的外光射灯，利用舞台口外两侧六米高的窗口做了可伸缩的射灯架，只须一次调好射灯效果，演出时伸出，闭幕时缩入后关上窗门，避免了日晒雨淋，而且不影响外观。手动升降器和可伸缩灯架效果非常好，整个舞台布置只需半小时就可以完成。升降器与可伸缩灯架从 2007 年使用至今，未曾出现故障。

之前粤乐社每到外地演出，都要爬铁架挂绳子。万广明利用五金店销售的滑轮，在上端焊接一个较大的铁钩，在大铁钩的相反位置焊接着一个小钩，另备了一个剪刀形铁叉绑在一支长竹竿的顶端作为安装的叉子，在挂绳的时候先将需要挂起来的绳子穿入滑轮内，再用叉竿将正小铁钩叉起，让大钩挂上舞台顶部的铁架管或竹竿上，这样，滑轮就带着绳子挂好了，这时，拉动垂下的绳子，不费吹灰之力景幕就升降自如。

万广明一次次地将遇到的难题化解为发明创造。多年来，他连续申请了高空逃生器、悬挂式游泳助学器、有序错位按摩器、室内空气过滤器、增压式室内空气过滤器、水上翔跑器、联体水力发电船、工业废气净化器、多功能保健康复按摩床等，其中包括再次改进技术申请吸液器和悬挂式游泳助学器。从 1990 年起，共申请 20 个专利，包括技术改进再次申请 2 个，共 16 个授权，还有 4 个发明尚待审批，独揽了 14 项国家专利。

让专利造福社会

改革开放后，厚街的企业发展迅猛，而家具厂占的比例最高，排污净化处理是一个大问题。万广明建办的厂房处在家具厂附近，每天都受到家具厂排放的废气侵袭。家具厂虽然都按环保部门要求安装了排污净化装置，但污染的空气并没有因此得到显著改善。

有个家具厂的排污口正对万广明的厂房，虽然隔了一道围墙，但是数个排污口排放的粉尘笼罩厂房的上空，万广明去找该厂业主，业主表示已经在排污口下方建了水池，排污口向下弯，废气随排气扇排出先经水漂洗后再飘向空中。为了找出原因，万广明到该厂实地考察，只见粉尘都往空中飞，池水却清澈如镜。他取些粉尘，投入杯子的水里，却见粉尘浮于水面，用筷子搅拌好一会儿，粉尘才慢慢往下沉。"原来粉尘中含油性物质，难怪不能落入水中。"万广明立即想到了工业废气净化器的发明。

万广明又到其他厂家的喷油房里观察，很多厂家使用的是水濂柜式喷油房，水濂柜的一排水濂与屋檐滴水相似，喷出的废油漆就随着排气扇推动的空气穿过水濂再排向外面，同样存在粉尘融入水中的问题。

家具厂的废气净化设备配置由市环保局指定的有资格的公司安装，这种设备是由活性炭吸附而净化废气，按理论是最可靠的方法。但是，业主反映该过滤隔容易堵塞，所以要备用电功率非常大的电机推进。由于堵塞导致不能正常生产，所以只有把管道挖开。如果每个家具厂都使用这种净化器，电力供给无法满足。

从事化工行业十几年的他知道，要使油质迅速融入水中，必须在水中添加催化剂进行催化，才可促使水基和油基融合。这本不是个难题，但他担心企业因此增加成本。万广明想先从不用催化剂做起，于是利用业余时间捣鼓起来。他知道，水与废气的撞击时间是 1/5 秒，要将水与废气的撞击时间增加数十倍，才能取得净化效果。经过近两年时间的反复调试，结果不用催化剂也可将废气的漆渣净化得一干二净。万广明的方法是用白纸挡住排放口，将各种黑色漆直接喷入净化器腔内，在排气扇的推动下，净化后的废气不断地飞向白色纸板，半天时间，白色纸板皑皑无瑕。此技术又成了万广明的专利。2011 年，东莞电视一台新闻综合频道《百姓关注》栏目为万广明的工业废气净化器发明作了专题播出。据悉，万广明现正给一家具厂装备一套工业废气净化器。

万广明在工业废气净化器和室内空气净化器获得专利证书后，撰写了《道破天机，争"气"做人》一文。该文指出人类要"识"者生存，认识 PM25 对人类的危害。争"气"，则是指从细菌繁多的空气里争取没有有害细菌的空气，争得干净空气，人就健康，所以叫争"气"做人。

近几年，漏油入海事件频发。出于对生态环境的思考，他希望日后能从海上回收漏油，想出了一个回收办法，还撰写了《漏油入海回收的方法》一文。

有人问万广明费那么多精力，搞那么多的发明，时至今日还未得到多少回报，对此有何感想。他说："发明创造给我带来无穷的乐趣，何况自己的发明专利日后终会派上用场。"（范雪芳／图文）

"蹲"着走路站着生活的人

——记残疾人民营企业家王灿基

他自小不幸患上小儿麻痹症，但他自强不息，不屈创业，站着活出了人生的精彩。他的人生经历，更像是一本充满哲理的书籍，大气恢宏，令人感怀。他就是广东省自强模范、东莞市基业电脑有限公司董事总经理王灿基。

如果将人生比作一盘棋，那么这盘棋从一开始就注定是残局，因为与你对弈的是往而不可追的时光，去而不得见的命运。有人生来锦衣玉食、高楼连苑，有人却瓮牖绳枢、病魔缠身，然而当上帝为你关上一扇门的时候，同时也会为你打开另一扇窗。

对于大多数人而言，王灿基的人生就是注定残缺的。身体的残疾，让他面对嘲笑，忍受孤独；家庭的贫困，令他不得已辍学，几度陷入绝望。然而绝境之下，他对改变命运的渴望，扭转人生的坚定，与迎难而上的强硬，最终令他重获新生。

会爬墙的榕树

泰戈尔说："如果你因为失去太阳而流泪，那么你也将失去群星。"

对于王灿基而言，他的太阳在他 8 岁那年陨落。

1965 年，在东莞一座贫穷的小村，一个生命安静地诞生了，没有给静谧的岁月增添多少动荡，却给贫困的家庭带来了几许爱的温情。

8 岁那年，王灿基患上了小儿麻痹症，双腿严重萎缩，从此不能站立。在王灿基的记忆中，那是一段不堪回首的经历。它那样清晰的割裂时光，将一切爱与希望留在了过去，让未来背负永恒的痛苦与绝望。

童年本来是一生之中最欢乐的时光，他却只能一个人坐在学校的操场边，看着同龄的孩子嬉戏打闹。

调皮的同学故意在他眼前将篮球抛来抛去，问他："想玩吗？"

他失神地抬起头，一言不发。

"他要是能打球，除非榕树会爬墙。"另一个同学大声地嘲笑道。

接着便是一阵哄笑。

孤独、寂寞像爬山虎的藤蔓，慢慢在他的内心滋长。王灿基越来越痛恨身体的残疾，自卑感像雾霾般越来越强烈地笼罩着他的天空。

他的性格越来越孤僻，经常沉浸在自我怜悯中不可自拔，有时在黑暗的角落里一坐就是一天，他觉得自己根本不配看见光明。

然而他看见了，在教学楼的顶层。王灿基清晰地记得，那天的夕阳极美，温柔得化不开去。

"孩子，世界上每个人都是被上帝咬过一口的苹果，都是有缺陷的人。有的人缺陷比较大，是因为上帝特别喜爱他的芬芳。"老师的声音很柔和，像羽毛轻轻拨动王灿基的心弦。

"世界上真的有上帝存在吗？为什么他从不出现？"王灿基的目光有些闪烁。

老师抚摸着他的头，指着学校围墙转角处的一棵树苗，说："他一直都在，只是你没有用心去发现。"

呵，那竟是一株爬上墙头的小小榕树。

初中毕业后，命运再次和他开了个无情的玩笑，因为家境困顿、路途遥远，王灿基辍学了。

光阴荏苒，岁月如梭，4 年一晃而过。

4 年里，王灿基的生活是灰色的，陪伴他的是无休止的无聊与失落。

他说："每当我一个人呆在家里的时候，心里就非常难过，非常渴望能像哥哥那样，可以正常地上班下班。"

夜深人静的晚上，他常常梦见学校里那棵爬上墙头的榕树，那是支撑他走过灰色岁月的一道光，让他相信自己并不是上帝的弃儿。让他相信，只要坚强地超越自我，一定能像那株顽强的榕树一样，创造出一片属于自己的一片天空。

他决定至少有那么一次听从内心的声音，不顾一切地漂泊一次。对此，家人却纷纷表示反对。

反对的理由残酷而现实：即使是一个正常人，只有初中文化水平，也很难找到一份好的工作，更何况是像他这样双腿严重萎缩的残疾人？

父亲看着残疾的儿子，老泪纵横："是爸爸没本事，没有让你接受好的教育，但是这次你听爸爸的，我们可以养你。"

看着面前这个自己最敬重的男人为自己流泪，王灿基心中有种说不出的酸楚。他想，或许真的应该向命运妥协吧！

但是不拼一搏一次，他又如何肯死心？

"我知道你们是为我好，但是你们不能养我一辈子，自己的路始终要自己来走。"

王灿基知道，如果这次选择妥协，他的人生可能就此成为定局。他不愿意这样浑浑噩噩下去，他想抓住生命哪怕万分之一的可能。

"命运掌握在自己的手中，上帝不会在意弱者的哀求，我要自己去发现，去追寻生命的意义。我不想未来的自己后悔，所以只能面对现在的残忍。"

那扇门是虚掩的

"那一天，对我有着特殊的意义，哥哥送给我一部手摇残疾人三轮车，"王灿基激动地说，"这意味着我终于可以离开天天呆着的小屋，到外面的世界里去。"

对他而言，外面的一切都是新奇的。人来人往的街道，琳琅满目的各色商店，四处游荡的小动物，撑起遮阳伞的男男女女，就连树叶缝隙露出的斑驳光影也显得那么可爱，叫人一看便欢快起来。

然而人们看他时异样的眼神，如同拍打岩石的惊涛骇浪，将他的尊严无情地践踏进尘埃里。

通向世界的最后一扇大门依然紧紧关闭，这是王灿基人生中最重要的一次抉择，是选择勇往直前，不顾一切地冲开那道魔障，还是像一个懦夫般躲进温柔的港湾？王灿基做出了选择，他坚信那扇通向外部世界的门是虚掩的，他知道自己已经具备对抗世界的勇气。王灿基说，"我要找一份工作，为了证明自己存在的价值，我一定要让全世界看见我勇敢的站立。"

无数次的努力，无数次的拒绝，在他几乎忘记自己失败过多少次的时候，上帝终于向他抛出了橄榄枝。在他离家两个多月后，他得到了人生第一份工作——在一个小工厂做电子开关安装，这是他迈向社会的起点。但是这个起点并非一开始就给他带来好运，因为他是残疾人，许多同事根本不愿意接近他。但是他却很珍惜这来之不易的机会，并且凭借着自己的勤恳与热诚，很快获得了同事的认同和主管的欣赏，原先老死不相往来的同事逐渐变成了他生活中的朋友。

"这个世界上没有人会刻意歧视你，除非你自己歧视自己。"王灿基的笑容憨厚而真诚。

在那段时间里，王灿基在培训班学了一学期无线电维修，后来被推荐到一家电子厂，在生产线上做技术维修工作，从此和电子行业结下了不解之缘。

王灿基说，能够找到这么好的工作是他做梦也没想过的事情。如果当初不勇敢地跨出一步，他永远不知道外面的世界会如此的精彩。

王灿基的工作表现非常突出，在极短的时间里便得到了新老板的认可，不仅为公司创造了可观的商业价值，自身也获得了更多的成长机会，伴随着技术水平的不断提高，他迅速成长为公司的技术骨干。

凤凰涅槃之歌

传说中，凤凰每过千年都会进行一次涅槃，涅槃之后，重获新生。

辍学的 4 年里，王灿基饱尝内心的煎熬，终于鼓起勇气，走出家门，拥有了同别人一样的世界；工作的 4 年，他热血翻腾，斗志昂扬，点燃创业的梦想，创造了只属于自己的一片晴空。

1989 年的中国，电话通信还处在起步阶段，但市场已经开始显现出巨大的发展潜能，在王灿基看来，这个市场必然会不可逆转地走向兴盛。

当时他所在的工厂主要生产无线电话机，他对于维修技术十分精通。权衡利弊之后，王灿基决定创办一个电话机及小家电用品维修销售中心。

此时的王灿基，早已不再是初出茅庐的年轻人，要面对的也不再是社会对他个人的评价，他必须肩负起更大的责任。尽管当时他还不懂经营，但这并没有阻止他许下的宏愿：要做就一定要成为最优秀的那个。

在企业经营的过程中，作为一名残疾人企业家，王灿基有着许多常人难以想象的辛酸。至少在拜访客户，为企业应酬方面，对他而言几乎是不可完成的任务。

有一次，他为了拿到某传呼机的代理权准备亲自登门拜访客户。客户叫他上公司面谈，到了楼下才知道公司在大厦的 7 楼，更让他吃惊的是大楼没有安装电梯。他只好硬着头皮，咬紧牙关，一步一步爬了上去。

他至今依然记得，客户方看到他时，那一脸不可思议的表情。

就是凭借这种持之以恒的真诚，他打动了一个又一个客户，公司规模也不断壮大。1993 年，他成功开起了全镇的第一家连锁店，开始经营通信产品，随后又相继开了 7 家连锁店。这一切，让王灿基对未来充满了信心。

然而，天有不测风云。在王灿基实现梦想的路途上，命运再次降下风雪。

1998 年，通讯行业竞争越来越激烈，加上管理不善、人才不断流失等问题，王灿基明显感觉到企业经营有些力不从心。

瞬息万变的市场形势让王灿基陷入了沉思。如何把握市场的潮流，在变化中求得生存和发展，成为摆在王灿基面前的最大难题。

2000 年，王灿基盯上了电脑行业，办起了电脑公司。因为对电脑并不了解，他把所有的精力都放进电脑公司的经营管理上。到 2001 年，王灿基结束了自己长达 10 年的通信业务，将事业重心转移到了电脑行业。

经营电脑公司的这 6 年，是他创业以来最艰难的 6 年。市场经营模式的转化，人员的大幅度流失，各种问题接二连三地向这个铁打的汉子袭来，让他愁眉不展，心力交瘁。

到 2006 年，王灿基几乎到了山穷水尽的地步，公司 3 个连锁店，9 个电器卖场的专柜连续亏损。

坎坷是人生最好的导师，不懂得销售，不懂得如何管理销售人员让他经历了众叛亲离的困境，同时也让他懂得了不断提升自我的重要性。

深埋于骨子里的求学梦想在这一刻喷涌而出，他开始了人生第二次求学旅程。他需要通过学习找寻迷失的方向，找寻迷失的自我。

尽管企业已经极度困难，但是他并没有吝啬对于学习的投资，他毅然走进课堂，开始了自己的深造生涯，他的老师是著名的企业家李践。

在课堂上，他经历了许多痛苦与挣扎，也收获了许多知识与友谊。

他这样回忆当初："在老师的引导下，我不断地总结这些年的经历，这一过程让我明白了之前我为什么做得不好，为什么会走到如今这般困难的境地。是盲目的扩张、保守的心态、没有目标的经营，把我害惨了。"

那一次的培训学习，让他感触最深的是培训公司及老师对他的帮助，当听说他是残疾人时，培训公司立马对他实行了学费减半的优惠政策。当培训师老师在课堂上看到他之后，又把已经收取的那一半学费退回给他。

或许，对于一名成功企业家李践而言，这不过是对残疾人举手之劳的帮助，但是在王灿基的心中，这却是一次灵魂的洗礼，那一刻，他明白了一个企业家对社会的责任。

也是从那一刻开始，王灿基下定决心，要以李践老师为榜样，担负起社会的责任。让更多的有工作能力而没有出来工作的残疾人，步入社会工作，而不成为家庭的包袱。

王灿基如饥似渴地汲取着各方面的养料，不断地充实自己。他的成长足以让所有人刮目相看。通过学习，它不仅深谙企业经营管理之道。也对自己的缺点和优势有了更加清醒的认识。

课程结束以后，王灿基回到公司对经营项目做了很大的调整，他关掉了 9 个卖场的专柜和长期亏损的两个店面，把不盈利的项目砍掉，对盈利的项目进行重新定位。

痛苦的涅槃之后，终于苦尽甘来，准确的措施换来了香甜的果实。企业成功地扭亏为盈，并不断壮大起来。

自己才是自己的上帝

人生因为信念而伟大，在未踏入社会之前，王灿基就有这样一种执着——要自力更生，不依靠社会和家庭的救助过日子，这才有了今天的企业家王灿基。

"以前，我在家里走路都是蹲着走，一到外面我就拄着拐杖，拄拐杖走路根本不能上楼梯。"王灿基的语气很平和，像是在诉说着别人的故事。"当我找到第二份工作的时候，公司在二楼。第一次上楼我很犹豫，但是胸中的一股力量让我将拐杖放下，蹲着走上二楼。"

在他走上楼梯的那一刻，他的心灵突然宁静下来，他忘记了周遭人惊讶的目光，忘记了自己一路走来经历的艰辛岁月，甚至忘记了自己的残疾。

他仿佛再次回到教学楼的顶层，在那里，他曾经看见过世界上最美丽的夕阳。

他记得老师温和的声音："孩子，世界上每个人都是被上帝咬过一口的苹果，都是有缺陷的人。有的人缺陷比较大，是因为上帝特别喜爱他的芬芳。"

他记得自己的迷惘："世界上真的有上帝存在吗？为什么他从不出现？"

人的一生中，需要翻过几座山，跨过几条河，走过多少路，才能真正懂得生命的含义？王灿基是幸福的，在经历了人生的大悲大喜、大起大落之后，他终于追寻到上帝的踪迹。

王灿基说："只有自己才是自己的上帝，唯有战胜自我的人才能战胜命运，上帝一直都在，只是需要我们锲而不舍的追寻。"

如今的王灿基，不仅是一位知名的企业家，更是一位出色的心灵导师，被誉为中国的约翰·库缇斯。

作为一个对社会有贡献的 IT 业民营企业家，王灿基的故事感动了无数人，工厂、大学纷纷邀请他演讲，他也很慷慨的将自己的苦难历程、快乐收获和大家分享，激励更多的人为理想而奋斗。

在王灿基就读的小学，那棵爬上墙头的榕树依然矗立着，几十年栉风沐雨让它显得愈发虬劲。

王灿基常常一个人安静的站在树下仰望天空。这么多年，他的奋斗和这棵榕树一样，从一颗卑微的种子开始，生根发芽，在时光的流淌中，最终成为靓丽的风景。（饶坚／图文）

亲历厚街解放的老兵

——记厚街籍老干部王冲

有这么一批从革命年代走过来的老兵，曾经在战场上艰苦卓绝地战斗，如今又发挥余热为他人带来欢笑与希望，其中有一位亲历厚街解放的老兵———王冲。

王冲（左）与老战友王童

曾经，在东莞东城、南城、莞城乃至厚街等镇区的不少中小学，每年孩子们都会迎来一个特别的日子——听一位白发老人讲德育和革命故事。每到这个日子，孩子们就如同过节一样开心，或聚集在礼堂、操场、教室，或围在老人身边，专心致志地听他讲述抗日战争、解放战争时期那些遥远而真实的经历。

这个老人名叫王冲，厚街镇厚街村荫塘人，是经历过抗日战争和解放战争的东江纵队老战士。王冲喜欢和孩子们在一起，孩子们也亲切的称呼他为：王冲爷爷。不久前，我慕名去到他家里进行采访。今年虽已90高龄、满头银发，王冲却依旧精神矍铄、神采奕奕，每当忆起革命战争年代的往事，老人更是激情澎湃，两眼闪烁着光芒。

"同学少年"，志坚意强

王冲原名王兴让，1923 年出生于厚街一个破落地主家庭。在王冲五六岁的时候，父亲离开了他、妹妹和母亲另置家庭。一家 3 口全靠母亲日夜搓麻绳、纺麻线、做手工养活。正所谓："穷人的孩子早当家"，打 10 来岁起，王冲就开始干农活，他不仅帮助母亲做一些力所能及的事情，还经常帮别人挑脚挣钱贴补家用。

王冲的母亲读过几年私塾，识得字，还会吟唱东莞特有的曲调"木鱼书"。受母亲的影响，王冲从小就喜欢唱歌。他读四年级时已开始阅读《水浒》、《岳飞传》、《七侠五义》等书，小学高年班时就敢在讲台上教同学们唱《可怜的秋香》、《雨打芭蕉》等歌曲。当时的王冲没想到的是，音乐就此成为他一生的爱好。

在 17 岁的时候，王冲经舅舅介绍来到香港，随后他参加了由共产党领导的四届救灾会港澳回国服务团。1940 年 6 月，王冲随团回到内地，在廖锦涛、周逊、张韶、彭通等地下党同志的帮助和引荐下，正式参加了革命，主要从事地下抗日救亡和文化宣传工作。

是年 6 月下旬，王冲随同服务团一行 50 多人被编入国民党 12 集团军政工补训班。该班由共产党员廖锦涛同志任负责人，全班分 13 个小组，每组设指导员一名，几乎全部指导员都是地下党员。在班上，王冲接触和学习了不少革命书刊，如《论持久战》、《新民主主义论》、《中国近代革命史》等。这些书籍不仅开阔了王冲的眼界，增长了知识，也让他了解到抗战的基本形势并初步树立了革命的人生观。这期间，王冲除了学习政治理论，还学了不少军事基础课程。

1941 年，王冲在培训班结业了，被分配到国民党 186 师 558 团政工队，由师部政治部管理，承担文艺演出的任务。有一次王冲同队员们排了个反映国民党军官贪污腐败、"前方吃紧，后方紧吃"等现象的节目。虽然这只是个临时凑起来的小节目，但男女演员把官员们腐败堕落的丑态演绎得入木三分，因而深受士兵们欢迎。不想，这个节目却捅了马蜂窝。师参谋长薛叔达（系国民党高级将领薛岳的弟弟）气急败坏地跑到了后台破口大骂。被惹火的薛叔达张牙舞爪、暴跳如雷，还下令要回去严查。当大家怀着惶恐的心情收拾道具，提心吊胆地度过了一个不眠之夜。

第二天,师部派来传令兵通知大家到参谋部集合。走前大家一致决定,决不出卖自己的同志。到达参谋部后,薛叔达又是威逼又是利诱,七审八问但一无所获,最后恼羞成怒的薛叔达只好无奈地解散政工队。

勇斗敌人,保家卫国

1945年,由于形势的变化,王冲等一批从事地下工作的同志受命回到了东江游击区,被分配到东江纵队有"铁流支队"之誉的五支队工作。这段时间,王冲随部队一边配合三支队攻打公庄,一边忙着宣传、发动群众。有一次,他受组织安排从大岭山经交通站到惠州博罗前线指挥部。在指挥部,他见到了接头人——东江纵队政治部主任杨康华。

那天,就在他和杨康华主任聊得起劲之际,发现王作尧副司令员在旁边走来走去,似乎在思索着什么,且不时将目光投射到自己身上。过了一会,他就走过来,笑着对王冲说:"又来了一个同乡,你离家多少年了?"王冲说:"5年了"。接着,王作尧说,"你在大岭山一支队那边时,离家乡那么近,怎不回家看看啊?"王冲回答,"回去了怕母亲不让我再出来,就没去。""这也好,待胜利时再回家去……对了,你在这里多逗留一两天,见见你叔叔吧,他也在情报站工作。"王作尧副司令员说。

果然,第二天,王冲见到了分别已久的叔叔。叔侄一见面,高兴得拥抱在一起。一番交谈,王冲知道叔叔也参加了革命。随后,王作尧又请叔侄俩在指挥所吃了一顿饭,并鼓励他们在部队好好干。和王作尧与叔叔的这次见面,感受到王作尧作为党的高级将领对部属的关怀、体贴,让王冲心里对他涌出无限的感激。

除了收获与叔叔见面的喜悦,这次王冲还在指挥所结识了与自己同岁的王作尧的警卫员王童(王童仍健在,住在东莞老干所)。他们一见如故,并在日后的战争年月里结下了深厚的友情。值得一提的是,直至现在,他们都常常保持着联系,还经常在一起聊天、喝茶、回忆过去和参加组织的各类文娱活动。

那时,王冲所在的东江纵队五支队经常辗转于东莞、惠州等地与日军周旋、作战。日军在亚洲战场的全面失利并没有让他们放弃抵抗,反而更加穷凶极恶、负隅顽抗，因此王冲所在部队与日军的战斗常常打得异常艰苦、惨烈。好在部队充分发挥游击战的优势，充分调动起人民战争的力量，打伏击战、偷袭，拔据点、炸炮楼，取得了一次又一次的胜利。1945 年 3 月 9 日，日军一部约两百来号人开进虎门、厚街一带抢粮食。王冲事先得到准确情报，他迅速向支队汇报，同时将消息快速传递到白沙、白濠等村，做好战斗准备。

那天下午，日军在厚街一带抢了几车粮食后，又来到虎门白沙境内。就在他们准备分散进村抢粮时，早已埋伏在暗处的东江纵队战士枪炮齐发，鬼子们顿时哭天喊地，死的死，伤的伤，乱成了一锅粥。趁鬼子混乱之际，战士们迅速从各个墙角旮旯钻出来，奋勇冲向敌阵……此时，当地数以百计的老百姓也纷纷加入到了战斗的行列，他们一边大声呼喊着："杀啊，杀啊！"，一边高举着土枪、鸟铳、长矛、扁担、菜刀、锄头，乡亲们带着对鬼子的无比仇恨与愤怒，一起杀向抱头鼠窜的日军。经过近半小时的战斗，日军丢下了上百具尸体和不少枪支弹药，逃回了据点。

王冲也加入了这次战斗，并亲手消灭了两个鬼子。回想起当年的情景，王冲脸上依旧是充满了自豪和喜悦。

那次胜利后，王冲又跟随部队参加了几次对日军的战斗。每次作战，王冲总是奋勇在前，还受了几次伤。他不怕牺牲和英勇顽强的精神得到了上级的高度肯定，也多次授予其战功荣誉。到了 1945 年 9 月，日本宣布投降后，王冲光荣地加入了中国共产党。不久，他又追随部队到了粤北韶关一带，为配合王震部建立五岭根据地，同残留伪军和国民党反动派进行更为艰难、惨烈的战斗。

坚持到底，走向胜利

因为擅长文艺，王冲在抗战取得胜利后被调入了东江纵队文艺队担任指导员。在战时，他依旧是身先士卒、冲锋陷阵的战斗员，而没有战事的时候他就是一名文艺兵，经常带领大家排练节目、慰问演出。

刚到粤北的时候，由于是在崇山峻岭之间打游击，经常遭受国民党军队的围追堵截，部队生活条件及其艰苦。曾经一连半个月，王冲同战友们粒米未进，全靠吃南瓜和野菜等充饥，一天只吃两顿，每顿只能吃到半茶缸的量。因为饥饿，王冲目睹了不少战友饿倒在身边，再也没有起来。光文艺队就饿死了四、五个同志。但极度恶劣的条件并没有压倒同志们的精神意志，在战斗之余，王冲利用难得的休息时间编写出通俗易懂的词曲，为战友们鼓劲。在他和文艺队全体同志的宣传鼓舞下，那些原本抱有消极情绪的战友的情绪也迅速得到了改善。常常，他们一边忍受着饥饿，一边牵着敌人的鼻子在大山野岭之间"捉迷藏"，把敌人玩得团团转。

尽管如此，与国民党军队的战斗还是经常会发生。那一次，在韶关的一个山顶，国民党某部第七团把王冲所在部包围了，战斗打得异常激烈。经过长达两个小时的顽强抵抗，和巧妙的利用山地复杂的地理优势，王冲和战友们击退了敌人数十次的进攻。但由于敌我兵力的悬殊，还有武器装备上的差异，不少战友在突围中牺牲了。王冲也受了重伤……

王冲清楚地记得，有一次，32个病号来不及转移被安置在大山中一个非常偏僻的岩洞进行救治，另派了一个班的警卫战士和医护人员照料他们。不料，国民党军在搜山的时候发现了这个隐秘的山洞并加以包围。一开始，国民党军只在山洞外喊话劝降。面对敌人的利诱与威胁，被包围的东纵战士们却没有一个为之动摇。后来，敌人见劝降无果就强攻山洞。尽管东纵战士们进行了浴血抵抗，还是无一幸免。噩耗传来后，王冲痛不欲生。因为就在他们转移的前一天，王冲还带着文艺队的同志去看望并为他们演出了节目。且其中的几名伤员还在以往的战斗中救过王冲，与王冲结下了深厚的情谊。

像上述艰苦卓绝的战斗，王冲和他的战友经历了无数次。而在说起在战斗中死去的战友，老人家眼里已涌出了点点泪花。到现在，老人家还时常在梦里梦见他们。而每到清明，老人家更会带着全家人，带着鲜花、酒水、瓜果和香烛鞭炮等，来到烈士陵园悼念战友们并为他们祭扫、悼念。难怪有人说，战友情是人世间最深厚的情感，由此可见一斑。

当然，除了那些惨烈悲伤经历的刻骨铭心，王冲对当年自己带着战士们下山摸营、偷袭取得辉煌战果的往事也是记忆犹新。而在为孩子们讲课时，他也常常会讲到这些。他知道，孩子们喜欢听这些胜利、让人欢欣鼓舞的战斗故事，自己也有必要告诉他们——即便是在那样艰难的岁月里，东纵的战士们是如何克服困难、想方设法与敌人周旋并计取数倍、数十倍于己的敌人。

改编白话版《白毛女》

1949年，人民解放战争由防御转入了进攻。因为战争的需要，东江纵队主力北上山东，经整训改编成两广纵队，归属粟裕领导的三野战军。在经历了数次大的战役后，人民解放军以不可阻挡之势渡过长江、挺进华南。王冲亦随两广纵队文工团为解放两广南下。

部队到达江西赣州时，王冲他们迎来了中华人民共和国成立的喜讯。其时，叶剑英元帅正在赣州主持解放两广的高级军事会议。又恰逢农历八月十五中秋节。中秋当晚，叶帅邀请即将分头进军的将领们到他的住所赏月，还把王冲等文工团的一些同志也请到他那里。王冲为给首长助兴演唱了一首在"东纵"时期的客家方言歌《东江水》，以表达对即将解放的家乡的眷恋之情。

在大家欢聚正热之际，叶帅突然向王冲他们问道："这个月中旬就要解放广州了，你们准备什么礼物献给家乡父老啊？"随后叶帅提出了建议，你们过去不是演出过《白毛女》吗，我想你们如果用白话（粤语）编排出来，效果一定会更好——毕竟两广的很多老百姓听不懂普通话。

叶帅的建议无疑是对王冲他们的莫大期望。受命后，王冲与团长史野、戏剧股股长韦丘（著名诗人、广东省作家协会原副主席、《作品》杂志原副主编）等人商议，决定在行军的间隙改编白话版的《白毛女》。就这样，一路上王冲和战友们利用有限的休息时间边行军边修改剧本、词曲。很快，他们就将白话版的《白毛女》改编完毕，并在广州解放后在各地巡演了上百场，受到了当地百姓的极大欢迎。

等到全国解放后，王冲又相继受命调转到华南军区，汉口、惠州等地担任不同的职务。不管走到哪里，不管从事何种工作，他始终抱着一颗为国为民之心，为新中国的建设与发展做出了自己的贡献。当然，他更没有丢下心爱的音乐，除了不断搜集、创作、改编一些战争年代的歌曲，直到前些年，他还会利用闲暇时光为老干所的老同志和学校的孩子们指挥、表演节目。（蓝枫／图文）

30年热心公益不辍

——记厚街民营企业家王春全

他是一位年逾八旬的老人。在厚街镇、在涌口村，他的慈善之举有口皆碑，他的爱心温暖着无数人——他就是王春全，人人都尊称他为"全叔"。

至今都带着浓重乡音的王春全，只上过3年书塾。与许多知名企业家一样，王春全的创业历程富有传奇色彩。他是第一批"洗脚上田"的村民，凭借过人的胆识，他在上世纪80年代初期开始创业。他从一间卖濑粉的小食肆干起，到拥有了广兴家具有限公司、永强运输公司、绿茵酒店等多家企业。这种"多角经营"，为他完成了最初的原始积累。

在企业发展中，王春全有着东莞企业家特有的行事方式——在广袤的市场上精耕细作，把别人忽略的领域做到极致。不在乎名声是否显赫，只关心自己的企业能否担当起社会责任。正是这种行事方式，让他的企业在激烈的商海竞争中生存下来并继续发展，他也成了第一批"原生态"企业家。

全叔的成功经历，让我想起了一部电影的画面：阿甘飞快地奔跑着，奔向自己的目标，用最简单、最直接、在俗人眼里最愚笨的方式奔向自己的彼岸。

回报社会，兼济天下

从白手起家到商界精英，全叔收获了众多头衔。他曾经担任过东莞市历届政协委员、东莞市总商会常委、东莞市私企商会副会长和厚街镇商会副会长等，他曾被厚街镇委、镇政府授予刻有"繁荣经济柱石，卫镇护民先锋"的镀金碟，他被《新快报》评为"东莞市十大感动人物"……然而在这些头衔中，他为之倍感欣慰的称号是"尊师重教第一人"。

全叔追求的不仅仅是事业的成功，更是追求心灵的平静、安宁。他说："内心的安详才是永远。"他为家乡的教育事业和公益事业慷慨解囊，为失学儿童送去温暖，为孤寡老人送去祝福，为受灾群众送去慰问。"幸福不会从天降。回报社会，回报乡亲，是我的心愿，也是我的事业，我无怨无悔，不会改变。"全叔说，在东莞，他并不算是很有钱的人，若硬要把他往有钱人的圈子里拉，他会称自己为"有钱佬中的贫困户"。但他始终觉得，并不是有钱才可以做公益，有资源、有头脑同样能为公益事业贡献力量。因此，无论把他归类为哪种人，他都会坚持他的慈善事业。他认为企业家在促进公益事业发展中扮演着重要的角色，致富应不忘思源。民营企业近几十年高速发展，得益于国家的改革开放和宽松、和谐的政策环境，企业的发展与国家的进步是息息相关的。而企业家在取得成绩的同时，也应当意识到回馈社会、帮贫济困是责无旁贷的。

"工作不仅仅是养家糊口，不仅仅是挣多少钱，而是包涵了更多超越利润的东西。"全叔说，"我们愿意帮助更多可以帮助的人，就是具备社会责任的体现。在这个社会，我们需要有人著书，需要有人立说，需要艺术家，需要演讲家……但我们更需要的是实实在在做事情的人，尤其是能够把自己份内事情做好，再力所能及做一些对别人有益的事情的人。"唤起公益之心，人人皆可行善。一个企业一旦发自内心地履行自己的社会责任，不但不会阻碍自己的企业发展，还会促进自己的企业发展。他认为，投身公益事业是将良好的道德修养表现在具体行动中。公益事业不局限于公益活动本身，任何公益行动、志愿服务，除了完成自身任务之外，还有一个基本的功能和使命——倡导、影响。

"做慈善并不是一朝一夕的事情，一定要持之以恒，时时刻刻以自己的行为和能力去带动、影响身边人。做慈善是非常快乐的旅程，也是最好的心灵按摩。"

全叔一直践行的这种慈善理念，暗合了一段智慧箴言，"慈善并非是有钱人的专项，而应该是每个人都具有的理念"。慈善，顾名思义是内心的一种慈悲，只要有了慈悲，哪怕是付出一个微笑、说一句安慰的话，对别人也能起到作用。其实只要有一颗慈悲心，即使自己没有钱，也可以以体力帮助他们、以心力安慰他们，这也是一种慈善之举。

儒家主张，人立天地间，"穷则独善其身，达则兼济天下"。全叔起于草根，因苦于贫穷而创业、而创新，至衣食无忧又发愿于共富、于和谐，为儒家传统哲学作出了生动的诠释。

尊师重教，热心助学

在厚街，全叔眷恋故土、尊师重教的故事早已被传为佳话。

"教师节到了，全叔就来啦！"自 1985 年第一个教师节开始，全叔每年都会出资 20 多万参加捐资助学、慰问教师的活动，从未间断。据涌口小学的老师们回忆，1993 年 9 月 9 日，全叔去了广西桂林洽谈一单生意。当晚学校打电话邀请他参加翌日教师节的座谈会，全叔才突然想起竟然把教师节给忘记了，当即抛开生意托人订好机票，第二天上午 11 点赶回厚街准时参加了下午两点半举行的座谈会。

留心查看媒体报道，我们可以看到下面一组组特别又真切的镜头：

"我带来的物资不多，但我的真心很多，绝对不装假。"厚街中学一个大教室内，年近八旬的厚街民营企业家王春全的一番话，激起了在座 200 多位教职工的热烈掌声；年近八旬的全叔宴请厚街涌口小学及幼儿园的 100 多名教师进行节日慰问。宴席上，看到全叔相比往年明显清瘦的面容，教师都是既敬佩，又感动。

涌口小学校长王凤玲说："全叔由于身体问题，假期当中做了一次手术，但是教师节到了，他仍然记住我们老师，我们全体教师非常感动。在今后的工作当中，我们会继续勤勤恳恳工作，全心全意教书育人，努力把我们的学生培养成为对社会有用的人才。"在厚街专业技术学校、厚街中学和涌口小学，王春全夫妇和教师们座谈，给他们送上慰问品、慰问金和节日的祝福，厚街专业技术学校校长陈仲良："我们作为厚专的全体教职员工要重视师德建设，要把我们厚专的工作做好、规范好，来回报全叔对我们的厚爱。"……

对于几十年如一日尊师重教的善举，全叔深情地说，"我没有惊天动地的故事，也没有舍己救人的事迹，我只是社会上一个懂得尊师重道的健康细胞。"全叔是厚街涌口南社人，和许多民营企业家一样，他也是从改革开放之前民风淳朴但贫穷落后的农村里一步步闯出来的。这既磨砺出了他内敛沉稳、质朴坚毅、悲天悯人的性格品质，也使他深刻认识到了知识、文化、教育对于人的成功、国家的进步的重要作用。因此，全叔一直关注教育事业。他从洗脚上田的那一刻起，就开始了对家乡教育的不间断的关注与帮扶。一直以来，他始终怀着一腔赤诚，关注家乡教育发展，尊师重教。他为人温和低调，在每次捐赠仪式上都不作高调发言。不过从他一直微笑着点头和频频招手的举止里，全体师生还是完全感受到了他对莘莘学子的殷殷冀望。他不仅关心老师，还资助了许多优秀的贫困学子，希望尽自己所能帮助他们完成求学梦想。就像他说的："我们微薄的力量也许会改变一个人生活的轨迹，改写一个人的命运。"

更重要的是，他用自己的善行义举，诠释了一个爱心人士的高尚人格、尊师重教的深远意义，以及助人为乐的传统美德。数十年来尊师重教、持之以恒，全叔以超乎寻常的毅力和无比的耐心，为他的慈善人生添上浓重的一笔。

"漏榜秀才"，用慈善拓宽生命

一个初夏的午后，我去他家拜访，有幸与全叔近距离接触。言谈中，全叔给我的印象深刻：慈眉善目、精神矍铄、思维敏捷、吐字清晰，丝毫不像一位年逾八旬的老人。全叔十分谦虚地向我讲述了他的人生经历，使我更加深入地了解他的可贵品格和高尚情操。

刚步入他的家门时，他正认真地与工作人员探讨着慈善方面的相关事务。全叔正是这样一位热心于公益事业的人，虽然年逾八旬，但他依然抽出时间用于公益。换句话说，参与公益事业已经成为他生活中不可或缺的一部分。

全叔喜爱背诵古文，能够随口背出孩提时在书塾学过的《千字文》、《增广贤文》、《三字经》等蒙学教材，尤其是他唱木鱼歌时，听起来特别圆润和谐，有"余音袅袅"的韵味。他平时又爱看书读报，知道的事情很多，时常有奇思妙想——在他司机的手机里，留着这样的诗句："人生天地算，健康最为先。人穷是不怕，最怕存悲观。做人要奋志，希望看明天。"其实，全叔张口成诗、闭口成词的急才早已为人所称道。他的司机说，一次在顺德召开的民营企业家茶话会上，有当地人举杯说："欢迎大家，顺风顺水来顺德"，全叔一听立刻妙语答曰："感谢各位，厚情厚意到厚街"，答毕，全场顿时肃然起敬，从此"漏榜秀才"的名号不胫而走。

此刻，这位清瘦的"漏榜秀才"，以微笑的神态坐在我对面。在接受我的采访之前，全叔温和而认真地听我说明来意后，换了一种思索的神态，仿佛一些理念的东西正越过语言进入他的思维。"财富是无法衡量的，只要能满足基本的衣食住行就可以了，我们更希望尽自己的微薄之力来做慈善，回报社会。"全叔以此开始了我们的访谈。

"为什么您会时刻惦记着村里的父老乡亲？"我问。"虽然社会发展了，但村子里两极分化还是非常严重。村里有些老人为了不给儿女增加负担，坚持自己住，生活条件很艰苦。我从小在村子里长大，对这里的人和事有着很深的感情，看到老人们生活好了，我心里也很宽慰。"全叔答。

"您的家人对您的慈善事业支持吗？"全叔激动地回答："家人非常支持我做慈善。我做慈善事业不会终止，会一直坚持下去，以后我的儿孙都会继续我的慈善之路，这才是我留给他们最珍贵的财富。"。

在深入采访中，我了解到全叔不仅热心于教育，对其他公益事业也怀有同样的热忱。早在1984年，他就在涌口设立了见义勇为基金。那时他的事业刚刚起步，心里便惦记着一方水土的安宁，虽然自家企业面临资金紧张难题，他仍然想尽办法率先发起建立了见义勇为基金。他支持村镇的道路、绿化、公园娱乐等公益设施建设，成立老年人的各种基金会并开展文化体育活动，还在厚街镇开办"道德讲堂"分享慈善理念……每逢中秋、国庆和春节等节日，全叔和他的家人都习惯带着慰问金和礼品逐家逐户，给当地 60 岁以上的老人送去祝福和温暖。

"这样的事情太多了，听说村里的哪位老人有困难或者有哪个孩子需要帮助，他都立刻捐款捐物。"全叔周围的人都感叹地说。除了日常生活中的这些点滴的善举，全叔对于慈善活动是"知道的都参加"。老人生活简朴，从家中布置就可见一斑——发旧的家具，简单的装饰，而面对慈善活动却经常慷慨解囊。"他是一个性情中人，一说到感动的事情就会掉眼泪。一看到可怜的人，就想去帮助。"这是全叔的家人对他的评价。

在浮躁的时代，静心体会成了奢侈品。人们似乎更关注八卦新闻、潮流新闻，而不愿意多花时间体会慈善人士的真情和爱心。全叔经常跟他的朋友们说，社会给予了我们很多很多，从情义角度说，回报社会是一种知恩图报的良知体现。从理论角度来说，获得和给予是要平衡的，这也是让人生更健康的方法。"我做善事不图回报，我觉得支持慈善事业，应该是一种美德。对于慈善，人们应该形成一种共识。慈善组织应该做到基层，让经济条件好的家庭都参与进来，形成一种机制，开展经常性的慈善活动，将它变成一种习惯。"说起对"慈善"的理解，全叔这样感言。

慈善，对一个人来说，是一种美德、一种修养，每一个人的每一个爱心之举，都在铸就这个城市的爱心之魂。在厚街，像王春全这样用慈心和善举点亮了一盏慈善明灯，用爱诠释人间真情的感人故事，正在悄然引起共振效应。不禁让我们心生感慨——爱心就像磁场，已成为这个城市的内在品性。（孟先／图文）

坊间和事佬成"全国调解能手"

——记厚街社区调解员王锦灵

10多年来，他在这看似平凡的调解员岗位上任劳任怨地工作，希望尽力解决好邻里纠纷，建设和谐美好的厚街社区。他就是王锦灵，厚街居民眼中的调解能手。

去厚街找王锦灵采访，颇费了一番周折。待他处理完一场纠纷，已是一个多小时后。"不好意思啊，孙记者，让你久等了。"一见面他就握住我的手，连连抱歉。那是一双温热有力的大手，在被握住的那一刻，我似乎已感受到了他那浑身使不完的劲头与满腔的热情。

1.7米多的个头，微微发福的身体，眉宇间透露着一股自信与豪爽……原本以为搞社区调解工作的人应该八面玲珑，当深入王锦灵的内心世界，才知道原来的想法错了。在我看来可能干不好调解工作的大个子，把社区的家长里短、大事小事处理得滴水不漏、游刃有余，成为远近闻名的优秀调解员。最近，他更是荣获了司法部颁发的"全国调解能手"荣誉称号。

出于博爱走上调解员之路

王锦灵生于上世纪 60 年代。作为土生土长的厚街大明塘人，他对这里的一草一木、一人一物有着深厚的情感与眷恋。"他丰富的人生阅历，以及他对故土的无限热恋，是他在社区调解岗位上坚持十多年，兢兢业业、矢志不渝的两个重要原因"。一位社区的同事在谈及王锦灵时，这样说。

随着改革开放的脚步，厚街的经济迅速腾飞，工厂、企业犹如雨后春笋般在各个社区成长起来。看到家乡的巨大变化，王锦灵在深感欣喜的同时，也感到了不小的压力。身边的人一个个富起来了，一个个都找到了好的工作。而自己一没学历、二没技术，该如何融入到这如火如荼的改革开放经济大潮中呢？要去学习，继续深造。下定决心后，王锦灵筹集了 2000 元学费，进入到一家服装学校，学习成衣的制作。一段时间后，一家香港企业在社区里招工，恰好需要一些熟手，王锦灵凭借着过硬的技术和优秀的管理能力，迅速从生产部工人一路提升至断裁部主管、厂长。多重身份的职场经历，尤其是身处车间一线的生活，不仅丰富了王锦灵的人生，更让他看清和体会到工厂与员工之间、员工与老板之间存在的种种矛盾，同时也让他深深感悟到工人们生存的不易与艰辛。很多时候，打心眼里，王锦灵为他们时常受到的不公待遇感到不平。但那时，尽管他已是一厂之长，却也是替别人打工，也要看老板的脸色。可在工作与生活中，王锦灵还是尽自己的最大努力处处替工人们着想，常常为他们争取一些应得的利益。有时为改善他们的工作环境与生活环境在老板面前说好话，甚至据理力争。

1998 年夏天，成衣部的一名四川籍员工因为车间太热，在上班时晕倒了，为此他休息了一天。当月在计算工资的时候，人事部以其出勤未满公司规定为由扣除了他当月全勤奖。这名工人家境非常困难，父母常年卧病在床，经济来源主要依靠他在外打工的微薄收入。虽然全勤奖只有区区一百多元，但那名工人还是不甘心，找到了王锦灵，讲诉了事情的原委。这名工人，王锦灵平时也有过接触，知道他在工作中任劳任怨，做事也非常认真。王锦灵在了解情况后，尤其在了解到他的家庭状况时，心里很不是滋味。随后，他将所有的情况向老板作了汇报，除了为那名工人争取到当月的全勤奖外，他又向老板提出建议，修改了关于工人全勤奖的一些不合理制度。

"那时工厂里的状况比现在要差许多，工人们经常会受到不公正的待遇，我很想为他们多做点什么，但因为各方面的因素，常常是有心无力。很多时候，看到他们无助的眼神，我心里就如同刀割一样难受。说实话，他们这些人把自己的青春甚至生命都交给了工厂，更为我们厚街的经济发展作出了不可磨灭的贡献。我们应该尊重更应该感谢他们……"回忆起在工厂工作那段往事的时候，王锦灵依然感慨良多。透过他的话语，不难感受到他硬朗外表之下那柔软而博爱的心。正因为他发自内心的真情，在后来的调解工作当中，他能够一次又一次化解种种纠纷与矛盾，赢得大家的尊重与爱戴。

重担在肩，全心全力

王锦灵所在的大明塘处于厚街中心地带，全区人口近 4 万人，其中外来人口就有 3 万多人，还有近 500 家各类型的企业进驻于此，是厚街人口数量较多、结构也较为复杂的一个社区。这都无疑会带来更多的纠纷和意想不到的事件。据不完全统计，每年因为各种原因造成的邻里、本地居民与外来工、外来工与企业、工厂与本地居民之间的纠纷、事件就多达 400 余起。加上社区调解部门工作人员又少（总共才 4 个人，有两人还是兼职），因此，作为社区调解部门的负责人，王锦灵可谓重担在肩。

有人说社区调解工作干的尽是费力不讨好的事情，繁杂、琐碎，更没什么前途，可王锦灵不这么看。他说，社区无小事，哪一件纠纷如果处理不好就极有可能带来更深、更大的隐患，不仅会给当事人带来不利的后果，也会给社区的工作抹黑。而如果干好了，对社会的和谐、民众的安居乐业、企业的正常运转等等将起到意义非凡的作用。

王锦灵的话一点也不夸张。事实上在王锦灵初干调解员工作的时候，就发生过类似的例子。1998 年，王锦灵由对外加工办的办事员调至调解部门担任调解员。有一次，一名外来工与所在企业发生了劳资纠纷。尽管王锦灵他们找到当事人、企业做了工作，但那名外来工对调解结果并不满意，当时没有表露，却怀恨在心。一天下午他揣上匕首，偷偷溜进工厂，欲对与其发生矛盾的部门主管下手。幸好一名保安及时发现并竭力制止才没有造成严重后果。

说起这件事，王锦灵依旧唏嘘不已。他说，当时那个工人与主管仅隔数步之遥，情况真的是很危险。那件事以后，王锦灵一方面总会反思自己在工作中还存在的不足，在调解当中应当注意和发现哪些可能存在的问题，在对待企业与员工之间的矛盾应该抓住哪些重点和细节；另一方面，王锦灵又开始在私下里加紧学习调解中会用到的各种法律知识。他不仅购买了许多法律书籍，还报考了法律培训班，经常参加各种民事调解和法律方面的知识竞赛。在不懈努力下，他的民事调解和法律专业的知识日渐增多。

古道热肠，为民服务

因为调解工作人员很少，每每遇到民众矛盾和民企纠纷，王锦灵总是使出浑身解数，将矛盾化为最小，将纠纷化于无形。

2012年底，大明塘棉孚服装厂附近发生了一起自杀案，死者系该厂的一名贵州籍保安。该保安因为夫妻感情不好，常常与同在厚街打工的妻子发生争吵、打斗，进而分居，感情濒临破裂。并且他与父母长时间关系冷淡，得不到关怀。加上在工作上也经常出现失误，时不时会受到领导批评。基于这些原因，该保安感到生活无望而选择了自杀。案情发生后，王锦灵第一时间来到现场，一边协助公安部门的同志展开事故调查，一边积极与死者家里联系。

经公安部门调查，发现该案完全是由于死者想不开造成的，无他杀迹象，遂作自杀结案。按照国家法律规定，由该保安所在工厂对其家属给予27000元的非工伤抚恤金补偿。不料，该保安家属以补偿太少为由，大闹工厂，并提出100万元补偿的不合理要求。甚至在要求得到不能满足后，死者家属还一度将骨灰放到王锦灵办公室，死活都不愿意拿走。

面对死者家属无理取闹的过激行为，王锦灵在愤慨之余也感到深深的同情和理解。在处理案子的过程中，他了解到死者家在偏远山区，家境贫困，死者的工资是家庭的主要经济来源。为此他除了与同事一遍遍耐心地做工作、摆事实、讲道理，出具国家法律所列的非工伤抚恤规定外，还在生活上对死者家属给予无微不至的关怀，为其安排住宿、伙食（有时还自己出钱），联系相关责任人坐下来进行商谈，找服装厂老板沟通再给予死者家属一定的经济补偿……

终于，死者父母在闹了近10天后，被王锦灵至始至终的热情与关心所感化。经过与服装厂的谈判，获得了47000元的补偿后，死者家属带着骨灰回了家乡。临走，他们对王锦灵表达了由衷的感激："王主任，这段时间给您添麻烦了，您对我们的照顾和帮助，我们将铭记在心。"

事后，在谈到这件命案纠纷时，很多人不理解王锦灵，说他完全可以用法律的规定来解决这件纠纷，根本没必要为自己增加那么多麻烦。听到这些话，王锦灵淡淡一笑。他认为，用法律手段固然也能把这件事处理好，可起到的效果却是不一样的。更多的时候，不能只看到当事人无理取闹的一面，也要多了解当事人的难处，多站在他们的立场去思考。他说，人非草木，孰能无情。只要我们对当事人以真心动真情，把工作做得足够合情合理，当事人也是会理解和配合我们的。

无独有偶，2010年6月，一名湖南籍民工在居民家里拆围墙时，不幸被突然倒塌的围墙砸死。事情发生后，那名民工的家属因为嫌赔偿金少，一度找来数十个朋友、老乡到社区闹事。他们不仅追打户主，还把王锦灵的办公室围个水泄不通，并点燃纸钱……面对死者家属蛮不讲理，王锦灵没有丝毫畏惧。站在里三层、外三层围拢的死者家属面前，他除了耐心地与其周旋、讲道理，对个别不听劝告闹事的人他更是掷地有声："有事情我们坐下来好好说，再大的问题我们都会想办法解决。但若要纯心闹事，不仅你们的问题得不到妥善解决，政府也不会对你们的无理取闹坐视不管。"最终，死者家属答应不再闹事。经过王锦灵与其同事的反复劝说、调解，此事亦得到圆满处理。

在社区各种矛盾调解过程当中，像这样的命案发生率自然远远低于一般的劳资纠纷等其它事件。但不论事件的大小、轻重，王锦灵始终恪守自己的处事原则，以真情化解矛盾，以爱心将大事化小、小事化无。在该社区的许多工厂企业，很多员工一提起王锦灵就会伸出大拇指。因为在他们心里，王锦灵就像亲人一样，不仅经常到企业去看望、慰问他们的生活状况，鼓励他们加强学习、努力工作，还在他们遇到不公正待遇和困难时为他们提供帮助。

有一次，在鞋厂打工的四川籍员工小张因为在工厂被无故克扣了100元工资，他觉得很不服气，就找到了王锦灵。本来这些事情归劳动部门管，但王锦灵丝毫没有推脱，当即就打电话给那家鞋厂的朋友，帮小张妥善处理了这件事情。

还有一次，在电子厂打工的小吴因为所在工厂倒闭，一时找不到工作，身上的钱也快花光了。在犯愁之际他想到了王锦灵，拨通了他的电话。王锦灵接到电话后安慰小吴，让他不要灰心丧气，随后又四处联系熟人帮他找工作。最终通过王锦灵及其朋友的帮助，小吴在另一家电子厂找到了合适的工作。

不仅是工厂的工人，社区的本地居民对王锦灵同样是赞不绝口。在他们看来，王锦灵是个热心肠的人，不管是谁家遇到什么纠纷或难处，只要打电话给王锦灵，王锦灵总会抽时间去了解情况，并帮助他们解决相应的难题。有时因为忙，在帮助了大家后，他连一口水也来不及喝，就匆匆忙忙赶去处理其他的事务。

奉献自己，和谐社区

10多年来，王锦灵与调解工作结下了不解之缘。他以强烈的工作责任感和社会使命感，尽心尽力化解各种社会矛盾纠纷：为农民工追讨血汗钱，为倒闭企业的员工争取合理的补偿，宣讲法律和人民调解知识，培养基层人民调解员，参与群体性上访案件和重大疑难矛盾的调处工作，多达数千起。他有效的工作为大明塘与厚街的社会稳定做出了积极贡献。

10多年来，王锦灵在平凡的岗位上任劳任怨、兢兢业业地工作，获得了上级部门和领导的高度肯定和赞誉，先后荣获"东莞市调解工作先进个人"、"优秀调解员"、"维护稳定和社会治安综合治理工作先进个人"等多项荣誉。去年年底，他因为长期出色的工作和成绩，被推荐参选由全国民政部门组织的"全国调解能手"评选，并最终光荣当选。

采访结束时已是中午。不想王锦灵的电话又响起来了——一家工厂的老板卷款逃逸，数百名工人正在工厂集合，欲讨个说法……

追梦人

　　"你看，事情又来了，真是对不住啊孙记者！连午饭都没时间陪你吃了"。王锦灵挂完电话，抱歉地说。

　　望着王锦灵匆匆忙忙离开的背影，我的心里既感动又觉得很不是滋味：他这一忙怕是连午饭也没时间吃呢。（孙海涛／图文）

一颗乐于奉献的铺路石

——记全国劳动模范、原东莞市地方
公路管理总站厚街班工人王钧圻

他将青春和汗水奉献给了养路事业。在做好本职工作的同时，为环保事业做出了贡献。他默默奉献，不计功名私利；他勤思多学，以至善待人。他就是——养路工人王钧圻。

"谁将画卷示人间，廿里长街翠玉环。溢彩流光观不尽，绿城生态展新颜。"这首诗歌颂的正是东莞大道——它宽广，通畅，草木葱茏，空气怡人，不仅仅是一条交通要道，更像是满载了花草树木和梦想蓝图的彩色锦缎。

沿着东莞大道，我来到了厚街镇大塘村，找到本文的主人公：全国劳动模范、原东莞公路总站厚街班工人王钧圻。初见王钧圻，一如我想象中的质朴、敦厚、亲切和热情。66岁的他，头发几乎全白了，长年的户外劳作使他的皮肤有些粗糙。谈起公路建设和养护，王钧圻自豪地告诉我，那"弯多路窄"、"兜兜转转"的低等级公路已成为历史，"四通八达"、"路靓城靓"的城市路网，才是东莞城市生活的新画卷。

这一切繁荣的背后，有一群默默无闻、敬业乐业的养路工人。王钧圻就是其中的一个代表，用他自己的话说，他是"一颗铺路石"。

38 载公路情深

说起往事，退休后的王钧圻仿佛又回到了那个热火朝天的年代。他与公路结缘，是 1965 年 4 月的事情。当时，初中毕业后干了两年临时工的他，刚好 18 周岁，一个偶然的机会，他加入了刚组建的厚街道班。这位腼腆、朴实、朝气勃勃的小伙子从此与公路结下了深厚的情感。在这个平凡、辛苦、收入微薄的养路岗位上，他以路为业、以苦为乐、以班为家，一干就是 38 年。

退休后的王钧圻还珍藏着一张身穿桔红色工衣的工作照，那是他离开道班的时候，从站房内工作人员一览表上取下的制式照片，下边的职务栏上依次写着"养路工、班长、工会小组长、司机"（本来只要写"班长"一职就够了），这就是他给自己明确的日常工作定位。当然，他心中还有没有写上去的"党员"、"劳模"。一张小小的照片，折射出的是一个劳动模范的真实写照。

众所周知，养路是一种苦、脏、累、险的野外作业。六七十年代，沙土路面上汽车、拖拉机开过，漫天飞尘飘扬在空气中，吸灰吃尘是避免不了的事情；每到雨季，道路上沙泥俱下，工人要负担补坑槽、回沙、清沟、填补缺口、加固路肩、种花植草诸多任务。不时有疾驰而过的车辆溅起阵阵的泥浆和泥水，一天下来，兄弟们一个个都变成了"泥人"。随着经济的发展，沙土路换代成了低级水泥路、沥青路，养路工作相对轻松了一些。但大热天顶着南方的烈日煮沥青、炒砂石，修补路面，毒辣的暑气夹杂着灼人的热气，养路工人们一个个都汗如水流，身上的衣服湿漉漉的紧贴在皮肤上，那份艰难滋味只有他们自己知道。但王钧圻几十年来没请过病事假，有时带着小伤小病上阵也是平常。38 年如一日，早出晚归、风雨无阻，遇到大雨、暴雨天气也要穿着雨衣雨鞋巡路排水清涵，哪里的活最苦最累，哪里就有他憨厚朴实的身影。

养路工作的艰辛，令王钧圻的亲戚朋友都劝他转行。干一份舒适或收入丰厚的工作，王钧圻也有过机会。1979年，在厚街小学当老师的父亲临近退休，按照当时的政策，王钧圻可以顶替到学校工作。他硬是放弃了这个宝贵的机会，把这份工作让给了别人；1990年，在香港经营时装大排档生意的弟弟，提出要给他买一辆农用车跑运输。这是一个赚钱的好机会，他还是婉谢了。只因他舍不得放弃倾注了太多心血的养路事业。他总是坦然地笑着说："干一行爱一行，养路养了这么多年，舍不得那摸惯了的锄头、铁铲，舍不得那整天照料的路。""我还是当我的养路工吧！"从这些简单的回答里，谁能明白他与公路结下的情缘有多深？这在旁人的眼里是不可想象的。

他是这样解释的，每当修好了一段路，尤其是修好了一段带有挑战性的烂路，或解决了一个养护难题之后，欣慰、自豪之感油然而生；平时工作中，他亲近自然，识别各种植物，远眺群山江河，乐趣无穷。

一心为路　多管"闲事"

养路工的工作就是养路，王钧圻却不这样认为。只要是与路有关的、与路挨边的事情，他就喜欢去管管。

说起珊齐线一级公路上一排排醒目的警示桩，有这样一段故事。1989年，珊齐线有一段宽路窄桥，一天夜里，一个司机驾着货车经过，没有看清路面，连人带车，差点冲下池塘。王钧圻得知后，征得当地邮局的同意，运回10多根废弃的电杆，与道班兄弟们一起，用铁锤、钢锯加工制作，花了两个月的时间做成20多根警示桩。洗净后用油漆涂上显眼的示警标志，安装在道班房下面又陡又窄的急弯外。为此，王钧圻与一班同事们手上都多添了几个血泡，但过往的司机却获益匪浅。王钧圻觉得这个"闲事"管得值。此后到2000年期间，在他负责的三条养护线上，他们共制作安装近300根示警桩，用做示警桩、护柱、标牌立柱等，埋设在急弯、陡坡、池岸、桥头、涵洞、高路基等事故多发地段。

在S256省道（原107国道）与珊沙线交界处，原来有个三角形分流岛，里面装着垃圾和泥沙，无人管理。王钧圻每次经过都觉得大煞风景，于是他与道班兄弟们将分流岛的垃圾、粉砂清走，运来几十立方米的黄土，种上了艳丽的九里香、海棠、太阳花。他们还给岛缘石涂上了黑白标志，三角岛改头换脸，顿时焕然一新。

他们"管的闲事"还有很多。地方道班本无绿化任务，他们却在路基种美人蕉，在路面种花草，沿线改种野生花草树木作为公路边、路口、边角地带的绿化树苗。他们还自设苗圃，培植苗木，到镇屠宰场运猪粪作肥料。年终回湘探亲，也总不忘带些种苗来……几年下来，凡是经过他们护养的道路，都出落成一条绿色长廊，像是一幅自然、和谐的风情画卷——线型舒展、干净结实的宽阔水泥大道，车道外是坚实平整的路肩，整齐白色的边线。护肩带外有如茵的绿草和蜡蜡菊，翠绿中有红花、黄花的点缀和陪衬。

十几年来，厚沙线沿线的涌口村支部书记王润棠（现任厚街镇房管公司负责人）对道班工作最清楚，他是这样评价的，"个个像王钧圻一样，实现共产主义。"一心为路，不图财，不贪利，只为了公路更美，人们出行更方便，王钧圻带领道班多管"闲事"，沿路管宽了几米，真可谓是君子胸怀坦荡荡。

养路本是门学问

王钧圻只有初中文化，却十分关心国内外大事，特别是国家公路交通事业的发展。工作之余，他经常挤时间钻研文化知识和养路的专业知识。在他的理解中，养路并不只是一件拿锄头、铁铲，低头蛮干的简单体力活，而是需要不断学习，掌握更多的科学知识。

1965年，王钧圻刚进入道班，逛书店发现《公路养护基本知识》和《铁路工人砌石知识》这两本小册子，马上买下来认真阅读。虽然现在有一摞又新又厚专业书籍，他仍然没有丢掉当年的启蒙朋友。县站发下的教材、规范，他都会认真琢磨。他摸索出许多宝贵的工作经验，比如看到书本介绍河沙和山砂的特点后，总结出采集路面保护层的沙子的一个窍门：在山上扫砂，推车顺坡而下；道班的农用车底盘容易因锈蚀而破损，王钧圻用剩余的乳化沥青涂在农用车底盘上，这样一来防锈保养的效果居然比专用油漆还好；将路边工厂废弃的石膏碎块培在路肩上，用车压实，雨水季节可以保护路肩；根据公路边坡陡缓的情况，种植不同的草皮，固土效果才最好……他很善于活学活用，想出绝妙的小发明，既变废为宝，增收节支，又提高了工作效率：利用沥青工地上的油皮、弃料来裁弯改直、加固公路内弯、填补小坑洞，一年就节约沥青材料几百方，价值数千元；他自行用大铁皮烧焊加工的宽口铁铲，宽30多厘米，用来铲路面积沙，效率提高了几倍。

多年来，王钧圻养成了每日读书看报的习惯。"喜看今日路，胜读百年书"——他十分喜欢邓小平在上海视察时讲的这句话。县站给道班订的《南方日报》、《东莞日报》、《人民公路报》、《中国交通报》等，他将有关全国各地路桥建设的图片、消息都剪下来，集成"路桥剪影"，张贴在道班房的小板报上。从1991年至退休，他在这块园地上不断耕耘。翻开他珍藏多年的一摞摞泛黄、破旧的笔记本，像是走入了一卷卷"公路宝典"的知识殿堂，上面贴的诸如"加宽段绿化采用蟛蜞菊和勒杜鹃"、"高速公路中分带采用大红花美化效果"、"香港青马大桥"等新闻图片和文章。王钧圻喜欢舞文弄墨，经常在《人民公路报》和《东莞日报》上发表一些关于公路养护的小论文和散文。"向远处眺望，繁忙的国道像舒展的禾本科植物上的叶带，来往奔驰的汽车似平行叶脉上那快活忙碌的小甲虫，那鳞次栉比的厂房楼宇，也似乎是生机勃勃的"；"花儿为什么这样红？是因为它扎根于合适的土壤中，接受着雨露阳光，它要为生育它的世界带来善和美。"这些文字更像是出自一位诗人的手笔。

"梅花香自苦寒来"，孜孜不倦，刻苦钻研，使王钧圻摸索出了一套丰富的养路经验，也把自己的思想提高到一个更高的境界。

以班为家　待人如亲

王钧圻自己有个温暖的家，他也常常惦记道班这个共同的家，把道班兄弟们的工作、生活挂在心上。一枝独放不是春，王钧圻说他最喜欢"百花齐放"。

道班专栏里有经常变换的主题：如"大家出点子"、"假如你是班长"、征集路政管理标语、文明公德警句等。道班定期举行班会讨论生产计划，征集合理化建议。大家畅所欲言，各抒己见，气氛融洽。王钧圻记得一次一位合同工提了一句："（在工作中）少抽一根烟，多铲几锄泥"，引得大家笑个不停。"大家在番禺南沙看见的护路用的三角形百尺桩，不怕车碰，不怕人拔，不会丢失……"这条合理化建议的提议写在了专栏黑板上，王钧圻觉得很有价值，组织大家充分讨论，并立即着手实施。

王钧圻作为厚街道班的班长，是道班工人的贴心人。1995年4月，道班合同工老翟的家中先后两次被盗，损失严重。王钧圻知道后，立刻拿了100元塞到这名职工的手中，其他道班兄弟也伸出了援手；一名刚来的临时工生活困难，连吃饭也成问题，王钧圻和大家雪中送炭助他渡过了难关；针对生活中有用蔑视称呼外来工的现象，王钧圻专门在板报上强调："精神文明从小事做起……注意改掉"；由于露天作业，日晒雨淋，王钧圻常劝道工要按时休息，注意身体，他自己却经常利用休息时间上路值勤……

王钧圻也时刻不忘自己道班带头人的身份。他严于律己，以身作则，自己保证不少做，不多占，为了带好全班职工这个"大家"，他结合实际，在道班建立健全了劳动考勤制度、生产检查制度等一整套便于操作管理的制度。在劳动安排上，他灵活机动，善把分寸，有分有统，统分结合，使劳动效率大大提高。他将一个只有7个工人的道班，组成了一个温暖的家，也凝聚成了坚强的战斗力——厚街道班连续7年被省公路局评为"全优道班"。他常说："我的荣誉就是道班的荣誉，这是大家共同努力得来的。"

2003年2月，王钧圻从干了38年的养路工岗位上退下来，总站工会和办公室的同志们凑钱买了一座5头牛的铜雕送给他，这是一份颇具意义的礼物。退休了，他还带走了一份厚街道班工人的花名册，上面记载着每一位养路工人详细的个人信息，这些同事都是他曾经朝夕相处的兄弟，都是他要珍藏一辈子的感情。

从市里到省里，从省里到国家——东莞市劳动模范、广东省劳动模范、广东省十佳养路工、全国交通系统劳动模范、全国劳动模范、2001年建党八十周年进京的50名劳模代表之一……王钧圻所获得的证书、奖章、奖状，大大小小，可以塞满一个小皮箱。面对荣誉，王钧圻总是谦虚地说，"荣誉都是属于集体的，我只是一颗普通的铺路石！"（祝成明／图文）

从营业员到 80 后女行长

——记邮政储蓄银行宝塘支行行长王蕾蕾

她热爱金融专业，兢兢业业地在工作岗位上，不放过每一个细节；她获得荣誉却不骄傲自满，勇于接受挑战。她就是邮政储蓄银行宝塘支行行长王蕾蕾。

因为一次偶然的机会，王蕾蕾远离故乡来到厚街打拼。令她没想到的是自己在工作上竟接二连三地取得了好成绩：第一年即被评为厚街邮政银行系统优秀营业员，提升为大堂经理；两年内完成了从普通营业员到客户经理，再由支行行长到金融服务中心主任的华丽转身；第三年被评为东莞市巾帼建功先进个人，第四年因业绩突出从厚街宝塘支行行长任上调至东莞市邮政局总部……

没想到这些的还有王蕾蕾的父母。从小，她就是个乖乖女。出生在内蒙古呼伦贝尔的一个普通教师家庭的她，在父母眼里老实、乖巧，与其他家庭的孩子似乎也没有太多的区别。一切按部就班的从小学上到初中，再到大学，没有经过大风大浪。让父母没想到的是，有一天，这个乖乖女却要到数千里之外的东莞去闯荡了，更想不到的是倔强的她一去还真闯出了些名堂。

有首歌唱道：一个人不可能随随便便成功。那么，王王蕾蕾又是凭借什么在平凡的岗位中屡屡创造着不平凡的业绩呢？

兴趣点亮未来

故事还得从头说起。高中时候，王蕾蕾就在心里莫名地喜欢上了金融这一专业。当别人还在课余读金庸、古龙等作家的武侠小说，她却把目光投入到一些金融书籍和相关电视节目中。

高三那年一次课后，同学们都跑到操场去玩了，王蕾蕾却在课室里拿出心爱的金融书籍，正当她读得有滋有味的时，班主任不知什么时候来到了她的身边。等到她发现不对劲的时候，班主任老师正目不转睛地看着她。

"王蕾蕾，读什么书啊，读得这么起劲？"班主任老师微笑着问。

"哦，老师，没什么——一本故事书而已"。王蕾蕾有些紧张地回答。

班主任顺手将书拿过一看，发现是关于金融人物的故事类书籍，就忍不住夸奖起来："不错嘛，居然有心读这样的书。喜欢这类书籍吗？"

"是的老师，我喜欢金融方面的书籍。"

"嗯，我们国家现在非常缺少优秀的金融人才，我希望你以后能够在金融领域里为祖国的建设作一番贡献。不过，马上就要面临高考了，要抓紧复习功课，当然更要劳逸结合，争取考上你理想的大学，去好好学习金融专业的知识。"班主任这些话给了她莫大的动力。后来她以优异成绩考取了自己理想的专业。在大学里，王蕾蕾更加勤奋了，除了完成平时的课业，她还常常主动去找老师学习更多的金融知识。她的勤奋和对金融学的热爱，让老师感到格外的高兴，因此老师也倾尽其所能进行传授。

大学里，很多人早早地谈起恋爱，常常连课也懒得去上。王蕾蕾虽然也有了自己喜欢的恋人，但她能够理性对待自己的情感，常常相互鼓励，把心思放在学业上。她除了在专业上保持优秀成绩，还加紧对计算机和英语的学习，到大学毕业，她不但英语过了六级，计算机获得二级证书，普通话也考过了二级甲等。此外，她更利用有限的时间做家教，勤工俭学，以积累社会生活经验。

都说机遇从来都是垂青那些有准备的人，王蕾蕾接下来的经历再次证明了这句话的正确性。

2008 年年底，东莞邮政银行在吉林长春会展中心设立招聘会，其优厚的待遇吸引了众多的目光。一时之间，前来应聘者络绎不绝。王蕾蕾也知道了这个消息。一开始她还有些犹豫，当她打电话向远在广州的姐姐征询意见并得到姐姐的极力支持后，她毅然下定了决心：我要到东莞去，我要成为东莞邮政银行的一员！

那时，东莞邮政银行在吉林招聘的人员才区区数人，要想从上万人中脱颖而出，其难度可想而知。好在她有备而来，英语、计算机、普通话，文化科目笔试、面试，她一路过关斩将，硬是"杀出重围"，以优异的成绩被东莞市邮政银行录取。

努力提高各种技能

2008 年，王蕾蕾被分配在厚街邮政分局当了一名普通营业员。

初到东莞，环境、语言、气候等诸多因素都变了。更主要的是，在这里王蕾蕾孤身一人，没有父母的疼爱，也没有朋友和熟人……但要强的王蕾蕾很快就适应了这里的一切。她知道，一个人只有学会去适应环境才能更好融入环境中，才能跟上新的工作与生活的步伐。而在工作和生活上，她对自己要求更为严格：坚持今日事今日毕，做事情追求尽善尽美，空余时间学习粤语等等。

说到在专业上的刻苦训练和学习广东白话的往事，王蕾蕾犹历历在目。

刚上班那会儿，王蕾蕾点钞比较慢，一些客户也不理解，常有怨言。当时，银行对营业员点钞的要求是每 5 分钟 7 打，而她却只能达到 5 打。为此，每天下班后，她就会从单位带一捆专门用来训练的假钞回宿舍。当同事们邀约着一起出去逛街、购物，她却安心地呆在宿舍，一遍又一遍地开始练习起点钞。很多时候，同事们从外面回来，夜已深了。可她们发现她还猫在沙发上点纸钞。一些同事就笑话她：你干脆抱着这些假钞睡觉得了。经过近半个月的刻苦训练，她的点钞速度和质量已在单位所有营业员中名列前茅。

在学习白话方面，王蕾蕾同样达到了废寝忘食的地步。她一边找来学习白话的相关教材，一边跟着电视或光碟练习发音和说话。时不时的，她还会在同事面前"秀"几句半生不熟的白话，常常把同事们逗得捧腹大笑。在平时的工作当中，面对一些本地和说粤语的客户，她克服害羞心理学以致用。尽管她的发音并不标准，但她说得越来越好。

荀子云：不积跬步，无以至千里；不积小流，无以成江海。众所周知，在银行系统，一个不小心就可能酿成大错。而要想取得大家的认可和获得可喜的成绩，则要经历长时间的努力、积累和坚持。这种积累和坚持既表现在正确的学习方法、认真负责的工作作风上，更反映在对错漏的及时更正、尽力杜绝以及持久地保持谨慎的态度。一个在事业和工作中取得成功的人，往往就是善于总结经验教训和及时改进自己的人。

说到自己的生活与工作经历，王蕾蕾从不避讳自己犯过的错误。相反，她庆幸自己曾经犯过那样的错，更感谢那些帮助过自己的人。她对一次办理业务时出的差错记忆犹新。那时，她早已熟练了在营业员的业务，然而人有失足。那次一个客户在她当班的时候存款，存的是 500 元。存款的程序相对简单，不想她在一遍遍核对后还是犯了错——竟将客户的存款额打成了 5000 元。在日常生活中，可能 5000 元比对 500 元的差距，也不过是差了 4500 元，也并非数目天大的错误。可放在银行自身工作人员身上，这样的错误却是非常严重的。

当客户离开后，她才发觉不对劲。经过再三检查、核对该客户的存款数据后，她才发现错误。她之前没有处理这种事情的经验。去追客户说明情况又怕客户死不认账。若是这样，自己不但要补漏那 4500 元，同事们也会因此对自己另眼相看，更少不了要挨领导批评。而一旦此事传出去，还会对银行声誉造成不良影响。一想到这，她的心里一阵阵发虚。

要不干脆自己将那笔钱填进去？她甚至都有了这个想法。不过转念她就放弃了这一想法。既然错误已成事实，这样掩盖其实就是在逃避责任，她不能这么做。一边的同事看她愁眉苦脸的样子，就过来问她是不是身体不舒服。犹豫了一阵，王蕾蕾和同事说出了实情。"那得赶快去找客户说清楚，相信人家会理解的。我去和领导请假"。同事当即就给她支招。好在当她和同事找到那个客户说明情况，客户当即表示理解，并同意将打错的存款额修改。事后，王蕾蕾主动向领导说明了情况并作出检查。在她看来，这样做更能让自己深刻地吸取教训，让自己在以后的工作当中更加谨慎、细致。正因为她勇于及时纠正错误，工作热情、认真，她在厚街邮政分局得到了大家的一致好评和认可，并于 2009 年被提升为分局大堂经理。

利他成就事业

2010 年，当新一轮的中国邮政储蓄改革全面展开，一大批年轻人迎来了大好的发展机遇。王蕾蕾就是其中一个。这一年，她 27 岁，因为勤奋努力、业绩突出、热情服务等原因再次被提拔，担任起了厚街邮政分局宝塘支行行长。短短两年时间，王蕾蕾就以自己的努力完成了很多人用 10 年甚至更长时间才做到的转变。

"到那里你要好好干啊，把宝塘的工作搞出声色来。"临上任前，上级领导对她说了这样一番话。而通过平日里的接触和了解，她知道宝塘支行在前些年的营业成绩一直处于中下游的水平……她感觉到了肩上担子的沉重。无疑，新的岗位既意味着上级领导、同事们的信任，更是一次全新的挑战。

从骨子里来说，王蕾蕾其实是个喜欢挑战的人，越是陌生的、有压力的事物、工作，就越会激发她的探索欲和斗志。她非常喜欢这样一句话：所谓活着的人，其实就是不断接受挑战的人（法·雨果）。

王蕾蕾到了宝塘支行。一切又将重新开始，她将如何融入这里，又将如何把这里的工作搞好？很多人都在默默地关注着她。

一段时间过去，宝塘支行的同事发现这个新来的领导有些怪。别人都是新官上任三把火，她似乎一把火也没有烧起来。不仅如此，每遇空闲时间，她总是喜欢和大家打成一片——聚会，聊天，喝茶，谈谈对支行工作的看法，征询意见和建议，甚至连同事有没有对象、有没有结婚、生小孩等事情也会关心。除了这些，她还想方设法的联系到以前支行的一些老行长，向他们虚心请教和咨询。

王蕾蕾的平易近人和对同事们的关心，以及向前辈们的虚心请教的良好品质，让她很快就熟悉、掌握了宝塘支行人事以及在工作等方面的许多情况。也为日后的工作顺利开展，打下了坚实的基础。

对王蕾蕾而言，她习惯把大家当成同一战场上的战友，除了上班时相互配合，下班时亦是好兄弟、好姐妹。她应该去关心和关怀他们，去倾听他们的心声和想法。她知道，光靠自己一个人的力量把工作搞好、把业务提高，是远远不够的。一个团队要想有战斗力，只有充分的了解每一个人，让他们各自发挥出自己的特长、优势，让他们发自内心的在各自岗位上发光发热，才能取得"战斗"的胜利。同时，自己也可以从他们身上学到不少知识，以弥补不足。

而在工作中，身为支行行长的王蕾蕾也常常把自己当成一名普通营业员，凡事喜欢亲力亲为，以自己热情、周到、细致的服务带动所有职员为客户办理好每一桩业务。一次，支行欲与当地一家企业洽谈合作工资代发的业务。但那家客户的老板很难沟通，王蕾蕾了解了情况后，决定亲自登门拜访。头一次，与那老板见了面，没说上几句话，他就借口有事要出去。第二次，王蕾蕾找到他，却被告知还需要再考虑考虑。从那位老板家里回来，和她同去的几位同事对王蕾蕾说，看来是没戏了，他明摆着是不愿意与我们合作，不如放弃算了。可王蕾蕾却不这么看，她觉得一定是那位老板对这次合作还存有疑虑，或者是还有什么做得不够到位。经过一番研究和讨论，她从客户的角度着想，重新修订了合作条款……此后，一连半月，她一次又一次地上门找那位老板洽谈，终于那位老板为她的诚意所打动，签订了与支行合作的合同。

对待不同的客户，不论是一线工人，还是企业老板，或是政府官员，她总是一视同仁，用心用情的想客户之所想、急客户之所急。有时，客户遇有难处，她也总会想方设法去帮助他们解决。一次，一位在工厂打工的储户急着给家里寄钱为孩子看病，因为排队的人太多，于是他抱着试一试的想法找到了王蕾蕾。看着那位储户焦急的样子，王蕾蕾一边安慰他，一边陪着他来到排队的人群当中。经过她和另一位储户的耐心解释、沟通，她为那位急着寄钱回家的储户争取到了最前的位置，帮他及时的将钱打回了家中……

一年的时间很快过去。这一年，在王蕾蕾的带领下，宝塘支行的营业额相比上一年增加了近一千万。宝塘支行的业绩也迅速从原来的中下游上升至厚街同级别邮政银行的前列。这一年，她因出色的成绩获得"东莞市巾帼建功先进个人"荣誉称号。

在成绩和荣誉面前，王蕾蕾并没有停下脚步。如今，她因为工作需要已上调至东莞邮政总局。又是一个新的开始，她暗下里又下定了决心：继续努力，力争在新的工作岗位再建新功！（孙海涛 / 图文）

从建筑工到收藏家

——记厚街社区居民王启彭

一个偶然的机会，使他从
建筑工人变成了收藏家。他通
晓历史，勇于创新，他就是——
王启彭。

一个初夏的午后，我见到了这位颇具传奇经历的收藏家，尽管岁月
在那张饱经沧桑的脸上刻下了明显的痕迹，但浓眉下的一双眼睛却闪烁
着刚毅自信，言谈间流露出豪爽和乐观。

"这里的每一件藏品都是特别的，都是我的得意珍品。"说话间，
王启彭从几个专门搬进来的箱子里，依次取出了清雍正、乾隆年制
珐琅彩杏林春燕碗、清乾隆九龙在天青花天球瓶、清乾隆年制铜胎掐丝
珐琅六禅瓶、清乾隆年制珐琅松鹤延年祝寿棒槌瓶等藏品。这些价值不
菲的物件，令一旁观赏的我大开眼界，暗想，这真是一个深藏民间的"藏"
家啊！

缘起偶然的赠礼

王启彭是土生土长的厚街人。1968年初中肆业，他就与哥哥王启明一起搞建筑，初时在厚街、沙田一带承包零散工程。1981年到1993年的10多年间，他开始自己承包工程。由于瞅准了中小学、幼儿园校舍的新建以及房地产开发这两个市场，加上懂技术、信誉好、善经营，王启彭的建筑队越来越红火，范围和规模逐渐扩大。王启彭在做大建筑工程的同时，也不忘尊师敬老。1981年厚街大队将学圃公祠改建为幼儿园，就是他承接的。他捐赠了一间教室，并捐送全部桌椅，还对有需要的教师和老人给予优惠甚至免费服务。

早期从事建筑行业，使王启彭成了当地有名的"万元户"，这个身份给王启彭带来了重大人生转折。1986年6月中旬，一连几天都有公安人员在他家新落成的楼房前查看。一时间，各种谣言、猜测充满了村头巷尾。有的怀疑王启彭靠走私或其它非法行为，一夜暴富；一些上了年纪的人知道王启彭父亲与薛岳将军有点亲戚关系（薛岳曾任国民党第九战区司令长官，其父亲曾是薛岳家中主管内务总长），因此怀疑他可能是个隐藏很深的"潜伏者"……公安人员的四处查看，邻居们不明就里的盲目打探，让王启彭及其家人十分不安。直到18日那天，中央调研组到他家来，全家人这才"安心"。原来当时的区委书记黄扬淦、区长王灿光，知道有人要来厚街调研要求提前做好缜密的安保工作。

来到王启彭家里的中央调研组成员包括时任中央纪委副书记的王鹤寿同志、时任中央办公厅主任胡启立同志等一行13人。他们此行的目的是了解东莞改革开放的情况，要在王启彭家召开座谈会，专题调研改革开放的最初成效，进一步了解一些好的经验、做法。当得知王启彭承包了一连串工程收入渐多，建了新楼房时，王鹤寿说："北京城里部级、厅级等干部都没有住上这样的楼房啊！改革开放确实取得了惊人的成效，人们的积极性提高了，生产力迅速提高了。你家是万元户，我们部级、厅级干部都暂时未能成为万元户，希望能早日实现。"参加座谈会的人都情不自禁地笑起来。

临别时，中央调研组把一套印有"万寿无疆"字样的12件精美茶具送给了王启彭。正是这套珍藏至今的茶具，加上他父亲遗留下来的几件古陶瓷，激发了王启彭对收藏的兴趣。王启彭是改革开放受益者中的典型代表，但从一名建筑工到收藏家，他的个人经历却遭到了一些人的质疑。对此，王启彭说："任何新生事物的成长总是伴随争议，重要的是，你是否看准了自己的路，知道如何行走。"

30年过去了，昔日的争议早已化为云烟。改革开放以来的转型过程，制度和观念急剧变化，不断改变着每个人的命运。当厚街镇大建厂房高潮过后，灵变的王启彭马上办起了企业，他的企业生产各种女装鞋，销往国内外。现在他又把企业交给子女经营，专心玩起了收藏。

厚积薄发练就慧眼

王启彭给人的印象是大气、谦和、专注。大气的人，往往谦和待人，这也是容量大的一种体现。唯此才可以兼容并蓄，广采博学。做收藏的人，若要做大，必定先做学者。现在，王启彭已经做了近30年的收藏。收藏古玩，就是收藏故事。探究这些故事，就是他收藏的趣味所在。

和无数初入藏界的朋友一样，王启彭开始只是好奇和对传统文化的推崇。他1985年开始玩收藏，只有三五件是普通民窑真品。于是他经常请教有收藏经验的藏友，到了90年代，鉴赏知识大为提高，藏品也很有价值。到2000年，他收到了明三代、清三代官窑精品器物。因当时各地正在大规模进行城镇化建设，力拓大开发大发展格局，一时间各地的出土文物纷纷涌入先富裕起来的东莞，王启彭就从中挑选最有价值的购买。

"现在赝品多，可不能走了眼。"王启彭总在心中告诫自己。于是，鉴赏每一件瓷器，他都从器形到釉色，从材质到纹饰，从内壁到底足，从显色到气泡，仔仔细细地把玩。"我为什么能有今天的成就，就是因为我对事物分析准确，我人生的第一步就是抓住了改革开放之初的良好机遇，做到先行一步，赤膊上阵也敢闯、敢做。第二步就是敢做新一代收藏人，敢向专家和收藏名人拜师学习。即便是在收藏过程中吃了一点小亏，可也多了很多机会。"王启彭坦言。他现在鉴别明清瓷器已很内行。

靠"眼学"，也靠科学

王启彭在收藏界名声大噪，源于他在东莞的一次文物鉴定会上与专家的一场精彩辩论。

2010 年 9 月 25 日，在东莞的一场鉴定会上，有专家鉴定王启彭珍藏的一对雍正、乾隆年制珐琅彩杏林春燕碗，系现代仿品。他心想此碗在家收藏了 60 余年，是祖传下来的，而早在 2007 年有来自国家文物鉴定委员会 10 多位专家参加的大型鉴宝会上，王启彭的珐琅彩杏林春燕碗、粉彩镂空瓶经国家文物鉴定委员会副主任孙学海主鉴，鉴定为：此碗是大清雍正、乾隆年早期珐琅彩杏林春燕碗，另一个粉彩镂空花瓶也是国宝级文物。另外，2010 年在东莞市森晖自然博物馆，由中国收藏鉴赏家协会专家黄其昌鉴定上述两碗为："雍正早期官窑珐琅彩碗。"同年 8 月 16 日的《南方都市报》还予以登载。

正是这一对被多位专家鉴定、认可的藏品，却被那位专家说成现代仿品。那位专家对王启彭珍藏的这对碗列举出五大疑点判断：一、这两个雍正、乾隆年制珐琅彩杏林春燕碗，不是清代的那种宫廷所提炼的珐琅彩；二、绘画是平面的，没有立体感，不够细致，燕子画的比较粗糙；三、器型和真的有明显区别；四、系脱模生产，不是手工拉坯的；五、这两个碗跨了两个朝代，一个雍正、一个乾隆，却显然出自一人之手，非常不合理，是它的致命疑点。

王启彭对那位专家的五点误判给予一一反驳。驳到第五点的时候，他更是慷慨陈词，大声说道："雍正 1722 至 1735 年在位，乾隆 1735 年 10 月 18 日登基，实际掌握最高权力长达 63 年零 4 个月。雍正在位只有 13 年，他这一朝在瓷器烧制工艺上却达到了一个新的工艺巅峰。雍正六年秋八月，47 岁的唐英领内务府员外郎头衔，赴景德镇驻御窑厂署，在景德镇督陶时间长近 30 年，是景德镇御窑厂督陶时间最长，成绩最显著的督陶官。在唐英监制下，同一个作坊、同一个画师、同一纹饰，完全符合规律，也合乎常理。这位专家却说这两个碗'跨越了两个朝代，非常不合理，是它的致命疑点'。我们绝不要迷信这样的专家。"王启彭逐字逐句、合理地辩驳，赢得了藏友赞许，也从此受到本土藏友的一致尊敬。

就是在通过多种渠道为自己的藏品"验明正身"的过程中，王启彭总结出来了《"眼学"与科学》的鉴宝经验。他认为在文物收藏鉴定界，常有这种现象出现：A专家断定是真，B专家说是仿。主要是因为专家意见受到各自学识经验、利益等诸多主观因素的影响和限制，古董鉴定（眼学）领域中诸多的争议已经远离了真实性，把众多藏友引入了迷雾中。

因此，他提醒所有收藏爱好者，要做到"一藏、二赏、三玩、四鉴。"只有这样才能更全面的认识古董的内涵，才不会被假象所蒙蔽，才能藏有所成，物得其所。科学在发展，科学鉴定也呈现出其优越的一面。但收藏也离不开专家鉴定——"眼学"，人们的眼力也需要不断提高，老经验，老框框可做参考，只要你专心、虚心，有决心、多看、多摸、多对比，请教一些比自己有能耐的老师，买物时多考虑一下，就不会走眼了。

藏品传承文化价值

作为东莞的一位民间传奇收藏家，王启彭凭着强烈的民族责任感，打破陈旧观念束缚的勇气和胆魄，成功地收藏和保护了一大批艺术性强、研究价值高的艺术珍品，创造了东莞收藏界的奇迹。

对王启彭而言，收藏中有着欢笑与泪水，迷茫与醒悟——收藏是一种精神上的乐趣和满足。多年的经历，也使他对收藏有了较深的理解：与历史真诚对话，与文化快乐同行。收藏能够体现收藏者的天赋、才智、修养与人性。

面对近年来的"收藏热"，王启彭很清醒，他最关心的是藏品中蕴含的历史和文化价值，而不仅是藏品的升值空间。他还坦言，"收藏的乐趣远大于收藏本身。藏品背后的东西并不像表面看到的。可以说，我收藏的每一件物品背后都有一个动人的故事。收藏愈来愈多，故事愈来愈多。"收藏有很多动机，有人为文化艺术而收藏，有人为投资、保值和其商业价值而收藏。王启彭则表示，收藏永远在这两条路上徘徊，在某种状态下这两条路有吻合，但是吻合几率不是很高。"文化是首选、价值第二。"总的来说，收藏的核心是"留存历史的记忆"和"回望文化的辉煌"。

"有一部分知名收藏家、专家认为九成藏家有'钱袋'没有'脑袋'，说东莞、深圳收藏界进入了误区。中国自古以来就有收藏的传统，难道人人皆是鉴赏家吗？有一些家庭祖祖辈辈玩收藏，在文革中毁掉了全部藏品，亦有些人私下收藏至今。还有一部分人由于有了经济实力，重振家庭收藏传统。就我而言，敢于赚取改革开放的第一桶金，同时敢做新一代收藏人，就是很好的明证。"王启彭说。

后来者，藏品的归宿

2012年10月，王启彭被中国收藏家协会吸收为会员。2013年8月，王启彭被主办方顺德收藏协会邀请参加由北京故宫博物院研究员李辉柄主持的粤港澳首届元青花研讨会。

作为国家级收藏家协会会员，王启彭自然参与过许多全国性的鉴宝活动，难免经常和各路高手过招，其中包括一些国内知名的专家学者，大家有时也会为一些观点争论。关于"为谁而藏"，王启彭表示，有句古话说"物比人长久"。人的生命很短暂，大家在收藏的开始，只为自己的兴趣爱好而收藏，慢慢才发现，收藏所带来的无论是文化、还是财富的收益，最终都是留给子孙后代的。他认为，收藏未必是拿很多金钱去完成的，很多时候收藏具有偶然性。王启彭说，"有心者爱惜珍藏，无心者随意弃毁。"

王启彭现在考虑最多的是收藏的归宿问题。每一件收藏品都有生命，它们的生命是伴随着收藏者的生命的。收藏其实不是只为自己，所有的收藏品都是人类共有的财富。这是任何一个真正的收藏家必然的归宿。王启彭说："收藏没有神话，只有心情；没有终结，只有过程。真正的收藏，就是战胜自身多方面的狭隘，而使自己的心胸眼光更宽广。"

作为一个执着和痴迷于收藏的本土收藏家，他想为家乡的文化产业出点绵力。东莞是一片风水宝地，山清水秀，人杰地灵，东莞民间收藏家那些丰富的藏品，让原本就看好收藏未来发展前景的王启彭，看到了无限商机。

现在，王启彭想得最多的事情，是如何把多年收藏的历朝历代器物进行分朝归类，传给下一代。他的理想是能够建一间像古雅轩那样的文化收藏馆。（蒋楠／图文）

10年义务传武功，大塘武术耀岭南

——记厚街镇大塘武术麒麟队队长王树森

　　为挽救濒临失传的大塘洪拳，他义务教授本地年轻人武功。经过不懈努力，他的武术队斩获多项比赛桂冠。他传承的不仅仅是中国武术，更是一种中华精神。他就是厚街镇大塘武术麒麟队队长王树森。

　　说起洪拳，大家都会想起影视作品中的一位著名人物——洪熙官，他与这里写的厚街镇大塘村大塘武术麒麟队队长王树森老师还颇有渊源。

　　武术中素有"洪拳为诸艺之源"之说。洪拳是中国最古老的拳术之一，几经演变，不断发展。洪拳在广东流传广泛，有"只要有祠堂，就会有狮子、洪拳"之说。而大塘武术麒麟队，就在厚街镇大塘村的慕庄公祠里。

众人拾柴洪拳薪火相承

　　厚街自古就是崇文尚武之地，承袭洪家拳的大塘武术麒麟队在东莞久负盛名，其带头人王树森与师兄弟 10 年来坚持义务授拳，洪拳发扬光大。

　　大塘武术队创始人是厚街镇著名武术家王鲁作，其功夫源于南少林《烽火院》，盛行于 18 世纪 40 年代（清朝乾隆年间），师承兰桂（洪熙官的传人、洪门会反清义士的化名）。当年兰桂从南少林寺来到厚街谋生，传授给王鲁作少林功夫"洪拳"套路、"佛掌（又称"兰佛"）"、"铁线拳"，内功"合盘掌"、"铁砂掌"。后来又有皮老茂（化名）寻找师兄兰桂，并传授给王鲁作"茂佛"套路。经历数位师傅传授及多年刻苦练功，王鲁作自创出"三板斧"套路，并以洪家拳为主，糅合自己的心得体会，逐步形成自己的武术体系。主要套路有"佛掌"、"铁线拳"、"茂佛"、"三板斧"、"转掌"、"侧身"、"头联"、"拾联"。兵器有"双刀（柳叶双刀）"、"双头棍"、"摇船棍"、"挑刀"、"九环刀"、"七星刀"、"面藤遮"、"三齿耙"、"始尾棍（临出棍）"、"长龙棍"，以及麒麟舞表演等项目。

　　岁月荏苒，从第一代传人王鲁作算起，到目前为止，大塘武术麒麟队已有 170 多年历史，至王树森这一代已是第六代传人了。上世纪 90 年代，因为历史、经济的原因，一度繁荣昌盛的大塘武术曾荒废 10 多年、面临失传之时，王树森及时站了出来，他召集师兄弟们商议，力挽大塘洪拳失传、绝种的颓势。他说，"我和师兄弟们讲明这次是义务教武的，愿意的就举手，师兄弟们也很支持，做一下义务，高高兴兴地教会下一代研习大塘洪拳，结果就取得了成功。" 时年是 2003 年，大塘村 20 多位师兄弟利用业余时间义务教授本地年轻人武功，经过大家的发动和努力，大塘武术麒麟队鼎盛时期曾有队员 100 多人，并取得了一系列的丰硕成绩。

　　在大塘武术麒麟队，年纪最小的 8 岁，最大的 90 多岁，可谓是老少咸集，汇聚一堂。队员们一起扎马步，摩拳擦掌，吼声震天。他们利用寒暑假、周末和晚上 8 点到 10 点的时间来训练。队伍鼎盛时期曾经有 100 多位徒弟，其中有学生、退休老人、公司老板、企业员工等，绝大多数是大塘村的居民，也有一小部分慕名而来的外地人。王树森说，"有的学生痴迷武术，父母要带他去旅游，他不去；带他去亲戚家讨红包，他也不去。他就是要跟着师傅去学拳、舞麒麟，参与表演"。每当队员们在舞台上表演，他们姿势优美、干脆、有力，一气呵成，王树森很欣慰，队员们也很尽兴。

王树森主要经营一些小生意，但为了教武术，这几年来他放弃了晚上做生意的时间，和10多个师傅专心指导前来求武的学生。虽然钱没赚那么多，但是他很满足。他说，他这样做对得起祖宗，看见一个个弟子成材，他觉得很欣慰，感到没有丢师傅的脸。队员们都十分尊敬地都称王树森为"森叔"。队员王顺辉赞誉他，"森叔教功夫很辛苦，很用心去教，可以说做到一百分了，我们是很佩服的。"是啊，10年风雨，10年坚守，王树森老师和师兄弟们一直坚持义务传授武功，大塘洪家拳后继有人，薪火相传，大塘武术和麒麟舞也斩获了市、省等赛事的诸多大奖。

众人拾柴火焰高，大塘洪拳终得以薪火相承，呈现欣欣向荣的局面。

十年苦练造就辉煌

走进大塘村慕庄公祠，看见壁橱里尊尊金光闪闪的麒麟舞奖杯，这些成绩都是大塘武术麒麟队多年勤学苦练、持之以恒的硕果。王树森14岁师从王满，开始研习洪家拳，至今已有半个多世纪从未间断过。他说，"年轻的时候习武全凭一股韧劲。在洪家拳里面，最难的就是坐马，要求双脚距离二个半脚左右，腰直头直，大腿和小腿约90度，大腿和地面平行，膝盖和脚尖连线约90度，呼吸顺其自然，双手像抱个东西样，环抱在胸前。我坐了一百多天才学会，开始时扎马扎到坐在地上，去小便腿都疼。但是学武功一定要下苦功，不怕苦不怕累，这样才能有收获。"

2012年8月1日上午9时，大塘慕庄公祠前锣鼓喧天、热闹异常，由30多人组成的麒麟巡游队伍在此出发，沿着虹桥市场、鳌台书院进行巡游。沿途居民纷纷驻足观看，不少居民还向麒麟队员抱拳祝贺。原来，他们在7月26日首战省级比赛"广东省传统龙狮、麒麟舞锦标赛"中，在全省300多个实力雄厚的队伍中脱颖而出，夺得男子成人组第一名。在此之前，自2008年起，大塘武术队连续两次获得两年一度的"东莞市龙狮、麒麟运动大赛"一等奖的殊荣。这是他们强化训练一个月，日夜苦练基本功的结果。"受到比赛邀请后，武术麒麟队提前一个月进行加强训练，主要是训练筋骨"。王树森说，运动、坐马、练拳……样样都不能少。特别是坐马，因为坐马是武术的基础，只有学通武术基础，师傅们才会开始教徒弟舞麒麟。

大塘武术麒麟队都是业余选手，队员由各界人士组成，虽然有28人参加这次省赛，但出赛的队员仅有8名。在之前的强化训练中，为了不影响队员们的日常工作，特别是不影响学生们暑假期间的学业，麒麟队一般选择在晚上 8 时到 10 时训练。大塘麒麟武术队一共传授下来 8 套功夫，包括拳法、棍法和兵器等种类，其中最为出名及凶狠的当属"洪拳"，但因其强大的"杀伤力"未被列入比赛项目中。经过 10 余年的勤学苦练，大塘武术麒麟队早已是名声在外，享誉岭南，各种国内、国际比赛邀请函接踵而至——2013 年 6 月 24 日，大塘武术麒麟队应邀参加"莞邑·香江武术文化交流大会暨国际洪拳弟子恳亲大会"；2013 年 7 月 20 日，大塘麒麟武术队选拔 4 人去香港参加武术比赛……

阳光总在风雨后，成绩就在汗水中，这些累累硕果与大塘武术麒麟队和王树森的努力和坚持是分不开的。

武德为先发扬中华精神

习武德为先。习武要讲究武德，"择其善者而从之，择其恶者而改之"，这是习武之人必须遵从的原则。

虽然是开门收徒，但并非来者不拒。王树森说，习武在于强身健体，一些好打架斗殴之徒是坚决不收的。大塘武术麒麟队对此要求尤其严格，考核方法先是填表写明习武原因，如发现动机不良者马上拒之门外。再是在平常中观察，如有习武后去打架的，马上逐出师门。《大塘武术队规章》就贴在慕庄公祠的墙壁上，白纸黑字，书写了九条准则，其中第一条就开宗明义："本武术队是传统文化武术，是强身健体的武术精神"。其它诸如"团结友爱互教互学戒骄戒躁"、"武术队员要做到上下一致，不摆老资格、不准惑事生非"、"队列整齐、爱护公物、节约用水"等制度也赫然在列。自大塘武术麒麟队重新建队 10 年来，无一例队员参与打架斗殴等违法事件现象，正因为王树森及其师兄弟们调教有功，让"武德"两字深深渗透队员的心中。每次外出比赛表演，队员们都举止文明，为大塘武术队增光添色不少。

对于王树森而言，习武的真谛，正是在于将嫉恶如仇、惩恶扬善的中华精神发扬光大。2009 年的一天，一位 30 来岁的青年来到大塘村军铺一家厂房旁焚烧垃圾，浓烟滚滚，臭气熏天，这种行为既不符合消防规定，更有损他人健康、加重环境污染。王树森见状上前阻止，那青年恶语相向，依仗身强力壮，一拳打过来，王树森反应奇快，马步一扎，眨眼间就还以洪拳防守反击的招数，一招将其制服。小伙子很是气恼，返身从屋中抄起铁锹，挥舞而来。王树森躲闪开后，拨打110电话，让公安处理。王树森的作为，正说明了学武既能强身健体，关键时刻也能伸张正义。

"我们老师傅是第六代传人，希望现教授第七代传人后，还有机会传授第八代甚至是第九代，代代相传，薪火不熄，这是对我们最大的安慰。"王树森说。大塘武术麒麟队的所有队员都明白，他们传承的不仅仅是中国武术，更是一种中华精神。（祝成明／图文）

厚街文化的传承者

——记厚街退休教师王羽平

　　耄耋之年著书立说，笔耕不辍，传承厚街民俗风情与历史文化。他就是《竹溪旧话》的作者，土生土长的厚街作家王羽平。

　　自 1991 年离开教育一线以来，爱好旅游的他几乎走遍了祖国各地，有人称他为厚街徐霞客。在游历之中，他开拓了视野，并有感而发，诉诸笔端，结集成书。自 2005 年以来共出版著作 5 部，涉及小说、散文、古体诗等诸多体裁，文字中有对人生的感悟，亦有对故乡的怀念与抒写。2011 年，由他主笔撰写的《竹溪旧话》用细腻而生动的笔触讲述了厚街的历史文化，这本书深受厚街人的喜爱。

　　他就是土生土长的厚街社区大明塘人，年逾八旬的王羽平。1991 年，王羽平从厚街竹溪中学退休，此后便开始了自己的游历生涯。退休之前，他主要教授语文课，闲暇之余也喜爱舞文弄墨、四处游历。

耄耋之年著书立说

王羽平是厚街民间历史文化积极的传承者。在游历四方之后，他深切感受祖国的大好河山，并由此意识到风俗风情是地方的文化名片。于是，平叔开始拿起笔来，为传播厚街的历史文化和风土人情做一些力所能及的事情。

2005年，王羽平决定静下心来著书立说。为了能有一个安静的写作环境，王羽平决定只身前往广西桂平写作。当年逾七旬的他把这个决定告诉家里人时，家里人一致反对。而邻里人得知他要去广西桂平写书，还认为他在广西桂平那边有个女人，不然怎么会跑这么大老远去写书。王羽平不在乎别人怎么说，他在意的是自己内心的想法。已经年逾七旬，再不去依着心灵的追寻认真地做一些事情，恐怕就没机会了。因为游历多年，挚爱旅游的王羽平早已对甲天下的桂平山水情有独钟。这就是他选择去桂平著书写作的主要理由。

只身去了广西桂平，王羽平租了一间平房，安心住了下来。平时煮饭炒菜之余，王羽平便把所有的时间放在了读书写作之上。独自一人，虽有桂平美丽的山水相伴，王羽平也时常感到孤独，于是写作成了排遣孤独的有效途径。他有晚上起来写作的习惯，每晚凌晨3点起床写作，一直写到天亮时分。天亮之后便出门呼吸新鲜空气，活动活动筋骨。

写作对于王羽平而言，不仅是孤独的，更是艰难的。因为年迈，王羽平视力比较差，伏案写作的时间一长，双眼便干涩不已，难以忍受。有时写得正酣，眼睛却受不住了，王羽平犹豫不决，却又不得不放下笔。为了更好地写下去，王羽平想出了一个办法，等眼睛写得有一些干涩时，便停下来闭上眼睛躺在床上休息10到15分钟，等好受些再继续写作。这短暂的休息时间里，王羽平躺在床上，闭上眼睛，脑海里却满是词语、语句。通常等眼睛好受些，再伏案之时，他发现自己比躺下之前写得更顺了，不断有好的语句涌现。

凭借着惊人的毅力，平叔将自己大半辈子的感悟以及思考诉诸笔下，结成一沓厚厚的书稿，并取名为《红尘拾叶》。3个月后，当平叔捧着这沓厚厚的书稿回到厚街，家人很是支持，邻里也没有闲言碎语了。《红尘拾叶》出版后，王羽平依然笔耕不辍，每天坚持写作并锻炼身体。因为写作，王羽平也逐渐成为厚街文化圈众人皆知的作家。随后几年，平叔相继出版了《桂园诗草》、《人海观微》、《竹溪旧话》、《竹溪旧话续集》等著作。

平叔除了写小说和散文随笔之外，还尤为爱好古体诗，《桂园诗草》便是其多年来的结晶之作。全书辑录了平叔多年来的佳作 300 多首，所录诗歌风格不一，有平仄押韵的古体诗，亦有朗朗上口、通俗易懂的现代诗，或写景、或状物、或抒情、或言志，记人间韵事，描秀丽山河，读来颇有意趣，令人颇为喜爱。与平叔侃侃而谈，问及为何取书名为"桂园诗草"，平叔微微抬头，而后伸手一指旁边的桂园树。原来平叔家的院落里有一棵郁郁葱葱的桂圆树，树下有一玻璃桌外加几张凳子，这块清凉之地成了平叔见客会友的首选之地。平叔是东莞市中华诗词协会的会员，在写散文、小说之余，依然会坚持每个月写几首古体诗。而对于写诗，平叔认为，音韵、格律并非最重要的。"写诗首先要抓住那个意思，也就是说立意。字、词、句的处理就要根据这个立意去弄了，立意不好是很难写出好诗的。"谈及写诗的技巧平叔滔滔不绝。

平叔凭借着惊人的毅力创作出来的几部作品，大都通过凡人小事鲜活而生动地呈现出厚街独有的历史典故和风土人情，当然里面也沾染着平叔所独有的人生轨迹和生命气息，它们一同与厚街的历史文化融为一体。

《竹溪旧话》传承厚街历史

谈及厚街的历史文化和风土人情，平叔顿时滔滔不绝起来。其实年逾八旬的平叔未尝不是一部活生生的充满厚街历史文化和风土人情的书籍，随便翻动一页，都能读出厚街独有的文化气息。平叔从小在厚街长大，是土生土长的厚街人，对于厚街的风土人情十分熟悉。

2010 年，《厚街报》的一个记者邀请平叔写一些关于厚街历史和风土人情的文章，这如一根导火索"点爆"了平叔的记忆，也让平叔顿感自身对厚街文化传承的意义和责任所在。写下几篇后，平叔便一发不可收拾。在广泛搜集素材和考证的基础上，凭借着自己的生活记忆，半年之后，平叔完成了《竹溪旧话》一书。

追梦人

　　在厚街文广中心的策划下，《竹溪旧话》出版了。该书主要讲述厚街的民俗风情和历史文化。厚街旧时的辖区包括沙田，古称竹溪。旧话则意指最近数十年或百年间厚街镇发生的一些事情。与镇志不一样，这本书总共收录了平叔近百篇文章，以一些趣味小故事的形式来反映老竹溪人漫长而苦涩的生活。其中记载的人物五花八门，有民间野史的趣味。

　　《竹溪旧话》以小故事的形式反映出了古老厚街的巨大变迁。例如鳌台码头，在民国时期，这里是人来人往的码头，上岸落船，很是热闹。而近百年下来，这里早已填平，成了港口大道。当然提到鳌台，自然就得提起书中的《到鳌台拣个老婆》一文，全文以故事的形式生动地再现了抗日战争时期的一段历史，读来颇有趣味。　战乱时期，日本鬼子用飞机炸毁了顺德陈村。在饥饿和死亡的笼罩之下，顺德的人们卖儿卖女，四处逃荒。许多女人乘船逃荒来到了鳌台码头，做番头婆　总比饿死好，女人们大都等着厚街人领去做老婆或者侍妾。厚街的很多单身汉来到鳌台跟女人们搭讪，看到能对上眼的便把女人带回家。如今，当年逃荒的女人早已儿孙满堂，有的已经离去，有的依然健在。

　　又比如分界石的故事。在一些年代久远的巷子里，细心的人能发现有民国时期用石头作为分界线的房子。这些石头放在墙壁的四角，大小一样，与房屋的颜色形成鲜明的对比。原来，民国时期，房屋大多是用青砖砌成的，房屋与房屋之间缝隙很小。每间房屋差不多都是同样的格局，没有适当的分界线作为两间屋子的分界，很难分辨出一间又一间房屋，于是就有了分界石。以前，厚街有很多大麻石，人们就利用这些大麻石做成条石，镶嵌在屋子的两端，作为自家房屋与邻家房屋的分界线。条石长约一米，宽约30厘米，条石的颜色与房屋的青色对比非常明显，因此，用条石作分界线能清楚地分辨出一间间房屋。普通家庭一般都会选用麻石作分界线，有些比较富有的家庭，就会选用比较名贵的红砂岩作分界石，还有些很讲究的家庭，会在条石上面写明自家房屋的修建时间及屋主的姓名。

　　无论是鳌台码头还是分界石，《竹溪旧话》里的篇什，都生动记录了旧时厚街的点点滴滴，让人读后能对旧时厚街的生活状况有一些了解，也能能漂泊在外的厚街人触摸到故乡的气息。《竹溪旧话》出版后，反响很好，首次印刷出来的书籍很快就被周围的朋友一抢而空。这自然是平叔十分欣慰的事。

奇闻异事还原旧时厚街本色

在院落里与平叔相聊甚欢，问及厚街历史文化的独有特色，平叔跟我聊起了旧时厚街的中医饮食文化以及独具魅力的民俗文化。

旧时厚街人注重中医养生，中医的身影融入到了他们生活的点点滴滴之中。

闲聊之间，平叔跟我聊了许多关于厚街名医的故事，比如厚街镇名医刘蓬洲和陈少恒的奇闻异事。

王羽平跟刘蓬洲和陈少恒相识，交情甚好。平时身体稍有不适，便前去询问一番。如此下来，自退休后 20 多年，平叔很少去医院。谈及此，平叔也十分自豪。平叔说他现在对于医学也十分感兴趣，订阅了许多中医杂志，写作之余便要琢磨研究一番。

厚街的中医饮食文化，在平叔眼中是最为值得一提的。酷热的夏季，冷饮很多，而旧时厚街人整个夏季最喜欢的冷饮便是香糯谷水了。把香糯谷浸透，而后洗净，再倒入沙盘之中，放一点陈皮类的配料，然后用研茶槌研磨，研好后把准备好的开水冲入其中，加入蜜糖，等凉了便可以喝了。夏天喝生冷的冷饮很容易伤脾胃，影响食欲，而香糯谷水则一点也不会伤及脾胃，香糯谷、蜜糖以及陈皮，这些东西都是甘温的东西，富含大量维生素 B，具有益脾健胃的功能。

聊起咸根，现在很多人未必知晓。在上个世纪 40 年代，人们温饱不足之时，常常有一些黄豆制品作为主菜的搭配而长期存储着。主菜不够，人们就吃这些黄豆制品。这些食物在当时称之为咸根。厚街人的咸根大都是头菜、虾酱以及咸扒等。咸扒是用田埂上的蟛蜞制成，是一种形如螃蟹的东西，富含蛋白质和钙质。旧时厚街有"挨咸扒过日子"的俚语，这也从侧面反映出了当时人们贫困的生活。

厚街的许多民俗文化都随着时间的变幻而逐渐消失。起始于康乾盛世时期的游色文化是厚街民俗文化的一大特色，民国时期很是红火，到日本入侵后，像游色这样的极富地域文化特色的娱乐活动消失。游色主要是色床，色床与人们现在睡的大床一样大，但是有床架，相同于一个小型活动舞台。游色的主题一般以古代著名粤剧的片段为题。谈及游色，平叔说他年轻时曾见过一回。当年他见到的那一床色是吕布窥妆，男童试演吕布，女童演貂蝉，色床上有台有椅，还有梳妆用的镜、帷幕等，很是生动。扮演角色的小孩称之为色芯，游色过程中，色床停下来，人们观看时，童男童女需要认真表演，色床抬起过程中则可休息一番。游色作为厚街民俗文化的一大特色，而今早已消失，恐怕只能在记忆里不停打捞了。

从平叔缓缓地叙述中，能略微想象出当年游色活动的轰动与热闹。邻里乡亲们纷纷齐聚旧时的厚街，观看游色。一些有文化的人则站在一旁，义务地宣讲着色床上所表演的文化故事。

平叔说，除了写书，他去年还给厚街文广新局写了一个剧本，正准备拍成电影。对此，我立刻竖起了大拇指。"定教此身超百岁，好为将来放吭歌。"平叔的诗集中有这样一句，用在此十分恰当。而今，平叔虽已年逾八旬，但是他依然笔耕不辍。他现在正在创作小说《大浪淘心》。平叔用实际行动为我们唱响了一曲令人敬佩的黄昏颂。他的经历告诉我们，无论处于人生哪个阶段，都可以做出一番成绩来。（周齐林／图文）

厚街首家上市民企缔造者

——记金叶珠宝集团董事长王志伟

国家开放黄金市场后，王志伟成立了自己的珠宝品牌"金叶"。他在实践中不断创新，将企业做大做强，并在深交所成功上市。

从一个不足20平米的小作坊，到拥有1万多平方米自建厂房、2万多平方米工黄金业园的中国名牌企业；从四处找挂靠的代加工工厂，到东莞首家上市黄金企业——金叶珠宝集团实现了一个个华丽转身。金叶珠宝取得如此巨大的跨越，离不开它的掌舵人——金叶珠宝集团董事长王志伟。

摆脱挂靠，走品牌化道路

1986年，王志伟开始经营黄金生意，多年的历练令他积累起丰富的经验。1996年，王志伟在厚街镇桥头工业区创办"金丰"珠宝首饰厂，挂靠在厚街金银制品厂做代工。当时，虽然能够凭实力拿到无数代工订单，但代工始终是"为他人作嫁衣裳"，只能赚到微薄的加工费，日子过得很艰难。厂里只有几个员工，不到20平方米的展厅要容纳2米多长的展柜和保险柜，空间显得十分拥挤。1998年，王志伟的金丰珠宝首饰厂开始与当地银行合作。但由于受当时国家黄金专卖政策限制，王志伟只能挂靠在银行的珠宝公司，为银行"代工"黄金理财产品。

2003年，王志伟的珠宝事业终于迎来了春天。这一年，国家终于开放了黄金市场。从此不用再挂靠其他珠宝企业，也不用再屈身为代工厂，他的企业终于有了独立的身份。也就是在这一年，他创立了"金叶珠宝"品牌，在厚街闹市设立专卖店，进入黄金终端零售市场，走上品牌专卖道路。在同一条街道上，金叶珠宝和自己曾代加工的品牌成为了竞争对手。

金叶珠宝在最短的时间内打响了品牌知名度，铺天盖地地投放广告，频频出现在报纸版面和电视广告频道，并在很长一段时间独家冠名东莞电视台"张静看电影"栏目。同时，王志伟还积极寻求与国际珠宝巨头合作，以提升自己的综合实力。专卖店从厚街开始扩展到市区及常平、樟木头、万江……最终进入深圳市场，辐射全国。此后，金叶珠宝先后拿下北京奥运会、上海世博会等系列金、银纪念品的订单，进一步提升了品牌的知名度和美誉度。2011年，金叶珠宝更借壳*ST光明，成功登陆深圳股票交易市场。

如今，金叶珠宝已经把当初同一条街上的竞争对手远远甩在了身后，它取得的成就足以让后者望洋兴叹：它是厚街镇第一个摘取"中国名牌"的企业，在全国各省市拥有品牌专卖店30多家、加盟店100多家；它是中国三大黄金加工企业之一，拥有10000多平方米的自建厂房、20000多平方米的黄金工业园；它拥有完备的珠宝设计和研发中心，以新颖的款式和工艺、优秀的品质吸引中国一线珠宝品牌源源不断的加工订单；同时，它也是东莞民营企业中的第一家上市公司。

实践创新，打造黄金品牌

"东莞塞车，全球缺货"，这句戏言道出了东莞的制造业在全球举足轻重的地位。其实，东莞也是众多隐身名牌的聚居地。虽然生产着世界顶级的奢侈品，但对于加工厂来说却没有丝毫的荣誉感，因为代工厂只是拿着最为低廉的工价在为他人做嫁衣。而同样身为东莞的隐身名牌，由于发展理念不同，选择的道路不同，金叶珠宝却是另一番境遇。曾经代工黄金制品，金叶珠宝却没有沦为代工链条中的一个奴隶，相反却越活越滋润，那么金叶珠宝的利润从何而来呢？"加工费成十倍上涨。"王志伟一语道破天机，"以前做一件首饰加工费仅 3 至 5 元，现在上升到 30 至 50 元，通过运用先进工艺，产品的附加值也大大提高了。"在实践中持续创新，金叶珠宝形成了独具特色的企业文化。如今金叶珠宝拥有业界首屈一指的珠宝设计能力，每月推出的新产品达 300—500 款之多。此外，还特别创设了"第可"、"礼可"系列产品，紧紧把握 80、90 后的"口味"，细分市场，抢占先机。

2008 年底，金叶珠宝推出新一代黄金用材"硬金"，再一次刷新黄金市场。它利用独创的合成技术，重组黄金分子结构，在保证纯度不变的情况下，突破了黄金在强度、弹性、塑性、韧性及耐磨性五大方面的物理特性。在此基础上，运用最先进的无焊点电铸工艺，制作出来的产品不仅造型独特、立体感强，且成色与普通千足金无异。

用硬金制作的首饰，在保持相同外观、性能的前提下，可节省黄金重量 1/2~2/3。"换句话说，现在仅需要 0.5 克的黄金，就可以呈现出过去 2 克的视觉效果，对消费者来说可谓物超所值。"硬金首饰系列推出后，迅速引爆国内市场，甚至在印度、美国掀起了硬金消费热潮。"现在客户要想订到货，至少得提前 50 天。"王志伟自豪地说

2009 年，金叶珠宝首推"时尚绚丽"概念，将 18k 金的车花等工艺运用到 24k 金上，摆脱了 24k 传统工艺的局限，打开了黄金市场的又一片天空。同时，金叶珠宝首次系统的以花为设计主题推出了"百花纯金精品"，再次引领国内黄金消费新潮流。目前，金叶珠宝又推出了最新研发的"3D 千足硬金首饰"，该系列产品突破了黄金硬度低、易磨损、金饰往往容易塌陷变形等缺陷，呈现出个头大、体重轻、身材饱满、内部中空、造型立体等诸多优点，甫一推出，市场反响十分热烈。

金叶珠宝现代化的生产线同样不可小觑，它为金叶珠宝赢得今天的局面提供了坚实的保障。在金叶珠宝的生产车间里，自动化的生产设备，现代化的生产流程，颠覆了人们对于黄金饰品手工制造的传统印象。用

王志伟的话说就是，"传统产业也有现代工艺，也有高科技。"凭借核心科技，完备的现代化生产线，以及创新这个秘密武器，金叶珠宝成功逆袭代工业，在享受丰厚代工利润的同时，又审时度势，成功打造了"金叶珠宝"这一新锐时尚黄金珠宝品牌。

诚信为本，开风气之先河

对于王志伟来说，一路艰辛走来，所有的"血泪"都凝结在他常常用来激励自己、鼓舞员工士气的"三气"之中。

面对激烈竞争和艰难处境，王志伟总是用坚定的语气鼓励团队：我们要争"三气"。第一，要为东莞人争气。因为他生长在厚街，是这块土地养育了他；第二，要为"杂牌企业"争气。长期以来，企业被人分为三六九等，国企一直享受"浩荡皇恩"，其它成分的企业则被划为另册。王志伟偏就不信那个邪，他想要让所有人知道：国企、名企、老牌企业能做到的，"杂牌企业"的金叶一样能做到，而且还要做得更好。让"小富即安"、"民企是个长不大的孩子"的说法成为历史；第三，要为年轻人争气。在国企中，论资排辈，"先来后到"的风气甚浓。在这种情况下，员工常常不思进取，只求四平八稳地过渡到"既定的位置"上。在金叶则是：要实现自己的人生价值，就要亮出你的真本事。正是这种不甘人后的精气神，支撑着王志伟度过艰难岁月，促使他屡屡在重要转折点敏锐地抓住机会，从而获得了企业的超常规发展。也正是这种永不服输的信念，以及生活中的无数磨练，赋予他睿智、威严、庄重与自信兼容的独特气质和魅力。

失败的企业大多是相似的，成功的企业则各有各的成功。金叶珠宝的众多成就让人艳羡不已，但所有这一切在王志伟看来，都不及"诚信"重要。王志伟认为，黄金企业的诚信重于金。代工时期，面对种种政策限制和激烈的市场竞争，王志伟正是靠着诚信不断接获订单，也正是因为诚信才能够从当地银行获得"黄金经营许可证"，并凭借诚信一步一步创下自己的商业王国。

对于诚信，王志伟有深刻的认识。当年珠宝市场混乱不堪、鱼龙混杂，本土的大商场以及银楼在经营珠宝时都有一个致命弱点：没有品牌意识，价格上故弄玄虚，又坚持珠宝首饰属于贵重商品，一旦售出概不退换。珠宝首饰的无品牌现象直接造成了顾客对珠宝商的不信任，品牌花无疑是珠宝市场发展的一个新方向。在创立金叶珠宝初期，王志伟强势推出999足赤金，一举扭转了市场上以次充好，短克少毫等损害消费者利益的歪风邪气，树立了黄金企业必须诚信、金叶黄金诚信天下的企业标杆。

王志伟更为金叶定下"三不准则"：不准有不符合国家标准和低于金叶标准的任何一件黄金产品投放市场，不准在经营过程中对消费者有任何欺瞒，不准对质量投诉和要求退换产品的消费者说"不"，开创了中国黄金产品承诺、诚信天下的先例。

做大做强，打造全产业链公司

目前，金叶已全面进入资本市场，专注于黄金产业，逐步形成黄金矿山建设投资、黄金首饰生产加工、珠宝首饰品牌零售三大业务板块，努力将其打造为集黄金探、采、选、冶及黄金珠宝设计、生产、批发、零售为一体的全产业链的上市公司。对于企业成功上市，王志伟表示："上市，不是最终的目的，而是金叶全面提升自己，持续做大做强的重要途径。"

2012年，金叶更成功邀得杨幂小姐担任品牌形象代言人。王志伟认为，杨幂清新靓丽、时尚朝气的形象深入人心，与金叶珠宝的品牌气质十分相符。金叶牵手杨幂，契合了金叶珠宝勇于创新，以及用户至上的企业理念，二者的结合可谓是珠联璧合。

采访中，王志伟先生总是保持着一种淡然、温和而又谦逊的微笑。在这神秘的微笑里究竟隐藏了多少秘密？或许我们只能从金叶之后的那些大手笔中去寻找答案了！（蒋春茂／图文）

坚守在教育第一线的"老兵"

——记广东省特级教师、厚街中学教务处副主任谢国庆

他是自己的老师，学生的老师，也是老师的老师。他执教30多年，始终站在教育第一线，教书育人，桃李满天下。他就是始终坚守在教育第一线的"老兵"谢国庆。

他曾是象牙塔里的天之骄子，他曾是务工者里的平凡一员；他总是迎着理想阔步前行，他总是立足现实冥冥思索；他教育着莘莘学子奔向全国，他引领着教坛新秀追赶潮流；他永葆50后那辈的时代印记，他包容90后那丝书生意气。他叫谢国庆，是一位任劳任怨的基层教师。

南下翻开教育事业新篇

1977年，中断了10年的高考制度得以恢复。一天，一向要求严格的父亲对他说，"现在是大好形势，你得赶紧好好复习参加高考。"由

于父亲在江西水电工程局工作，经常挪动单位，小时候的谢国庆跟随家人四处奔波。谢国庆当时读的是职工子弟学校，但因为每两年就要换一个居住城市，课程常衔接不上，主要靠自学。

谈到当时的教育资源，见惯名师同行的谢国庆也说，那是个难得的时代，正好碰上"知识分子再教育"。文革期间，知识分子被下放劳动改造，有些是从北京大学、复旦大学、浙江大学等一流学府毕业的学生，这些接受过系统教育的老师理念先进，这些奇妙经历影响了他今后的人生选择。

谢国庆参加高考，被宜春师范专科学校物理系（现宜春学院）录取。由于成绩优秀，各方面表现不错，1981年毕业后留校，任教大学物理。上世纪80年代，老师的工资都很微薄，谢国庆安于清贫，一心扑在教研上。期间，他到北京大学物理系进修，在武汉大学物理助教进修班学习硕士研究生课程。

在宜春师专任教11年后，正赶上南下热潮。那是1992年，全国各地的热血青年涌向改革开放的前沿珠三角寻求发展机会。那年，他舍弃在宜春所积累的社会关系，只身前往东莞大岭山中学任教。

90年代初的东莞，仍然处在发展初期。大岭山是东莞的一个小镇，人口少、经济总量低。大岭山中学的学生都来自农村，家长素质比较低，对于孩子的教育问题，看法简单而直白。他们认为学校的职能就是教育孩子，我把孩子送到你手上，你帮我教就行。这种想法好处是家长给予学校完全的教育自主权，老师没有太大压力，坏处是家长忽略了家庭教育对孩子成长的影响，容易导致教育缺失与性格缺陷。

对于他们这一群从内地过来的老师而言，在大岭山执教的最大困难，不是语言不通，而是当地缺少文化积淀。东莞各镇街在全力搞经济的同时，文化远远落在后面。当地重视经济，忽略文化与教育，本地教师都纷纷跑去做生意，或调到机关事业单位工作。这种状况让谢国庆感到很难受。

担任名师工作室主持人

谢国庆从1992年调入大岭山中学任物理老师，1993年至1998年任副教导主任职务，主管高中教学工作，承担了两届高三毕业班物理教学。

那年，由于引进不少内地教师，大岭山中学在高考中实现了零的突破。在大岭山工作 6 年后，谢国庆调入厚街中学。

谢国庆具有丰富的教育教学经验，能因材施教。他从不放弃任何一个学生，教学手段丰富，教学风格深受学生喜爱。他所执教的物理高考单科成绩及指导学生参加全国物理竞赛成绩，在全市中学位于前列。他还具有很强的教学科研能力，勇于探索与实践新课标，乐于站在教学改革的最前列，先后与人合作出版两部著作，一部是由中国环境科学出版社于 1998 年 8 月出版的《最新初中物理竞赛辅导与训练》，另一部是由长江文艺出版社于 1998 年 6 月出版的《探索文艺的奥秘》，此外还在全国和省级等刊物上发表论文 10 余篇。

由于成绩突出，谢国庆获得荣誉无数，2006 年被授予"广东省中学物理特级教师"称号。2010 年，他成为东莞市首批名师工作室主持人，堪称老师的老师。东莞在设立首批名师工作室时，时任市教育局局长杨晓棠认为"教师不应该只是教而优则仕。我不是反对优秀教师做行政、当校长，而是说，毕竟名额有限，也不是每个教师的性格、能力都适合做行政工作。"名师工作室是优秀教师的一条新的上升通道，能让优秀教师发挥所长，又能赢得社会尊重。

名师工作室有 33 名人员，其中工作室指导老师 14 人，学员 19 人。用谢国庆的话来说，就是"召集数十位在教学第一线的老师，来搞课堂教学和科研。每天的工作都是为老师上课，让他们增加实践。"

成为名师工作室的主持人，招收"弟子"后的谢国庆更忙了。工作室确立了以高效课堂教学为重点探讨目标，因为高效课堂是今后学校教学发展的一个重要方向，它响应了素质教育和新课程的实施发展求。工作室获得了省级课题《普通高中物理教学策略的研究与实践》和市级课题《高中物理运用"导学稿"教学实践研究》等课题项目，并以课题研究引领工作室的形式，进行了多次学术研讨活动。

总的来说，名师工作室的成立，让一群优秀老师发挥所长来培养出一批又一批年轻教师，增加他们的教学经验。同时又可以实验性、开放性的角度来寻求最基础和最普及的常态高效课堂教学形式。而相关的课题研究，又能引领广东地区的高中物理教学走向与新发展。

思考哲学人生

谢国庆是物理老师，却非常喜欢哲学。这与性格有关，也与专业出身有关。他说，学理科的人学哲学比较容易。哲学讲究形式逻辑，凡事讲究辨证唯物。哲学在古希腊中译为"爱智慧"，在词典中"智慧"为辨析判断、发明创造的能力，当爱好哲学的人处于思辨的汪洋大海之中，他会看得更高、更远。

谢国庆一直严格要求自己，注重学习，不断提高自身素质，更新知识结构。多年前，他参加并通过了普通话等级及计算机中级考核。并且在不惑之年攻读华南师范大学教育硕士研究生物理教育专业。他一边工作一边读书，终于在 43 岁时获得教育硕士研究生学位。

从自学成才，到当上孩子王，再到名师工作室负责人，谢国庆在平凡的岗位干出了不平凡的事业。他 30 多年始终站在教育第一线，这本身就证明了非凡的毅力与勇气。（王洁丽／图文）

从"搬运工"到"制鞋机器人"之父

——记东莞意利科技集团董事长杨崇国

《了不起的盖茨比》中出身贫寒的男主角从身无分文到腰缠万贯，是当时美国梦实现的最佳例证，而在中国，正有许多人实现着他们的中国梦。东莞意利科技集团董事长杨崇国便是其中一员。

他曾当过搬运工、电焊工、车线工、车间主任、鞋机维修工，后又自营鞋机配件的商店、创建鞋机工厂、自主研发鞋机品牌、最终成功研发出"制鞋机器人"，实现人生的一次又一次蜕变。他就是东莞意利自动化科技有限公司董事长杨崇国。

2012年9月，中国轻工业联合会决定授予杨崇国"十一五"轻工业科技创新先进个人荣誉，表彰他在自动化领域内，成功研发出"制鞋机器人"的卓越成就。这是一个含金量很高的奖项，这位亚洲制鞋机械行业的领跑者被多家媒体誉为"制鞋机器人之父"。在此之前，杨崇国已被中国毛皮制革机械标准化中心特聘为技术顾问，这同样是一个至高无尚的荣誉。如果不是媒体刨根问底，谁也不会想到这两项殊荣获得者，竟然做过"农民工"、"搬运工"。从杨崇国身上我们看到，东莞奇迹就是这些人用勤劳和智慧创造的一个又一个奇迹的总和。东莞成就了他们的梦想，他们助推了东莞的速度。

熟悉制鞋业每个环节

1990 年，河南省新野县，已过而立之年的杨崇国再也不想过那种简单的日出而作、日落而息的生活。珠江三角洲改革开放的滚滚大潮在他心中强烈地震荡着。这年春节一过，他便告别了父母妻儿，只身南下，来到了东莞的厚街。

尽管那时厚街处于高速发展期，对人才的需求极其旺盛，但每天都有从全国各地赶来求职的人群，提着大包小包的行李，游走在大街小巷。而厂方需要有经验、有技术的人才，所以在当时要找到一份称心如意的工作并非易事。更糟糕的是，此时河南人在东莞名声较差，有厂家甚至打出"不招河南人"的牌子，找到一份合适的工作对杨崇国来说太难了。也记不清投了多少份简历，填过多少次表格，经过多少次面试，就在他的兜里只剩下几十元钱、心生绝望的时候，一家制鞋企业的招聘主管见他体格强壮，破例给了他这个"河南人"一份"搬运工"的活计。

谁都知道，搬运工是一个纯体力活，没有技术含量，但杨崇国对这份工作十分珍惜，干得很起劲，因为他明白，这个岗位既解决了他眼前的困境，更让他有机会熟悉正欣欣向荣的制鞋业。3 个月后，由于工作认真负责，且吃苦耐劳，他赢得了后勤主管的欣赏。该主管主动向人事部申请，将杨崇国调到电焊班，让他当了一名电焊学徒工。

也许杨崇国天生就是一块干技术活的料。刚接触电焊的人，十有八九都会周身浮肿，甚至脱掉一层皮，但他却毫无不良反应。他很快成了电焊班的行家里手。没过多久，杨崇国就升任为后勤部副主管。

踏实肯干的杨崇国很快引起了老板的注意。通过一段时间的暗中考察，人事部给出了"杨崇国工作踏实，做事认真负责，具有管理的才能"

的评语，1年后，杨崇国就被厂部破格任命为车间主任，担当起管理两百多人的重任。

制鞋厂是手工密集型产业，工序繁琐，要求部门之间协作配合到位。为了搞清楚每道工序的难易程度以及所耗时间，在担任车间主任的半年内，杨崇国几乎没有离开过车间，许多岗位他都亲手实践，直到对每个环节、每道工序烂熟于胸，最后，他亲手制订了严密而科学的生产规范，直到生产效率大大提高，才舒了一口气。

杨崇国有不少改革设想，然而老板已完全陶醉在已有成就中，不愿再冒险尝试。当他听完杨崇国的想法后，毫不客气地回绝了。杨崇国明白，要实现自己的梦想，靠别人的平台是行不通的。

1998年10月，杨崇国做出了一个在厂里人看来惊世骇俗的决定：他向老板递交了辞呈，同时又递交了一份维修工岗位申请书。原来，杨崇国要放弃高工资的车间主任一职，自愿去干那又脏又累又不挣钱，且没有固定作息时间的维修活。工友们不解，厂领导也直摇头，觉得不可思议。然而，杨崇国却任劳任怨，乐此不疲，一干就是两年。也正因为这两年，杨崇国有机会埋头潜心研究，对意大利、德国的制鞋机有了更深入的了解，对其结构、性能、各项参数了如指掌。鞋机出了故障，不用拆卸，只需询问故障前机器的运转情况，他就能准确判断出故障位置，拿出解决方案。

为了掌握更多的制鞋机维修知识，也为了探寻这个行业的发展前景，找到新的商业模式，1997年，杨崇国告别他工作6年的工厂，选择了一家专做鞋机维修服务的公司工作。"那两年，又接触到许多更先进的制鞋机，我的技术又有很大的提高，对这个行业的了解也更深刻，为我后来的发展奠定了很好的基础"，杨崇国说。

从维修机械到研制鞋机

通过8年的积累，1999年，杨崇国觉得时机较为成熟了，他投资6000元，在厚街开设了一家叫亿利鞋机配件的商店。两个人，吃住就在店后半部的阁楼里。杨崇国自己负责上门安装维修，另一人负责看守门面，销售配件，接听电话。由于服务态度好，维修技术精湛，半年后，杨崇国的业务就开始红火起来，服务范围也延伸到深圳、惠州、广州等周边城市。那时，他惟一的交通工具是一辆嘉陵牌摩托车，有时跑一趟，要骑几个小时才能到达目的地，来回几百公里。尤其是夏天，天气炎热，路又远，摩托车在行驶一段时间后自身发热，半路上不得不停下来休息，等机身恢复正常了才敢继续上路。晚上当他回到那个临时的家，肩臂变得硬硬的，像失去了知觉。有时候，客户为了赶工期，半夜打电话来，杨崇国也绝不推辞，赶紧去替客户维修。有次在去深圳的路上，杨崇国遇到一伙夜间驾车抢劫的劫匪，他一路驾车狂奔，劫匪紧追不舍，几次差点撞倒他的摩托，到达目的地后他瘫软在地，许久回不过神来，事后客户听了他的讲述，感激涕零，最终成了他的忠实伙伴。就这样，杨崇国忍受了常人难以想象的困难，凭着一股拼命三郎的精神，咬牙坚持了5年，完成了他的原始积累，也为他日后生产鞋机赢得了大量的客户。

2004年，亿利成立了机械厂，招聘了10来个组装工人，他从意大利购回几台现成的比较低端的设备，通过委托加工零部件的方式，改装成自己的"亿利"牌制鞋机，出售给东莞的小型制鞋企业。因为有维修保障，加之价格低廉，制鞋机居然供不应求。然而，天有不测风云，他的这一创举被意大利ALFA公司发现后，指责其侵权，很快将他和他的"亿利"告上法庭，开出巨额索赔要求。

接到法庭的起诉书，杨崇国傻眼了。他怎么也想不通，当时中国人眼里极其普通的商业行为，在国外却被认为侵权。从那以后，杨崇国开始恶补国际经济法知识，为日后进军国际市场蓄积力量。为此，他还聘请了熟悉国际经济法规的律师做法律顾问。

所幸的是，亿利产品并非完全抄袭，而是在原有基础上添加了新的装置，使之操作更加方便，效率也更高，算是鞋机的创新。因此ALFA公司在对改装机反复观摩后，反倒对其改装技术颇为欣赏，最终选择了与杨崇国合作。谁也料不到，大洋彼岸的商界巨子和一个名不见经传的中国"个体户"走到了一起。从那以后，"亿利"改名为"意利"，取意"意在多赢。利在永恒"。利用ALFA的品牌号召力及技术指导，意利鞋机顺利"借船出海"，产品远销海内外。

杨崇国是一个干一行，爱一行，也精一行的人，他明白，要确保意利有竞争力，做大做强，必须掌握国际一流的技术。但技术输出方也会视技术为生命，绝不会轻易示人，甚至刻意保护。为了实现自己的目标，只能采取技术转让和合作的方法，而技术转让需要大量资金，合作开发产品、合作开发市场是最佳的选择。此时，他已经具备主动出击能力，先后与意大利 BRUSTIA、SILPAR、VOLONTE 等企业进行技术合作，在掌握了鞋机业的各个生产环节之后，意利公司最终在 2006 年实现了鞋机整体工程的研发、生产"一条龙"，从而成为"广东省制鞋机械行业五强企业"。

2009 年，意利集团未能幸免那场席卷全球的金融危机。在那段低迷的日子里，国外订单纷纷取消，到岸的鞋机也无法及时回收款项，甚至无人收取，市场陷入一片恐慌。杨崇国在日记中这样写道："市场的低谷正是行业的洗牌期，优胜劣汰是永恒的市场规律。洗掉了许多经营不善的企业，对于坚持下来的企业来说，便意味着出现了更多的机会。在这种情况下，企业似乎只有两个选择，要么出牌，要么出局。"为了应对突如其来的打击，杨崇国开始探索走多元化发展的路子。然而到了 2011 年，杨崇国发现新注册的公司毫无起色，累计亏损了千万元。与此同时，意利鞋机却捷报频传。他意识到"意利集团最好的路子不是走多元化发展，而是走专业、专注、专精的路子"。此后，杨崇国果断关掉了与鞋机不相关的公司，一心一意做鞋机行业的领跑者。

研制制鞋机器人，再次华丽转身

"意利的成长经历了太多的磨难，走到今天也非常艰辛，但是我相信，正因为有这丰富的经历，它才能抵挡这一危机对鞋机行业的影响"，杨崇国曾这样总结道。众所周知，机械自动化已经成为制造行业的主流。特别是在微利时代下的今天，提高工作效率、节省人工、节约成本更是大势所趋。杨崇国深知自动化对鞋机企业的重要性："随着科学技术的发展，制鞋全自动生产线即将变为现实，一旦投入使用，这个行业将会发生天翻地覆的变化。"全自动化是指应用多台机器人、RFID 软件、视觉系统和激光扫描技术的完美结合，实现机械人替代人工，可以让传统劳动密集型产业升级为技术密集型产业，为产品的标准化提供保障，对人工的依赖性降低，改善制鞋多班作业的困难，保障产品质量。看到这一片蓝海，杨崇国信心十足，他决心要当制鞋机器人的领跑者。从2008年开始，意利开始大规模招揽行业高端人才，与广东省创新科技学院合作培养和输送人才，与国外企业如意大利合作切割机，与瑞典合作机械臂，与华科大组建研发中心，并将研发经费提高到占比年纯收入的30%。

通过几年的不懈努力，意利鞋机摆脱了单一生产某几种鞋机转向了整条流水线机器的生产。同时，先后成立了意利线机工厂、意利贸易公司等，形成一个整体的系统。这个系统还包括鞋样设计软件开发使用及厂区等系统的规划等等。2011年6月，杨崇国带着他的意利科技团队，和他们自主研发的鞋机自动化流水线在第21届广州国际鞋类、皮革及工业设备展览会上参展，得到业内高度赞赏。杨崇国也因此获得了"制鞋机器人之父"的美誉。

目前，杨崇国的"意利科技"鞋机自动化设备已获准为国家863计划技改项目，其中自动化刷胶、制鞋定型系列两项技术分别获得行业技术标准制定权，产品销往多个国家和地区，意利科技还与国内多家大型制鞋企业达成了整体改造升级意向。

杨崇国不仅在技术研发上舍得投入，还在营销环节不断创新。为了让生产厂家放心购买使用，意利科技选择在制鞋工业密集区设立专卖店，对机器进行设备维护和服务。

以维修起家的杨崇国对产品质量的要求近乎苛刻，意利科技公司从2006年起就全面推行ISO9001：2000质量管理体系标准，确保每种产品都达到国际CE安全机构认证标准。由于实施了严格的质量管理，意利科技的产品很快得到了相关部门的认可：

2006年意利鞋机获得中国质量检验协会颁发的"1996-2006全国质量检验稳定合格产品"荣誉称号，意利成为广东省质量振兴纲要活动中唯一获此殊荣的企业。

2006年意利被广东省皮革工业协会和广东鞋业厂商会评定入选"广东鞋机五强。

2007年意利荣获"中国皮革协会优良企业"称号。

2011年意利荣获"东莞市民营科技企业"称号等。

追梦人

　　杨崇国的日记中有这样一段话："一个企业能走多远，往往与企业家对公司的定位与理解息息相关。因此，有人说，一个好的企业家应该是布道者……假如你认为危机是一个灾难，那么灾难已经来临，假如你认为危机是一个机遇，那么机遇即将成型。"我想，读懂了这段话的人，也就一定能明白杨崇国和他东莞意利科技的成功之处。（于汗青／图文）

实现代工到自主品牌的蝶变

——记琪胜鞋业有限公司董事长尹积琪

　　从代工童鞋到代工皮鞋，从代工到创建自己的品牌。他且行且思，在一次次转型的阵痛中浴火重生。他就是中国高档男士皮鞋"琪胜"的创始人尹积琪。

　　皮鞋，对于大多数男人来说，或许仅是日常用品。而作为某皮鞋品牌创始人的他却把皮鞋当成珍贵的艺术品来看待、雕刻。他觉得鞋是男人品味的象征，对鞋子的穿着和制造也特别考究。他创立的品牌皮鞋，成为北京奥运会开幕式中国代表团的专用产品。

　　他就是尹积琪，60年代出生的尹积琪出生在厚街的一个平凡家庭。一米八的身高，透着那一代人执着、务实、倔强的性格。

创业：放弃"铁饭碗"走上创业路

　　尹积琪本可以像很多人那样，守着安稳的工作过日子，但那倔强、不甘平凡的性格，让他毅然放弃了村委干部的工作，选择了创业。90年代末，厚街民间的"做鞋风"越刮越猛，厚街的鞋厂也遍地开花。鞋，成为厚街商人话不离口的字眼。厚街农民纷纷"洗脚上田"，开起了小作坊式的鞋厂。尹积琪就是从那时开始，经营起了他的童鞋小作坊，取名为"琪胜"。然而，"琪胜"并没有让他"旗开得胜"，而是让尹积琪走上了坎坷的创业之路。

当年，加工贸易如日中天，企业获得的订单应接不暇，工厂天天加班，月月出货，年底一算账，利润却非常有限。而琪胜，自然也逃不开这样的"命运"。那段日子，尹积琪疲倦的眼神中总是带着一丝忧愁，总是一个人站在太阳下蹙眉深思。

2001 年，尹积琪带着对美国市场的无限遐想和憧憬，只身远赴美国参观拉斯维加斯鞋展，希望从中找到出路。

然而理想和现实总是有差距的。尹积琪在美国了解到：国外市场已非常成熟，资源高度集中，鞋业大部分垄断在几个大公司手里，台湾工厂和香港工厂跟这些公司的关系根深蒂固，由于语言文化上的差异和交流的困难，中国人难以与外国人建立起直接的情感交流。在这样的情况之下，企业就像"水中浮萍"，难以得到持续的发展。

反观国内，中国的 13 亿人口占全世界的 20%，做好中国市场就等于做好世界 20% 的市场。这个任务艰巨且富有挑战性。基于自身对中国文化气候、风土人情、消费者穿着品味的了解，比起国外企业有更大的优势，自己断断没有理由放弃自身的优势，用自己的劣势与别人的优势竞争。

于是，尹积琪决定由外销转为内销。

转型：咬定青山不放松

纵然"变法"成功了，但是利润依旧不高。尹积琪再次感到前途迷惘：是自身的能力不足还是构想出了问题？

那段时间对尹积琪来说是难熬的，他心神不定、坐卧难宁。他不舍昼夜，反复问自己，琪胜的未来在何方？

尹积琪迫切想改变现状，获得更多的利润，改善员工生活，生产更多消费者满意的产品。他深知，不是所有的拼搏都会成功，要审时度势，把属于自己的机会牢牢抓住。为了看清琪胜未来的发展方向，尹积琪做了详细的市场调查，在深入了解中国鞋业的状况后，尹积琪惊喜地发现，从 1949 年至今，整个中国的高档鞋是断层的。尹积琪仿佛看到了一丝曙光，他坚信着定位定天下，于是，他把琪胜的市场定位为高档皮鞋。

尹积琪孤注一掷，卖掉小作坊的所有设备，换回来的资金还不够买3 台缝纫机。转型做皮鞋之后，由于员工的思想和技能都无法适应琪胜的发展，大部分员工选择了离开，只有 3 人与他风雨同行，披荆斩棘。

琪胜如此剧烈的转型阵痛，曾一度让尹积琪感到无助。产品不同，设备不同，技术人员不同，等于从零开始，但是尹积琪并没有却步，而是越挫越勇，从小作坊开始起步，慢慢扩大生产，终于取得成功。琪胜成功改革后，也逐渐走上了轨道。

升级：品牌战略抢先机

琪胜靠承接其他品牌的订单，稳打稳扎，在行业尽显风采。人无远虑必有近忧，对市场的敏锐度让尹积琪发现，没有自己的品牌，琪胜难以取得长足发展，因此他时刻保持一种危机感。

2001 年 2 月，在世界鞋业论坛上与前国家外经贸部副部长龙永图的一次偶遇，让尹积琪坚定了琪胜再次转型的方向。

在对琪胜进行了了解和分析之后，龙永图肯定了尹积琪再次转型的想法，建议他通过打造自主品牌，突破代工企业所遇到的瓶颈问题。龙永图还赠给尹积琪 12 字箴言："切勿只低头拉车，不抬头看路"。

尹积琪恍然大悟，他了解到自己的个性过于执着，只"低头拉车"，不"抬头看路"使他难免磕磕碰碰。龙永图的这句话对尹积琪的触动很大，促使他再次寻求新的突破。

从世界鞋业论坛回来之后，尹积琪反复回味着龙永图的话，心里开始斟酌：虽然目前琪胜的发展相当可观，但代工企业也有难言之隐：开发、款式、订单、定价等都要受制于客户，没有主动性和主导权。就当下而言，代工企业虽能生存，但随着竞争加剧，利润空间必会逐渐压缩。加上国外品牌的进入对行业的冲击，市场份额会逐渐减少。没有自主品牌的企业就犹如一棵无根之树，是经不起大风大雨的。想到这，尹积琪嘴角略过一丝苦笑。

2002 年，尹积琪创立了自己的品牌——迪宝·阿治奥［A］（TIBAO AUCHEHO），主攻国内高端市场。

"迪宝"这个名字背后，其实还有一段不为人知的故事。当年，尹积琪由代工童鞋转为代工皮鞋时，曾受过一位从意大利漂洋过海来中国传授鞋艺的名匠迪宝·阿治奥的提点和指导。这位意大利老鞋匠从小对鞋履非常着迷，由量脚码、造鞋楦、塑型、试样直至完成，每道工序都亲力亲为，力求尽善尽美。正是这种严谨，影响了尹积琪。为了纪念这位亦师亦友的意大利名匠，也为了时刻提醒自己制造鞋子的每一个环节、每一道工序都要精益求精，尽善尽美，他把新创立的品牌取名"迪宝"。

为了叩开高端男鞋市场的大门，尹积琪专门派人到皮鞋王国——意大利学习设计和技术，结合国内的审美需求和脚型特征，开发出一批全新的产品，开始在国内进行品牌专卖。

有高起点才有高回报，尹积琪选择了北京赛特购物中心、杭州大厦、广州友谊商店等全国最高端的商场，作为市场的最高起点。进驻过程艰辛又漫长，每一次的失败都成为尹积琪迈向成功的一个又一个坚实的脚印。任何困难都阻挡不了琪胜"攻城略地"的步伐，尹积琪用信念去支撑，用梦想去坚持。执着与真诚让他敲开了高端商场一道又一道的大门。

收获：亮相奥运一夜成名

2008 年 8 月 8 日对尹积琪来说是极具意义的一天，也是迪宝皮鞋的一个重要转折点。北京奥运会盛大开幕当天，中国的奥运健儿们穿着琪胜生产的迪宝皮鞋进入鸟巢，向世界展开自信的笑容。中国代表团让迪宝"一夜成名"，尹积琪用自信和坚韧走出的"冠军"足迹，闪亮而辉煌。

不积跬步，无以致千里；不积小流，无以成江海。15 年坚持不懈，15 年勤勤恳恳，15 年取长补短，尹积琪一步步熬了过来，打拼出属于自己的一片天，带领出一支又一支的优秀团队。琪胜在尹积琪的带领下，从最初一条 30 人的手工生产线，逐步发展到具有 6 条现代化生产线的规模，集市场营销、设计开发、大底加工、成品鞋生产为一体的现代化企业。在全国一线城市设有 200 家专卖店，在鞋业界成绩斐然，在同行中备受瞩目。琪胜所生产的皮鞋深受消费者的喜爱和认可，享誉于中国名流之列。

　　从外销到内销，从低档到高档，从代工到自主品牌的转变，那些痛苦且艰辛的创业、发展历程，对尹积琪来说，虽已经成为历史，但这点点滴滴、风风雨雨，却成为他人生中最美好的经历、最亮丽的风景，让他始终无怨无悔。（尹艳珊／图文）

情倾武台的太极女侠

——记香港国际武术节双料冠军余冬兰

她从未想到儿时的好奇会引导她走上太极拳这条路，并且愈走愈远，愈走愈成功。她就是余冬兰——香港国际武术节的双料冠军、正在崛起的新一代太极新星。

静若牡丹含苞待放，动若天鹅振翅御风……美轮美奂的诗句描述的是太极拳爱好者余冬兰演练太极拳时的意境。

余冬兰来自江西抚州，抚州在当地素有"才子之乡"的美称，是著名的政治家王安石、文学家曾巩以及被誉为"东方莎士比亚"的戏剧家汤显祖等人的故乡，可谓人杰地灵。

好奇心，带领她走进太极拳的世界

余冬兰童年嬉戏玩耍时就常听大人们在议论着邻居中有位长者，为了不让别人看到，总是在晚上练太极拳，极具有神秘感。

中学毕业后，为了揭开记忆中邻居老伯在黑夜中独自偷偷练拳的秘密，她经常早起到广场跟着一群阿姨、大叔们学拳。好奇又好玩的她跟在别人后面比划动作，顾得了手顾不了脚，手舞足蹈乐在其中，在热情的阿姨们的带动下练压腿、拉筋之类的基本功，这就是她的太极初体验。

到了 2005 年，余冬兰与家人来到了东莞厚街，在一家公司做职员，过着朝九晚五的生活，好动的她从没间断过锻炼，跑步、跳健身操和舞蹈几乎是她业余生活的全部。

有天早晨在厚街体育公园的田径场跑步时，在晨雾里她看到了练太极拳的身影。那时练的人不多，三三两两的退休人士自娱自乐，多年前接触过太极拳的她自然而然地加入了其中。

真正让余冬兰正确了解和练习太极拳的人是被她称之为恩师的台湾人林文竹先生。

到大陆来工作的林师傅师承台湾多位名师：跟易德坤前辈习练五行八卦太极拳、扬式 64 式、郑子 37 式、简化 24 式、42 竞赛套路以及陈式太极拳。在台湾各地区的历届太极拳比赛中荣获多项冠军。林师傅习拳教拳几十载，有着丰富的教学经验，一招一势规范到位。跟林师傅学练太极拳的人由开始的几人迅速发展到数十人，学员来自各个行业，各个年龄层次。

太极拳是一种调节气血、调动人体潜能、攻防兼备的内家拳，动中求静、激发真气、以柔克刚，也就是说练太极拳，健身是本防身是末，为健身者可练为防身者亦可练。

然而，并不是所有的人都能够练好太极拳。

林师傅因材施教，对余冬兰等几位年轻的学生严格的训练。在不断有人放弃的同时，也陆续有新的学员参与，而她坚持每天清晨练习 1 至 2 个小时太极拳后再去上班，下班后晚上照去培训班学跳拉丁舞。

好学求上进的余冬兰真正地做到了"夏练三伏、冬练三九"，每天早上跟着师傅练习，努力付出的同时享受着太极拳带给她的快乐和健康。

享受生活爱运动的她非常积极地融入到了当地的体育、文化氛围中，2006 年参加了厚街镇"和谐厚街"广场集体舞蹈大赛宝屯村的预赛和总决赛，并取得了决赛第三名的好成绩；还荣获了 2007 厚街镇企业员工个人才艺 PK 赛优秀奖。

初入赛场，斩获佳绩

2007年底在体育公园，余冬兰有幸结识了来厚街短暂工作的朱柏森工程师，朱师傅是天津人，从少年时期就开始习拳练武，得"开极拳"真传。朱师傅为人亲切、低调，白天要到工地监督工程，就利用早晚休息时间教他们师徒几人，后因工程竣工返回天津。

开极拳也谓八极拳，全名是"开门八极拳"，八极拳以头足为乾坤，肩膝肘胯为四方，手臂前后两相对，丹田抱元在中央为创门之意，属于短打拳法、其动作极为刚猛。在技击手法上讲求寸截寸拿、硬打硬开，因此有"文有太极安天下，武有八极定乾坤"之说，其中的"开极金刚八式"是基本功。

经朱师傅的耐心传授，余冬兰、林师傅和刘师弟在短短的半年时间里就掌握了开极拳的基本功要练、拳理要明。

余冬兰经常查阅资料了解太极拳原理，把原理摆在功架上下功夫，按步就班、循序渐进。每次回家乡都会与当地的太极拳爱好者一起交流经验，他向前辈们请教的好学精神，再加上持之以恒的勤学苦练，几年下来，她在一群学员中愈加出类拔萃，逐渐成为林师傅教学中的得力助手。她也曾跟随林师傅利用晚上下班休息时间（每周二、四）到工厂去免费传授太极拳，让更多的年轻人了解和习练太极拳，这为她今后的教学之路积累了丰富的经验。

2010年一个偶然的机会余冬兰有缘认识了深圳的毛建华师傅。毛师傅是位风趣幽默、能文能武、能说会道的成功商人，在毛师傅的推荐下她和林师傅等人加入了深圳市武术协会。

她积极参与社区、镇政府举办的各类太极拳活动。2011年10月18日参加了"厚街镇体育文化节"开幕式上的一百人的太极拳、剑和扇的表演。

机会总是留给有准备的人，2011年11月间，在林师傅、毛师傅的带领下她们一行十几人报名参加"第十三届深圳市传统武术精英赛"的个人赛。本届赛事在深圳宝安体育馆举行，深港两地逾千名武术界同仁参与。第一次看到如此多的武术精英同场竞技的她忽然明白，原来习拳练武早已走入寻常百姓家。

第一次参赛的她紧张、好奇又充满着期待。在有多次参赛经验的师傅们的引导下完成了赛前报到、检录等系列参赛流程。此时整个赛场内外，刀枪剑棍、南拳北腿，各路英雄好汉个个精神抖擞使出看家本领，全力向裁判和观众展现最具实力的一面。从不轻易错过学习的机会的她趁着赛前赛后的时间细心观摩其他选手的一举一动，大饱眼福的同时，与更多的同道中人交流切磋、以拳会友，开阔了眼界也交到不少朋友。

由于参赛选手较多，她所在的 10 人组到中午 12 点多才入场，她和另外三名选手被安排在第一小组比赛。上场、深呼吸到收势不到六分钟，从紧张到淡定、完美的发挥，裁判当场公布成绩：8.68 分，是首场 4 人中分数最高的。下午的器械比赛中她更是超水平发挥。最终，她获得了 42 式太极剑荣获第二名，42 式太极拳荣获第三名的好成绩。

首战告捷的她由于多年的努力得到了肯定，很是欣慰。

赛后的她轻松地在比赛场地闲逛，与深圳武术协会的李老师和香港国际武术节组委会负责人一行 3 人不期而遇，得知她第一次参赛就取得了这么好的成绩，香港国际武术节组委会负责人当即向她发出了邀请，请她和她的师傅到香港国际武术赛场上去一展身手。

从深圳收获好成绩的她更加自信了，林师傅对她的要求也更高了。

为了香港的比赛，容不得半点松懈，她投入到更加刻苦的训练中。同时她还经常受邀到各地参加武术交流，扩展知识面，积累临场经验，广交武林界的好朋友。

在深圳的凤凰山有几大门派的正宗传人会在假日里聚集在一起互相学习，切磋武功。在毛师傅的引荐下，林师傅和她及众学生多次去凤凰山拜师学习，在那有缘认识了深圳华林派弟子洗应添、洗润华、陈汉兴等前辈；武当纯阳派掌门人 70 多岁的陈心惠老前辈和他的学生梁师傅、吴式传人王师傅以及来自香港各界的太极拳师傅和爱好者。前辈们对勤学好问的余冬兰关爱倍至，他（她）们都慷慨地言传身教，指出她的不足之处。每次的交流聚会总是让她受益匪浅，前辈们的肯定和鼓励给了她足够的信心。受益于前辈们的悉心指点，她领悟的更多了，加上早、晚近似苛刻的练习，拳术上也技高一筹，她的拳架、套路的动作规范，似行云流水，一套拳练下来让观者既可欣赏其拳韵之美又可品其刚柔并济的丰富内涵，而一套太极剑的完美演练甚是优美潇洒、人剑合一、神形兼备。

为了超越、提升自己，也为了更好的验证自己的实力，每次的赛事聚集了各门各派的武林高手，是难得的学习机会，余冬兰总是积极参加比赛。为了能在香港的国际大赛上有好的表现，她更加的努力，每天早晨、晚上刻苦练习毫不松懈。

由香港国际武术节组委会主办的感恩杯第十届香港武术节在香港亚洲国际展览馆举行，共有来自中国、意大利、俄罗斯、新加坡等 50 多个国家及香港、澳门、台湾地区 9000 多名选手参赛，是香港国际武术节自创办以来最大规模的一次武术盛会。

赛前几个月的超强训练、多位师傅的指点和丰富的赛场经验，使得余冬兰自信满满，在高手如林的国际赛场上凭她保持着淡定、执著和勇于拼搏的精神，最终完美演绎了 42 式太极拳，征服了场内的裁判，获得了冠军。由于她的两场比赛间隔的时间差不多是一小时，于是她只简单地向家人报了喜，就马上为接下来的太极刀比赛作准备了。

太极刀套路矫健、勇猛，但又刚中寓柔、柔中寓刚，其动作速度柔和平稳、行云流水，动作劲力内劲饱满、刚柔相济，动作气势中正舒展、敏捷轻灵。练习求稳重，"刀如猛虎，剑似飞凤"。

在第二场的器械比赛中，她再次得到了裁判的肯定获得冠军。在此届感恩杯国际武术节上，她用最好的成绩报答父母的养育之恩，报答师傅多年的培养之恩，报答了所有的亲人和朋友的支持。

声名鹊起，执教太极拳

香港比赛夺冠后，余冬兰名声大振，当时厚街乐购门店的王经理看到报上关于余冬兰的报道后，亲自到体育公园邀请她去乐购广场执教。为了更好地推广和普及传统文化，让更多的社区居民和乐购员工正确了解、习练太极拳，她欣然受邀，第二天就站上乐购寮厦广场的舞台，开始了迄今为止一年多每天早晨一个小时的社区教学之旅。她用自己多年积累下来的教学经验因材施教，年长的是以养生健身为主，她便让长辈们开心地享受健康生活；而对待中青年学员，她严格要求，她耐心细致的教学方式以及规范的动作深受广大学员的喜爱，渐渐地，许多人也慕名而来，学员最多时达 50 多人，其中还有 80 高龄的夫妻。

2012 年她受邀到一家五星级酒店向来自全国和世界各地的朋友展示和推广民族文化 ---- 太极拳，扎实的基本功与行云流水的动作表现让外国朋友拍手称赞，在酒店经常可以遇到来自各地的太极拳爱好者和同道中的高人，这时的她会不失时机的与他人切磋、向他人求教。

现在的余冬兰和林师傅依然坚持每天早晨 6 点在厚街体育公园进行

太极拳教学。她希望更多的年青人能够习练太极拳，通过对太极文化和太极拳的学习，通过身心去体悟其中的种种奥秘，通过从微观与宏观感悟太极的无形无穷，使人们会对中国传统文化产生与众不同的感受和深刻的认知。

"你是彩凤飞翔在蓝天，你是彩蝶起舞在花丛，你是美人鱼悠游在大海……"有位来自远方的太极拳爱好者观看了余冬兰的太极拳后诗意大发这样写道。（李新春／图文）

让厚街濑粉香飘四季

——记厚街濑粉手工制作技艺传承人余球

他叫余球，今年75岁，是东莞唯一一
位坚持手工制作濑粉的老板。年逾古稀的
他，本该含饴弄孙，享受晚年生活，但是
为了心中的那份手工濑粉，他继续坚持着
这面临消失的制作工艺。

在繁华热闹的南城家乐福附近，有一条小小美食街，街内有一个小
店面，这是一家专卖濑粉和烧鹅生意兴隆的小店，店内装修得古色古香，
隐隐透出岭南的独特韵致。

周末清晨的时光，店里洋溢着欢快和乐的气氛，身着家居服、趿着
拖鞋，满脸悠闲的人来此吃早餐。他们也许不知道，碗里银丝般的、最
优质、最新鲜、最地道的厚街手工濑粉，几个小时前才刚刚由人手工制
作完成。当然，在这里吃一碗正宗的厚街"金鹅银濑"，其价格远高于
街头巷尾的普通早餐。

厚街美食：金鹅银濑

濑粉是东莞人寿宴的传统食品，它以粘米为主要原料，加水搅拌成稠度适中的粉浆，再通过"濑"和蒸煮程序，就成为细长而有韧性的圆条状半透明粉条，它寓意着长长久久，多福多寿。

濑粉的制作工序比较复杂，简单来说，就是把制作好的米粉浆放入架在沸水大锅上的濑粉木槽中，用人力挤压，木孔中就"濑"出又长又韧又爽又滑的粉条。待煮熟后捞起，再过冷水降温，沥干水备用。吃时再用开水烫过，浇上高汤，加入不同食材。

其实，广东各地都有濑粉出产，名气较响的有高明濑粉、中山濑粉、恩平濑粉、马冈濑粉等，其中以东莞则以厚街濑粉最为著名。厚街虽小，却人杰地灵，名品出产甚多，著名的"厚街四大特产"就包括厚街濑粉。

世易时移，如今的厚街濑粉又分为机制（机器制作）和手制（手工制作）两种，其中手制濑粉由于柔软爽滑，味道浓厚而深受食客喜爱。当然，美味的厚街濑粉不仅美在濑粉，更美在它的创意搭配：烧鹅和高汤。正宗的厚街烧鹅濑粉，最讲究的是一锅美味的高汤，用整只鸡、大块肉、大块骨，加上玉竹、冬菇干等多种药材和香料慢慢熬制。

将濑粉在滚水中烫一烫放入碗中，然后浇上一大勺高汤，粉面上再铺上一层皮脆肉嫩的烧鹅，让人垂涎三尺、齿颊留香的金鹅银濑就做成了。"浓汁清汤，数世纪竹溪享誉；金鹅银濑，几百年美食飘香。"这副美食对联赞的就是东莞的美食之一厚街濑粉。濑粉本是寻常物，是厚街人对于濑粉选料的严格，对于繁杂制作工序的严谨执着，以及对于烧鹅和高汤的创造性搭配，使得它从芸芸濑粉中脱颖而出，赢得"金鹅银濑"的名号！

手工制作濑粉——难以延续的传统

在濑粉美食家看来，手工濑粉口感更丰盈润滑，更爽、弹、脆，米香更浓郁。厚街"金鹅银濑"虽好，但是很多人享用的早已不是传统的正宗风味了。因为机制濑粉几乎完全抢占了手工濑粉的市场，传统手工制作濑粉的技艺在东莞濒临消亡。

厚街镇上栅村余球家的濑粉作坊，是全东莞目前绝无仅有的一家手工制作濑粉的作坊。

余球现年 75 岁，制作濑粉已超过 50 年，经验十分丰富，对于手工濑粉有着很深的感情。但是谈及手工濑粉的未来，他很茫然，也无能为力。"既累又不赚钱"，余球说，或许在不久的将来，不会再有家族的人从事此项工作，届时整个东莞手工濑粉就退出历史舞台，人们只能从些许文字和图片上去回味它特有的滋味。

余球是地地道道的厚街人，因此对濑粉很有感情，凡是节日、生日都要吃濑粉。厚街的濑粉已有上百年的历史，主要产地一直就是在厚街镇的厚街村。

余球的濑粉作坊位于厚街上栅村小组的一条小巷子内，由自家的院子和矮房改建而成，没有任何标识，不熟悉的人很难找到。采访的当天正是五月中旬，天气渐热。但见作坊面积狭小，设备简陋陈旧，雾气腾腾，地面湿漉漉，工人们打着赤膊，汗水淋淋，工作十分辛苦。就是在这一个再传统不过的小作坊，余球工作了几十年，把一生的美好时光都奉献给了它。

上世纪 60 年代，余球 20 多岁的时候，生产队开设有一家粉厂，由几个老人操作，但那些老人都快退休了，所以生产队需要找几个人去学，去接班。于是，在家务农的余球开始接触濑粉，没想到，这一做就做了一辈子。

改革开放后，余球办起了一个手工濑粉加工作坊，起步时非常艰辛。因为彼时大家普遍贫困，平常难得吃一次濑粉。余球说，那时候没人来，订单数额也不多，做出来也不大好卖。

伴随着厚街镇经济尤其是酒店业的快速发展，厚街濑粉逐步从小饮食店走进了星级酒店，并深受国内外客人的喜爱，濑粉消费量大增。余球的濑粉加工场的日产量也由 300 来斤增加到了 1000 多斤。不过，在此期间，手工濑粉的生存状态已经悄然发生了变化，由于需求量大幅增加，越来越多的濑粉加工场转向机器生产。目前，全镇的濑粉年产量为 1200 吨，日均产量 3.28 吨，手工粉只占总量的 15%，也就是余球家生产的那 1000 多斤。

在大家纷纷转用机器生产濑粉的时候，唯有"固执"的余球仍然沿用传统方法生产，坚守着手工制作的阵地，这一坚持就让自己成为了全镇乃至全东莞唯一手工制作的濑粉。

余球说："我们厚街本地人对机器做出来的濑粉也不是很喜欢吃，就是吃不惯机制粉，所以我们手工濑粉要长期做下去。"

比起机器加工，手工濑粉的工序要复杂得多，也更加耗费体力。做濑粉包含舂米、打粉浆、濑粉、煮粉、过冷河等几道工序。想要做出美味可口的手工濑粉，优质的选料、精湛的技艺缺一不可。第一道工序是舂米，原本舂米工序也是人手用石磨或者米椿完成的，但由于花费的时间长，技术含量低，现已由机械代替。为此，余球家的舂米房内有三台旧时农村常用的"脚踏"式电动舂米机。

舂米完成后是打米浆。师傅把大米粉末倒进打浆机内，一边加温水，一边加纯小麦的澄面粉。在打浆机转动的过程中，师傅还不时用手搓打或捶打机内的粉浆，试探粉浆的粘稠度是否符合"濑"的标准。这样搓打出来的粉浆才够韧性，煮出来的濑粉才有弹性，这是手工濑粉和机械濑粉的重要区别之一。粉浆打好后，师傅拿出一长条形的特制布袋，这叫"濑粉抓"，布袋的底部有一块布满小孔的铜皮，就像冲凉的"花洒"。师傅把调好的粉浆捞起，装入布袋中。随后移步至热水大锅前，开始濑粉。一手拿布袋一端，另一手慢慢地挤布袋，粉条如流水般从"濑粉抓"的底部流出来，濑在热水锅里。师傅把热水锅里煮熟的濑粉捞出，放在冷水缸里过几次"冷河"，经过一热一冷的浸泡，增加了濑粉的韧性，并有效防止了濑粉粘在一块，成为粉团。浸泡后的濑粉捞出沥干即可备用。

"要是我不做，大家都不愿意做啦。"球叔不无忧虑地说，"我那两个儿子更加不愿意做，都嫌辛苦，我叫我的儿子继续下去，千万不要遗失它。"余球说，之所以选择坚持，更多的是自己对手工濑粉的特殊感情。原来光下栅和上栅两个小组就有10余家手工濑粉作坊，但是，后来他们都转行了，因为手工制作累且利润低。余球给我们算了一笔账，以作坊一天生产1000斤濑粉计，批发出去的价格为每斤1.5元，一个月下来营业额才4万多元。这4万元的很大一部分要用来支付工人的工资，每月共计2万多元。制作濑粉还需买优质大米、烧柴、耗水电等，剩余的收入仅够维持一家人的生活。

手工制作濑粉确实十分辛苦，以我们采访时所见，在狭小的空间内，工人们各司其职，打浆、"濑"粉、蒸煮、过冷水……热气蒸腾，潮湿无比，有的工人穿着胶衣胶裤，更多的索性光着上身，满身汗水。为了第二天清早能够出货，绝大部分的工作都需要在晚上进行，从凌晨1点忙活到5点，在隆冬和盛夏季节，尤其辛苦。

余球说，自己最开始独立做手工濑粉时，帮手只有他儿子，一人负责脚踩旧时的木具碎粉，一人负责手做濑粉，当时日产濑粉约200斤-300斤。后来作坊发展起来，请了3个人帮忙。凌晨1点起来做，早上8点结束，年轻人不愿意干，嫌辛苦。"我们自己都不愿意干，何况年轻人呢。"

手制濑粉是一门传统技艺，须要较高的制作技术，也是一项消耗较大的体力劳动。这种回报很低，余球对此很无奈："手工濑粉利润微薄，目前的经营也仅能维持收支平衡，它是一门面临失传的生意，但为延续这项传统工艺，我只好咬牙继续做下去。"

2010年，余球被评为东莞市首批非遗项目的传承人，政府给予了资金补贴。这为余球带来了一些荣耀和梦想，球叔心里很清楚，这家作坊之所以还在运转，更多的是他个人的坚守，他想把这个传统继续传承下去，但是，最多也只能要求自己的两个儿子继续，因为，"第三代的意思是，没有工作也不愿意干这个。"

品牌专卖，手工濑粉的新出路

余球的房子是老式的3层楼房，建造于上世纪的80年代。在那个鼎盛时期，手工濑粉曾经让他们无比自豪过，也曾给他们带来不错的收入。但时过境迁，如今的手工濑粉不能够再为他们提供不错的经济收入。相比村里遍布的豪华别墅，他们的房子显得落伍；相比同村的富商大贾，一间濑粉作坊也不值一提。在如此情境下，难怪余球的孙子辈再没人愿意传承这项"累人不赚钱又不体面"的祖业。

现代文明对于传统文化的巨大冲击和破坏力使得厚街镇政府在倾力发展现代工商业的同时，渐渐开始重视对传统文化的保护。2010年，在东莞市首批非物质文化遗产申报活动中，余球成为来自厚街的首批非遗传承人，作为手工濑粉这一非物质文化遗产的唯一传承人，获得了由政府提供的资金补助。

然而，非物质文化遗产不是缺资金补贴，而是缺"灵丹妙药"——好的包装，好的推广，好的宣传，好的品牌。

在现代工业愈加发达的今天，纯手工显得尤为珍贵，由手工制作的商品，其价值早已发生了翻天覆地的变化。众多世界顶极品牌，手袋、时装、钟表、汽车……无不以纯手工打造为荣。一件高级订制成衣，上面的手工刺绣所花掉的人力成本也许占到商品总价值的一半，高级雪茄的制作工艺中，手工渗透到每一个环节和工序，因此每一支高级雪茄都售价不菲。

手工制作的濑粉有着机制濑粉无法比拟的优势：其所受挤压的程度不像机制濑粉那样强，所以手工濑粉口感丰盈润滑，蛋白质含量更高，米香更浓郁。如果重点突出手工濑粉的这些优势，走高端路线、走品牌专卖路线而不是打价格战，也许能够开创一片销售的"蓝海"。

令人欣喜的是，有识之士已经开始行动了。位于厚街虹桥市场附近的一间远近驰名的濑粉小店，濑粉口味最为正宗，是本地一家老字号濑粉烧鹅专卖店。该店所用的濑粉就来自于余球家的手工作坊。

现在更多的人从文化饮食、养生饮食等饮食新趋势下发现商机，参照成功的模范样版，老品牌和新创品牌都开出不少品牌门店，积极抢占市场，但是只有注重品质，口味正宗，真材实料的产品和品牌才能够受到顾客的追捧。（蒋春茂／图文）

在厚街追逐 3D 电视梦想

——记东莞市富立信影像科技有限公司董事长张保全

在厚街，有一个 3D 研发团队所研发出的 3D 电视，让您用肉眼同样能体验到立体震撼效果。他们中间的领军人物，就是 3D 动感设计师张保全。

初见张保全老师，仍然记忆犹存的是他束在脑后的飘逸的长发，瘦小的身材和瞿烁的精神，这种艺术家的形象让人很难把他同一个设计师联系起来。经过整整一个下午的访谈，终于，我对这位 3D 视界领军人物传奇的一生有了一些深入了解。

无师自通，学画 20 年

张保全，1955 年出生于上海，他小时候就对色彩表现出浓烈兴趣，并且喜欢画画。当他求知欲旺盛，想上学的时候，正赶上了文革，社会上的学生不愿上学，认为"知识越多越反动"。那时候，想看一本小说都难，能接触到的书只有马列、毛选之类。还在小学三年级的张保全无奈辍学了。

虽然不能上学，但画画这个爱好从未磨灭。15 岁时，他便与当时正在上海、现已闻名海内外的华人艺术家陈逸飞常在一起作画。17 岁时，上海开展了轰轰烈烈的知青上山下乡运动，他被派往上海的一个郊区作为知青驻扎，被分配在生产队放牛。

此时的他，疯狂热爱画画这门艺术。为了有更多的时间画画，他跟同伴们换班，人家白天在外放牛，他却利用这个时间躲起来画画。晚上上班，他就在牛棚里一边赶牛蝇，一边就着如豆的灯光读书、画画。为了让自己有更多的时间画画，他绞尽脑汁，苦想请假的理由。那时候对画画疯狂痴迷的他竟然想到了让自己受伤。经过仔细考虑，他决定牺牲自己的小指，因为小指伤了不影响画画也不影响生活，而且若是骨伤，便能请上一个月的假。那时渴望拥有自己的时间的他想了许多办法：用老虎钳、用石头砸，但都只能伤到皮肉，伤不到骨头。后来，他终于想到了一个办法：将小指放在门缝后面，然后横下一条心，闭着眼睛狠命一关门。咔嚓一声，小指的骨头终于折了……这样，他就能在医生那里开一个月的病假条，安心地画画了。但那时候年轻，身体好，伤口没多久就自己慢慢愈合了，为了继续有时间画画，他常将快愈合的伤口又弄坏以续病假。当时的医生也是一位有艺术情怀的人，他喜欢张保全的画也喜欢他的为人，但实在看不下他这样伤害自己。反复几次后，医生终于劝说他："人不是钢铁，我再给你开一个月的假，一个月，行了啊，别再伤害自己啦！"

张保全回忆道，每一次去续开病假的时候，他的心都是怦怦跳，生怕批不到假，当医生这样说的时候，他的心都跳到了嗓子眼上，还好最后还是批了一个月的假。直到现在，他的小指骨伤虽然愈合了，但不能随意扭动，它是张保全年轻时执着痴迷画画的见证。

就这样，从人生最美好的花季雨季直至而立之年，张保全最美好的青春年华全在乡下度过了。在乡村呆了 13 年，他坚持画了 13 年的画。13 年不间断地画画和与大自然接触，使他学会了在自然中发现美。也体会到了什么叫美，什么叫自然。

追梦人

30 岁，张保全到了谈婚论嫁的年纪，家里开始给他张罗女朋友，他对女友唯一要求就是：给足够时间让他画画。结过婚的，有孩子的，都行。后来经人掇合，他成了家，但没想到太太是一个洁癖，非常爱干净。他的太太不允许家里有一丝一毫的东西和灰尘。而且当时他们婚后所住的房子非常小，根本没有地方作画。有一次，太太单位组织出去旅游 3 天，他一听这个消息，高兴得跳了起来，把太太送走后当即请了假，一路小跑回到家中，迫不及待地把他画画的宝贝工具全都摆了出来开始作画。两天时间很快就过去了，可是忘情作画的他已经收不住，还是不管不顾地画。结果太太一回家，看到地上摊的到处都是、乱七八糟的画纸、画笔、颜料，当即气得哭了起来，吓得他连忙说，"我马上收，马上收"，为了逃避太太的嗔怪，他只好找地方躲了起来。

后来，单位有了一个小小的房间，他每天以加班为借口，躲在那里画画，没有吃的，只能饿着肚子，那时他的画在单位里小有名气，黑板报他全包了，若有黑板报比赛，他绝对是第一名，别人都是用粉笔画，而他却能别出心裁，把粉笔染成各种颜色，画上去之后，再用纸做出各种立体效果，那样的美感别具风格。

美食家、大学讲师和摄影发烧友

1985 年，已在乡下呆了 13 年的张保全，终于有机会顶替父亲回上海，在上海国家物资局做装卸工。3 个月后，因为出色的绘画技能，他被调到了工会做宣传，在物资局呆了几年后，枯燥的工作让他下决定辞职，开始下海做生意。

创业伊始，他与人合伙开了一家灯泡厂，辛苦经营两年后，正当工厂逐渐走入正轨时，善良的他因为太过相信朋友，竟被合伙人骗得一无所有。生性宽容的他没有去追讨这个骗子，而是将这枚苦果咽下，另起门户。后来，他又做起了食品生意，开起了酱鸭厂、鸡肉店、烤鸭店。在开烤鸭店的时候，因为制作的烤鸭非常味美，生意十分红火，开了几家连锁店。除了这些门道，他还经营过茶馆、副食店、点心店、饭店等。在美食行业，他做得如火如荼，还成了当地小有名气的美食家。

然而，无论生意多忙，张保全从未放弃过绘画。有次他潜心做的一张 50 平方米的画被当时的上海某领导所赏识。他结交了众多画友，还收了几个慕名而来的学生。1989 年，原来跟他学画的一个学生后来成了上海大学的美术教授，邀他过去做讲师，主讲美学课。想到自己在学校才短短 3 年，现在要给大学生讲课，张保全非常激动，认真备了课，没想到由于第一次讲课没经验，讲着讲着学生都快走光了。后来，他根据自己的经历，结合自己在乡村的所见所闻，把美与自然、美与生命联系起来。后来上课的时候，他所主讲的美学概论，每一堂课 200 多人的大课室都座无虚席，边上也站了旁听的学生。渐渐地，他成了上海大学出名的讲师，并先后到过多所学校讲授美学。

随着科技发展，相机慢慢进入了人们的生活。对颜色、图画有着敏锐感知力的张保全，一下子便喜欢上了这个新兴的器物。慢慢地，他的兴趣从画画转向了摄影，并很快成为上海摄影界有名的摄影发烧友。

这样的人生，虽然复杂但很精彩，看似历经重重困难，却是张保全人生中一笔可贵的财富。画画和摄影让他的人生绽放出异样的精彩。他说，如果让我的人生重来一次，我还会选择这样做。

进军 3D 视界领域

1996 年，一个偶然的机会，张保全在上海展览馆里看到有人在做 3D 图片，立即被这个图像的立体效果震撼了。因为它的表现和两维空间及平面空间完全不一样，是一种真正的立体空间的视觉展示。这给对图像非常敏感的他的心灵带来了很大的震撼。他当即决定，要学习这种技术，使自己也能创造出这样的图片效果。

定下了这个目标，他开始寻找这方面的制作人。后来他找到了美国的 ITI 公司，这家公司的总经理是美国克林顿时代全美 100 位杰出工程师之一劳国华。经过许多曲折，他找到了劳国华开始合作。ITI 公司是与美国柯达公司合作的，图片处理方法非常原始，不是数码技术，而是菲林技术，并且工艺落后，价格昂贵，难度极高，完全没有市场价值和研究价值。

当时的 3D 动感技术在国外已有 180 多年的历史，或许很少有人知道，将 3D 技术应用的最好的是希特勒。在第二次世界大战中，他将 3D 技术应用在军事上，赢得了战争的主动权。除此之外，3D 的应用非常广泛，除了在军事、医疗、娱乐、影视界外，还渗透到百姓的日常生活中。初入 3D 行业的张保全，如饥似渴地学习专业知识，几乎到了废寝忘食的地步，在办公室里一呆就是好几天，有时半个月都不出门。后来，同事们都受不了了，他才给自己一个规定：每 10 天必须回一次家。直至现在，他还有一个习惯，就是不怕饿肚子，能坚持两天不吃饭。

刻苦钻研的张保全，很快就将 3D 技术全部攻克下来，并且不断地进行自主研发，逐步成为业内知名的动感设计师。2002 年，东莞一位工厂老板看中了他的技术，力邀他来东莞共同发展，就这样，他开始了与东莞的不解之缘。

初到东莞，张保全孤身一人，当时他的住所就在莞城区的一家很臭的化粪池的楼上。他只好把化粪池的盖子用水泥和胶水封住，而楼板有缝，地板常年潮湿，而他就在这里面办公、睡觉，在这几年中，张保全又先后辗转到了广州及东莞长安镇。

2009 年，张保全到了厚街，决定自己重新创业，成立了东莞市富立信影像科技有限公司。最初创业的时候日子非常艰难，还记得那年春节期间，张保全给员工发完工资后，身上的钱便所剩无几了。但他们想买点东西布置一下，感受一下节日氛围。他喜欢盆景，便跑到了盆景市场，卖盆景的老板娘初一看，以为大老板来了，便不停地向他们介绍，为了不使老板空欢喜一场，张保全于是对老板说，"那些贵的盆景我们不买，也买不起，我们只有 300 块钱，就买那种十几块的吧，不要超过三十的。"老板娘一听，顿时泄了气，转身就走了。

低调而真实，是张保全的性格特点。他常这样教育他的员工，"我们可以没有钱，但是我们一定要有高贵的人格，做人要真、要诚，不要虚假。"就算现在，他们办公室、阳台上摆设的，都是那种虽然普通却绿意盎然，散发着蓬勃生机的盆景。

2009 年，厚街产业升级纵深推进，传统的印刷企业——富阳彩印厂欲向 3D 产业转型。经过考察，张保全和该企业在合作开发 3D 印刷初见成效后，又联合国家广电总局和高校，开始研发 3D 电视。为了攻克裸眼看 3D 这个世界性难题，张保全和他的研发团队夜以继日地工作。

虽然追求的目标令人心动，因为没有书本，也没有前人的经验，每天面对的是孤独和未知，那样的日子非常痛苦。这些，需要非同一般的毅力去克服。

执着创新就要有承受失败的勇气，就在 3D 电视研发曙光初现时，一个小小的失误让张保全心痛不已。

那一次，他们的研发已经看到效果了，但追求精益求精的张保全，看到中间有一个小环节，可以做得更好，于是他的一位员工用螺丝刀去撬了一下，却没想到这一下，把整个成果都毁掉了。看似小小的失误，损失却是十几万人民币，他心痛不已。但为了顾及到员工的自尊心，他嘴上还是说，"没关系的，这很正常，工作没有不失误的"。

他就是这样，虽然已是富立信影像科技有限公司的董事长，但他对员工的要求却是宽严并济，错一次不要紧，但同样的错误绝不能犯第二次。不仅如此，有时候，他宁愿自己少赚些，也要给员工最大的实惠，他对自己和对员工的要求是：我们在创造世界级的产品，也要创造自己的价值。这样的愿景，将工厂的利益与员工的利益紧密地联系在一起，让员工有爱厂如家的感觉。

现在，张保全已是业内知名人士，被同行誉为"3D 印刷的泰斗"。但因为他只有小学三年级的文化，还是会做出许多令人啼笑皆非的事情。

有一次，他应代表团之邀去台湾访问，因为没有文凭，台湾方面拒绝他的访问。代表团知道他不能去后，为了尊重他，将整个访问行程全部取消再重新申请，直到申请被许可才起程。当时审查学历的时候，有同事和朋友建议他将学历改一下，他拒绝了，结果到了台湾的某机构部门，他被挡在门外不能进去。后来，拦住他的那些人看了他做的产品之后，很是敬重，随后，他被安排在台大演讲。就这样，张保全因为自己的真实和低调，也因为自己在业内拔尖的技术，而得到更多的尊重。

17 年来，张保全在 3D 技术上刻苦钻研，他不只是将 3D 当成一种技术，同时也把它当成一门艺术来做。

历经两年多的探索，张保全带领他的研发团队开发的 3D 裸眼电视样机终于问世，并于 2013 年下半年投产。他有一个梦想：希望厚街代表中国能够在 3D 液晶显示方面在世界舞台上占有一席之地。我们衷心地希望他这一梦想成真。（蓝紫／图文）

厚街首个农民工人大代表

——访厚街科技电业有限公司员工钟洁

　　一路走来，她积极乐观，自信从容，深受人们的信任和认可。她坚守岗位，不断成长，不断收获。她就是厚街首个农民工人大代表钟洁。

　　钟洁爱笑，她的笑容让人感觉一见如故，如沐春风。在上岛咖啡厅安静的一隅，我们随意聊了起来。她说，她只是一名普普通通的打工者，20多年一路走来，没有跌宕起伏的创业史，却幸运地拥有了她最想要的平淡幸福和快乐。在谈话过程中，我了解到她是一个认真细致，积极向上的人，正是她对工作的认真的态度和积极向上的精神成就了今天的钟洁。

积极向上，勇于挑战

　　时光回到20年前，因家境贫寒而辍学的钟洁来到了东莞厚街，这一年她只有18岁。在亲戚的介绍下，钟洁进入了厚街领跑全球电动工具的TTI创科集团，成了品质部的一名月薪168元的品检员。虽然做的是流水线上的工作，生活在三点一线，十分辛苦，但由于这份工作带来的经济收入使得他能够为父母减轻经济负担，钟洁很是珍惜这份工作。

3 个月后，流水线上的主管见钟洁做事认真勤快又少出错，便提拔她做中级文员，工资一下子由一百多涨到了两百多。钟洁又高兴又忐忑，暗下决心要把工作做好，不辜负领导的厚望。可没想到还没几天，就出错了。

TTI 创科集团的公司的制度以及分工的明细非常完善。文员分为初级，中级，高级。品质部中级文员主要负责质检报告的搜集和整理，最终做成一个用于了解公司部门情况的、清晰的报表。由于刚从流水线上转过来，不熟悉情况，钟洁做出的第一份报表很是粗糙。但考虑到这个报表是她自己摸索着做出来的，主管最终还是没责怪她，而是鼓励她，让她好好做。追求完美的钟洁深刻记住这次不足，暗暗发誓一定要做出一个好的报表。于是在别人都会去休息的时候，钟洁还继续在办公室里呆着，琢磨着自己工作中的事情。一星期后，凭借着自己的勤奋和努力，钟洁做出了一份令主管满意的报表，得到了众多领导的高度认可。

1996 年，钟洁晋升为高级文员。从中级到高级这个过程中，钟洁积累了丰富的工作经验。作为品质部文员，除了经常要跟生产部和技术部等公司的其他部门打交道外，还要协助客户代表对准备出货的成品进行抽检。在抽检过程中，她学到了很多关于产品的知识。

钟洁对产品结构和生产流程的熟悉和丰富的基层工作经验，技术部的领导都看在眼里。几个月后，钟洁被调任为技术助理。当时主管问起调任意见时，钟洁毫不犹豫地答应了。技术工作不像文员工作那般繁琐，更多的是靠硬本事。转为技术助理之后，钟洁一遇到工作上的难题，就向身边的同事虚心请教，如此下来，钟洁很快就熟悉了新工作，几个月后就达到专业水平了。

钟洁说她喜欢做一些挑战性的事情。1996 年，电脑还是十分稀罕的东西。当时公司从香港那边搬过来一台电脑，却又是全英文版的。对于只有高中学历的她更是不知道如何使用。站在电脑前，身边许多同事既好奇又害怕，好奇的钟洁却趁下班没人时鼓捣起来。遇见不懂的单词，钟洁便耐心的翻看字典，一周后，当同事们看着钟洁熟练地在电脑前操作时，对她充满了赞赏。随着对电脑的了解加深，钟洁活学活用，用电脑做了一个简单易懂的报告，得到了主管的赞赏。

也是在技术部，她遇到了自己人生的另一半。说到这，钟洁又淡淡地笑了起来。她说，从 18 岁出来打工，直到 24 岁都没谈过恋爱，那几年根本就没这方面的心思。钟洁说他与丈夫第一次见面就感觉很熟悉，很有亲切感。话语间，钟洁嘴角上扬，一脸幸福。

乐观面对人生路上的挫折

然而幸福的笑容里也暗藏着不少辛酸的泪水。

广东人对外省人还是有一些偏见的，钟洁是广东茂名人，而她的爱人是湖南人，当钟洁把自己谈恋爱的消息告诉远在千里之外的父母时，一向在钟洁面前从不发火的母亲却变脸了。对于钟杰父母而言，自己女儿嫁给一个外省人，这根本是一件不可能的事情。

面对家人的强烈反对，钟洁淡然应对，不吵不闹，她相信，只要坚持下去，家人总有一天会接受自己的选择。

几年后，钟洁把高大帅气、憨厚老实的男朋友带回了家，父母见了也不再说什么。后来，看着自己的女儿日子过得幸福，钟洁的父母便也安下心来。

多年以后，回想起这些往事，钟洁心底依然深深感谢自己当初的坚持。

世事无常，婚后过着甜蜜幸福的二人世界的钟洁，生活又起波澜。这天正在上班的钟洁忽觉身体不适，匆匆去到医院检查出了宫外孕。在医生的建议下，几天后，钟洁躺在了手术台上。躺在手术台上的钟洁这时还不知道，这场手术会给她今后的婚姻生活带来多大的压力和影响。手术后休息了半个月，钟洁又全心投入到工作中。之后几年，钟洁和老公想要个孩子，却一直未能如愿，多处寻医问药依然没有任何效果。有一次，她满怀希望地去拜访一位老中医，连吃了 3 个月的中药，周身都是药味儿，却依然不见好消息传来。无论是在农村还是在城市，结婚多年却没有生育的女人所承受的家庭压力和社会压力是常人难以想象的，钟洁开始有些绝望了。

一天，钟洁鼓足勇气走到老公面前，一脸严肃地说，如果过段时间我还是生不了孩子，我们就离婚吧。钟洁的老公被这突如其来的话吓住了。他一下子抱住钟洁，轻轻地安慰她。老公的举动让钟洁悬着的那颗心终于踏实下来，紧紧地回抱着老公，眼泪夺眶而出。老公慢慢安抚着她，让她不要压力太大，一切会好起来的。

2006 年，钟洁终于再次怀孕。10 个月之后，一个白白胖胖的小男孩来到这个世上。看着儿子，钟洁不禁泪水盈眶，感动于这迟来的幸福。

钟洁坦言，要不是老公的一路安慰与陪伴，或许她早就崩溃了。说到这里，钟洁忽然满是感慨地说，人生没有如果，有时过多的假设只会让我们陷入过去的伤心难过之中。我们应该积极地投入到当下的生活中，寻求解决之道。既然已经错过了昨天，那就请好好珍惜今天和明天。

当选人大代表：大家的信任与认可

2006 年，钟洁晋升为高级经理助理，不久之后，钟洁再度晋升为总监秘书，代表公司与政府部门打交道。以前很少跟政府部门打交道的钟洁，想着自己一个平民百姓，面对高高在上的政府人员，心中忐忑不安。总监很快就看出了钟洁的忐忑，安慰她说，政府人员也是人，你跟他们打交道，不要想着他们的职位，无论是谁，你只把他们当作平常人看待就可以了。总监这么一说，钟洁觉得吃了一颗定心丸。凭借着多年的工作经验以及十几年的公司协调能力，钟洁细腻认真而又踏实亲和的处事风格逐渐得到政府工作人员的一致认可。

2012 年，一起工作多年的总监荣休了。临走之前，总监问她是走还是留，钟洁一脸犹豫。总监建议钟洁留下来，毕竟在这里工作了 10 多年，无论是工作环境还是人际关系都已经非常成熟。最终钟洁采纳了总监的意见，留了下来。很快新的总监就上任了。面对这番人事调动，当同事们都在担心新来的领导会为难钟洁时，钟洁坦然一笑置之，她依然一如既往地努力工作着。新来的总监对这些都看在眼里。有天新总监找钟洁谈话，对她的为人处事以及工作做了很大的肯定，认为她是一个真正为公司努力做事的人。

2012 年 8 月 25 日，温家宝总理来到东莞调研，走进了厚街 TTI 创科集团。钟洁作为公司主要接待人员之一，热情接待了温总理。之前她还不知道来的是何许人物，一见到是温总理，钟洁不由激动起来。温总理还亲切地与钟洁谈话。面对温总理亲切询问，钟洁更加激动得不能自已。

追梦人

2012年年初，市镇两届换届，经过民主推荐和选举，来厚街21年的钟洁成为了厚街首个农民工人大代表。21年，钟洁几十年如一日的积极乐观的工作态度，细致踏实一心为公的工作作风，最终为钟洁赢得了大家的信任和认可。

钟洁笑言，当选人大代表确实出乎她的意料。目前对她来说这还是一个比较陌生的角色，她没有什么经验，也还不是很清楚如何做才能无愧于这个角色，但她会全心全意尽她最大可能去做到更好。（周齐林／图文）